현대사회와 인문학적 성찰

현대사회와 인문학적 성찰

초판1쇄 인쇄 2014년 6월 20일 | 초판1쇄 발행 2014년 6월 30일

지은이 김성환 김정현 서민정 이은령 이효석 하상복
펴낸이 이대현
편집 이소희 | 디자인 이홍주 | 마케팅 박태훈 안현진 | 관리 이덕성
펴낸곳 도서출판 역락 | 등록 1999년 4월 19일 제303-2002-000014호
주소 서울시 서초구 동광로46길 6-6 문창빌딩 2층
전화 02-3409-2058(영업부), 2060(편집부) | 팩시밀리 02-3409-2059
이메일 youkrack@hanmail.net

ISBN 979-11-5686-063-1 93300
정가 20,000원

*파본은 구입처에서 교환해 드립니다.

이 저서는 2007년 정부(교육과학기술부)의 재원으로 한국연구재단의 지원을 받아 수행
된 연구임(NRF-2007-361-AM0059)

현대사회와
인문학적 성찰

김성환 · 김정현 · 서민정 · 이은령 · 이효석 · 하상복 지음

역락

머리말

　21세기의 한국을 포함한 현대사회에서 확실히 정보 유통과 인적 교류가 과거와는 비교할 수 없을 정도로 활발히 이루어지고 있다. 미디어는 지역에 대한 전통과 역사에 대한 관심과 함께 국가 밖의 세계의 문화에 대한 호기심을 자극한다. 한국 사회도 이제는 세계의 여느 지역과 마찬가지로 다양한 국적의 기원을 가진 시민들이 거주하는 디아스포라의 공간이 되었으며 새로운 문화에 대한 개방성을 강조하고 있다. 문화의 불변성을 부정하고 가변성을 상기시키는 담론은 미디어를 통해 전파되고 있으며 다문화사회의 도래와 세계시민의 윤리를 선전하는 문구를 우리는 늘 목격하고 있다. 그런데 이렇게 새로이 변화된 사회의 토대가 근대 국민국가 체제의 그것과 완전히 결별한 것은 아니다. 21세기에도 여전히 언어와 종교, 민족과 국가 단위에 토대를 둔 애국심의 문화는 지역과 시민의 정체성을 구성하는 중요한 토대로서 작용하고 있다. 민족과 종교의 헤게모니를 위한 투쟁, 문화적 차이로 인한 오해와 불관용의 폭력이 벌어지는 것은 19세기의 과거의 역사가 아니라 2014년 현재에도 여전히 진행 중인 현실이다. 지금 우리에게 우선적으로 필요한 것은 지역과 세계의 역사와 문화에 대한 통시적이고 공시적인 총체적 시각이다.

2000년을 목전에 둔 1997년 우리는 브리티시스탠다드인스티튜트 BSI, 영국표준협회라는 낯선 기업의 이름과 이 기업이 제기한 Y2K라는 생경한 개념과 마주해야했다. 그것은 'Year 2 Kilo' 즉, 서기 '2,000 년'을 가리키는 뜻만으로는 설명할 수 없는 불길한 검은 안개와 같은 개념이었다. Y2K는 컴퓨터 시스템의 맹점에 대한 경고를 넘어 이 시스템에 기초한 21세기 지구촌의 불안정성을 일깨우는 개념이 되었다. 컴퓨터로 작동하는 거의 모든 것들 즉, 비행기는 추락하고, 도시는 정전으로 암흑이 되며, 금융시장은 마비상태에 빠짐으로써 인류의 문명은 새 천년의 도래와 함께 붕괴되지 않을까 하는 공포에 휩싸였다. 이때의 공포가 기우였다는 것은 곧 밝혀졌지만, Y2K 는 사건의 전 지구적 동시성 즉, 동일한 사건이 세계 곳곳에서 동시에 일어나고 있다는 사실을 일깨워주었다. Y2K 버그에 대비하여 각국 정부는 대비책을 찾아 분주하게 움직였는데, 국경과 문화, 인종과 성 등 개인과 지역의 차이와 무관하게 공유되는 컴퓨터와 그것의 운영시스템은 어느덧 하나로 연결된 21세기 세계의 미래 행로에 대한 비유로도 읽혀졌다. 컴퓨터 바이러스와 마찬가지로 컴퓨터 시스템의 오류는 지역만의 일회적이고 특별한 사건이 아니라 전 세계에서 반복적으로 나타나고 영향을 받는 세계적 현상이다. 이제 지역의 개별적 차이는 자의든 타의든 첨단의 과학기술이 만든 세계 속 관계의 그물망 속으로 편입되어 다함께 연동하고 있는 것처럼 보인다. 따라서 기술의 세계화는 우리의 현대적 삶의 운용 방식이 마침내 서구의 표준으로 규격화되었다는 것을 설득하는 데 성공한

듯하다.

반면 2001년 뉴욕의 9·11 테러는 견고한 21세기 세계 체제에 대한 불안과 공포뿐만 아니라 이 체제의 토대가 무엇인지 극적으로 드러낸 사건이었다. 프랑스 철학자 장 보드리야르Jean Baudrillard가 「테러리즘의 정신」"The Spirit of Terrorism"에서 말한 것처럼, 이 사건은 서구를 대표하는 미국이라는 "절대적 질서, 절대적 권력에 대한 알레르기"가 밖으로 드러난 사태이다. "특정 체제가 완벽 또는 절대적 패권에 가까워질 때" 그것을 부정하고 싶은 충동은 더욱 강해지기 마련인데, 그런 의미에서 "지배에 저항하는 것은 바로 세계 자체"가 된다. 그런데 이 부정의 충동은 지배의 기구가 만들어낸 "자기 소멸의 화합물이자 항체"라는 사실이 중요하다. Y2K 버그가 이미 20세기 컴퓨터 시스템에 내장되어 이 시스템을 움직인 체제의 일부였던 것처럼, 주지하다시피, '비서구'는 서구라는 중심에 대비되는 '주변'이 아니라 서구가 자신을 구성하기 위해 만든 부정적 자기 복제품이었다. 9·11 테러가 야기한 효과는 바로 이러한 서구의 토대에 위치한 타자의 존재를 확인한 것에 있다. 21세기의 시작이 현대기술과 세계체제의 결속과 불안을 동시에 보여주었다는 점은 그것들의 진앙지인 서구에 대한 이해를 새롭게 할 필요성을 제기한다. 이는 서구를 모델로 근대화를 추구해온 한국을 비롯한 주변부에 대한 이해를 위해서도 필수불가결한 작업일 것이다.

이 책은 부산대학교 인문학연구소의 연구자들이 그간 진행해온 비교문화연구의 결과물 중의 하나이다. 여기에서 우리는 과거 서구인을 지배해온 몇 가지 관념들을 검토하고 그것들이 현재에도 계속되고 있는 양상들을 검토하였다. 이를 위해 문학, 철학, 역사, 언어 및 문화 등의 측면에서 서구와 한국의 경우를 분석하였다. 우리는 이러한 연구가 21세기 한국 사회가 나아갈 올바른 행로를 위해서도 반드시 필요하다고 본다. 그것은 세계의 한 지역인 한국 사회에 대한 애정을 키워가는 한편 세계의 다른 지역과 문화에 대한 관용을 확대해가기 위한 토대가 될 것이라고 믿는다. 이를 위해 우리 필자들이 이 책에서 다룬 내용을 소개하면 다음과 같다.

1장 "유럽중심주의와 탈중심의 전략"은 유럽중심주의라는 개념이 무엇이고 또 그것이 오늘날에도 여전히 유효한 의의는 어디에 있는지를 살피고자 했다. 이를 위해 유럽의 역사와 문화를 이해하는 키워드로 활용한 학자와 운동가들의 주장을 알아보고 유럽중심주의를 극복하기 위한 방안을 살펴보았다. 이 장에서는 아프리카를 대표하는 응구기 와 시옹오와 치누아 아체베의 문학과 언어에 대한 주장을 검토하였다. 나아가 제국주의 시대 식민지 언어정책과의 비교를 통해 포스트식민주의 사상가들의 언어적 전략은 곧 탈중심의 전략이라는 점을 설명하였다.

유럽중심주의는 유럽이 근대 이후 식민주의와 제국주의를 펼치면서 사람들에게 인식되기 시작했다. 구체적으로는 라틴 알파벳 문자나 서양력 등이 문화적, 행정적인 도구와 기준으로 사용된 것에서부터 정치, 경제, 종교 등에서 서구식 제도 등이 확산된 것까지 그 영향은 엄청나게 되었다. 유럽중심주의가 이처럼 세계에 뿌리내리게 된 것에는 제국주의 시대를 거치면서 식민지에 유럽의 산물이

식민지에 비해 상대적으로 우월한 것으로 인식되도록 교육되고 수용되었기 때문이다. 이는 16세기 이후 과학과 기술의 발전, 상업과 군사력의 확충, 자유와 개인에 대한 강조 등을 통해 확산되었다.

2장 "세계화와 신자유주의의 환상과 실상"은 오늘날 중심의 정치, 경제, 문화 논리인 전지구화와 신자유주의에 대한 주변의 질문과 비판을 스태파니 블랙의 다큐멘터리 영화 <삶과 빚>을 통해 검토한 글이다. 이 글은 오늘날 폭넓게 거론되며, 이론적·정치적 담론뿐만 아니라 일상 언어에서도 핵심어가 되어버린 전지구화와 신자유주의가 현실에서 출현하는 다양한 문제들로 심각한 도전을 받고 있음에 주목하고, 그 숨겨진 어두운 이면을 검토했다.

3장 "오리엔탈리즘과 제국주의 문화"는 유럽인이 가진 비서구 지역과 비서구인에 대한 고정된 관념 즉, 오리엔탈리즘의 개념을 살펴보고 이것이 19세기 이후 제국주의 문화와 어떻게 결합되었는지를 살펴보고 있다. 오리엔탈리즘은 제국주의 시대 근대 서구인의 말과 글을 통해 노골적으로 드러나기도 하기 때문에 서구의 문학과 예술작품을 보다 비판적으로 읽을 필요성이 있다. 이 장에서는 유럽이 그리스 로마의 고대 문화를 유럽의 정수精髓로 간주하고 이를 바탕으로 비유럽을 야만과 피지배의 대상으로 간주한 과정을 영국의 19세기 낭만주의 시대부터 현대에 이르기까지의 사례를 통해 살펴보았다.

4장 "문학의 공간과 매체"는 현대사회에서의 문학의 변화된 역할을 이해하기 위해 문학의 조건으로 공간과 매체에 주목했다. 세계화의 부정적인 영향을 극복하기 위해서 문학은 로컬 공간의 가능성을 형상화 한다. 특히 한국의 현대문학은 공간 생산에 내재한 억압과 차별을 인지하고 평등하고 민주적인 연대를 위한 상상력을 지향한다. 이 장은 한국 문학은 근대적 대중성의 능동적인 가능성을 증명하는 다양한 매체를 통해 새로운 양식의 지평을 시험하고 있다는 점을 설명했다.

5장 "언어의 근대성과 식민성"은 한국어 속에 내재되어 있는 근대성과 식민성/주변성에 대해 고찰하고자 했다. 이러한 고찰은 주변의 주체들이 주변화된 공간에서 '언어'를 어떤 방식으로 이해했는지를 확인할 수 있을 것이다. 이 글은 디아스포라의 언어에 대한 증언은 지금 현재 우리가 직면하고 있는 언어의 문제에 대해 좀 더 직접적이고 새로운 방식으로 언어에 대한 인식의 전환을 요구할 것이라는 기대로 디아스포라의 언어에 대해서도 언급하고 있다.

6장 "우리 내부의 인종주의와 다문화주의"는 백인우월주의가 내재된 인종주의가 황색 피부를 가진 한국인의 현실에서 점점 확대되고 있는 인종의 정치학을 살펴보고 있다. 다문화주의는 동등한 인간으로서 다양한 인종과 민족의 공존을 인정하는 전제에서 출발한다. 이 장은 다문화적 국가 정책과 수많은 대중적 관심에도 불구하고 한국 사회의 실제 현실에는 왜곡된 인종주의적 태도와 폭력이 증가하고 있다는 점을 지적하였다.

7장 "테러 시대의 철학과 유럽의 갱신"은 9·11 이후 하버마스, 데리다와 나눈 대담, 그리고 두 사람의 공동선언문을 분석한다. 그들은 9·11에 대한 대응 과정에서, 그리고 9·11 이후의 세계 질서 기획에서 미국이 보여주는 일방적, 패권적 방식과는 다른 방식이 필요하며, 그 대안을 유럽이 제공할 수 있음을 역설하였다. 이 글은 이러한 점을 자세히 분석하고자 했다.

8장 "유럽의 통합정치와 이주민의 언어"는 이주민의 언어와 문화에 대한 환대를 제도적 차원에서 실행하고자 하는 유럽연합의 언어통합정책의 현실과 문제점에 대해 고찰하여 우리 사회의 문제를 반추해보고자 한다. 다양한 문화가 존재하는 사회는 항상 존재해왔으며, 오늘날의 모든 민족국가는 인정하든 하지 않든 간에 그 사회를 구성하는 집단과 인구의 다양성으로 말미암아 다문화 사회라고 할 수 있다. 이 장은 다문화 사회를 경영하는 방법으로 제시된 통합은 "다양성과 차이를 부정하지 않으면서 동시에 이러한 차이를 두드러지게 하지 않는 것이며, 차이를 중시하면서도 유사성의 발견을 통한 수렴"해야 하는 매우 어려운 과제라는 점을 설명하였다.

이 책은 현대사회에 대한 올바른 이해를 위해 무엇보다도 인문학적 성찰이 긴요하다는 점을 말하고자 했다. 그러나 주제의 깊이와 방대함으로 인해 이 책에서 다룬 소재가 제한적이었고 골고루 다루어지지 못한 점이 아쉬움으로 남는다. 특히 한국과 세계의 역사적 맥락에 대해서는 충분히 다루지 못하였다. 어찌 보면 한 권의 책으로 담으려는 시도 자체가 지나친 욕심이었을지도 모른다. 그러나 본 필자들은 여기서 다루지 못한 내용에 대해 다음 기회에 추가하고 보충하겠다는 약속을 드리며 독자에게 양해를 구하고자 한다.

필자 일동

차례

제1부

주변에 출몰하는
근대의 유령들

유럽중심주의와 탈중심의 전략 ●●.

Ⅰ. 유럽중심주의의 개념

유럽중심주의Eurocentrism[1]란 무엇인가? 그것은 유럽 혹은 서구를 가치의 중심에 두거나 그러한 잣대로 비유럽 혹은 비서구를 판단하는 태도를 일컫는다. 이 말은 1970년대 사미르 아민Samir Amin이 그의 글에서 처음으로 사용하였으며 후속 작업인 『유럽중심주의』Eurocentrism 에서 본격적으로 다루면서 널리 알려지게 되었다. 이런 의미에서 볼 때, 유럽중심주의란 유럽 혹은 서구에 중심을 둔 관점에서 세계를 바라보는 태도를 가리키는 용어로서 특히 20세기 후반 탈식민운동decolonization 기간 동안 만들어진 개념이다. 이후 탈식민운동을 수행하는 학자와 운동가들에 의해 유럽의 역사와 문화를 이해하는 키워드로 자리 잡게 되었다.

---

[1] 유럽중심주의는 학자에 따라 서구중심주의로 번역하기도 한다. 서구는 좁게는 유럽이지만 넓게는 서구문화와 역사의 파생체인 미국까지 포함하는 개념이다. 그러나 필자는 서구중심주의의 기원인 '유럽'을 넓은 의미에서 미국가지 포함하는 것으로 본다. 따라서 여기서 필자가 말하는 유럽중심주의는 서구중심주의와 동일한 개념이다.

유럽중심주의는 유럽이 근대 이후 식민주의와 제국주의를 펼치면서 사람들에게 인식되기 시작했다. 구체적으로는 라틴 알파벳 문자나 서양력 등이 문화적, 행정적인 도구와 기준으로 사용된 것에서부터 정치, 경제, 종교 등에서 서구식 제도 등이 확산된 것까지 그 영향은 엄청나게 되었다. 유럽중심주의가 이처럼 세계에 뿌리내리게 된 것에는 제국주의 시대를 거치면서 식민지에 유럽의 산물이 식민지에 비해 상대적으로 우월한 것으로 인식되도록 교육되고 수용되었기 때문이다. 이는 16세기 이후 과학과 기술의 발전, 상업과 군사력의 확충, 자유와 개인에 대한 강조 등을 통해 확산되었다.

제라드 딜랜티Gerard Delanty는 그의 책 『유럽의 창안』Inventing Europe에서 '유럽'이라는 개념이 시대에 따라 어떻게 규정되고 또 재규정되었는지를 추적한다. 유럽은 하나의 실체reality인 동시에 하나의 관념idea으로서 문화적 구성물cultural construction이다(1). 유럽은 처음 고대 그리스 사회에서 "그리스의 서쪽Hellenic Occident"을 의미하는 큰 의미 없는 지리적 개념이었다. 그러나 이 말은 점차 기독교권역Christendom을 의미하는 문화적인 개념으로 변화하게 되었고 15세기 이후로는 제국주의와 관련된 지구정치학적 의미를 가지게 되었다. 그러나 유럽과 동양을 구분하는 기준도 유럽 내에서조차 서로 달랐는데, 1453년 콘스탄티노플이 함락된 이후에야 유럽은 '서구the West'를 의미하는 개념으로 정착하게 되었다는 것이다(14). 이렇듯 유럽 혹은 서구라는 개념은 특정한 장소를 지칭하는 개념이라기보다는 비서구 지역과의 차이를 강조하기 위해 사용된 문화적 개념에 가깝다.

인간이 자신의 체험과 관습을 중심으로 판단하고 살아가는 것은 일반적이고 자연스러운 현상이다. 유럽중심주의에서 가장 큰 문제는 15세기 이후 제국을 건설하기 시작한 서유럽 국가들은 유럽의 유무형의 산물을 비유럽 지역에서 볼 수 없는 진보와 발전의 증거로서 강조하고 그것을 비유럽 지역의 사회와 문화를 침체와 퇴보의 것들로 치부하기 시작했다는 점에 있다. 유럽의 상업과 공업은 유럽에 의해 정복된 지역의 전통적인 농업과 목축 및 수렵 문화를 열등한 것으로 보이게 만들었고 유럽의 역사를 통해 유럽식 사회와 문화를 식민지의 사회와 문화가 따라야 할 '근대화'의 표본으로 강요했다. 이런 점에서 유럽중심주의에서 말하는 '유럽'은 유럽이라는 지역에만 국한되는 것이 아니라 20세기 이후 세계의 절대 강자로 등극한 미국을 포함한 북미까지 포괄하는 개념임을 알 수 있다.

II. 유럽의 우월성, 만들어진 특수성

막스 베버Max Weber는 『프로테스탄티즘의 윤리와 자본주의 정신』에서 근대 유럽 문명의 우수성을 강조하며 "보편적 의의와 가치를 지닌 발전선상에 놓여 있는 듯한 문화적 현상이 …… 오직 서구 문명에서만 나타난 사실"(7)을 강조하였다. 따라서 오직 서구에서만 "발전 단계에 오른 과학이 존재"하는 현상은 예술, 음악, 건축 등에서 그 예를 찾을 수 있고 "법률과 행정의 합리적 조직"처럼 "서구 문화의 특수하고 독특한 합리화"가 그 근간을 이루고 있다고 보았다(8-19). 과학, 예술, 법률, 행정 등 사회의 각 분야에서 서구가 비서구보다 모범이고 우수하다는 것이다. 물론 그의 책이 프로테스탄티즘의 직업윤리가 자본주의 발전에 어떻게 관계하고 있는지를 설명하려는 의도에서 작성된 것이고 또 그러한 논의에 지면을 할애하고 있지만, 비서구 문명은 과거의 것이고 그것이 사회 전체의 발전과 분리된 부분적인 것인 반면 서구 문명은 더욱 발전되고 사회 전체와 유기적으로 결합되어 있으며 그것이 서구를 우수한 체제로 만들었다는 주장은 전형적인 유럽중심주의적인 주장이다.

영국의 역사학자 잭 구디Jack Goody는 『역사의 절도』The Theft of History에서, 서유럽은 18세기 이후 산업혁명과 제국주의를 거치며 세계의 역사를 서유럽의 시각에서 기술해왔다고 주장한다. 그래서 유럽은 "인간사회의 폭넓은 지역에서 발견되는 제도들"(1) 즉, "민주주의, 상업 자본주의, 자유, 개인주의"와 같은 가치와 기구들을 오직 유럽만이 "창안"한 것처럼 주장하며 세계역사를 왜곡시켰다는 것이다. 유럽의 역사가들은 이러한 가치들이 오로지 유럽에서만 발견되는 유럽에 '고유한' 가치일 뿐만 아니라 이로부터 세계는 유럽을 모방하기 시작했다고 주장한다. 예컨대 휴 트레버-로퍼Hugh Trevor-Roper는 다음과 같이 주장했다.

세계의 새로운 지도자는 누가 되건 간에, 유럽에 의해서 구축된, 오로지 유럽만이 구축한 자리를 물려받게 될 것이다. 그것은 바로 유럽의 기술, 유럽이 보여준 사례, 유럽의 사상이다. 사실 그것은 비유럽 지역을 흔들어 깨워 그들로 하여금 과거로부터 탈출할 수 있게 해주었을 수도 있었다. 다시 말해, 아프리카는 야만의 상태를, 아시아는 장엄하지만 낡고 더딘 문명으로부터 벗어날 수도 있었을 것이다. 지난 5세기를 돌아볼 때 세계의 역사에서 그 의미를 찾자면 바로 유럽의 역사였다는 점이다. 따라서 우리의 역사학이 설령 유럽중심적이라 해도 굳이 사과할 필요는 없다고 생각한다. (『역사의 절도』, 1쪽에서 재인용)

그런데 구디가 볼 때, 트레버-로퍼가 말하는 세계의 역사는 철저히 '유럽의 입장'에서 기록된 역사일 뿐이다. 유럽은 세계의 시간을 예수의 탄생을 기점으로 그 전과 후로 나누기 시작했고(14), 세계의 공간도 영국 제국주의 이전에는 기독교의 성지인 예루살렘을 기점으로, 그리고 이후에는 영국 그리니치 천문대를 중심으로 동과 서를 나누기 시작했다. 이는 '유라시아'라는 하나의 대륙을 '유럽'과 '아시아'로 구태여 나누기 시작한 것과 맥을 같이한다(19-21). 나아가 유럽은 유럽의 시대 구분을 세계 역사에 적용하고자 했다. 고대 그리스로마 시대, 청동기 시대, 봉건시대, 르네상스, 종교개혁, 절대왕권, 자본주의, 산업혁명, 근대화는 세계의 역사구분(21) 뿐만 아니라 세계의 문명의 발전 단계를 설명하는 기본적인 개념틀이 되었던 것이다. 그리하여 서구역사학은 "시간의 흐름은 인간 사회 조직의 가치와 이상의 증대 즉, 발전과 중첩된다"(24)는 생각을 전제하게 된 것이다.

가야트리 스피박Gayatry Spivak은 유럽의 진보적이고 개방적인 사상가들조차 이러한 시대구분이 갖고 있는 유럽중심적인 면모에 둔감하다고 비판한다. 마르크스Marx나 칸트Kant조차 이런 혐의로부터 완전히 자유롭지 못한데, 그들은 "유럽이 결함 있는 발전" 즉, 자본주의나 제국주의 등을 "자축할 수 있도록 역사를 서사화하는 유럽중심적 전략들"(『포스트식민 이성 비판』 146)에 의도하지 않았지만 결과적으로 공모한 것은 아닌지 의심스럽다는 것이다. 스피박의 염려는 서양사상가들의 사상에서 '백인'중심주의를 읽어내려는 학자들의 논의를 정리한 로버트 영Robert Young의 글에서도 확인되는 바이다. 그가 볼 때, "마르크스주의가 헤겔 변증법의 체계를 물려받고 있는 한, 마르크스주의는 지난 200년 동안의 지식구조와 억압형식 간의 관계, 소위 유럽중심주의로 알려진 현상에 연류되어 있다"(『백색신화』 75)는 비판으로부터 자유로울 수 없다.

> 이러한 점에서 세계사의 합리적 체계의 전개라는 마르크스주의의 보편적 서사는 단지 유럽제국주의 역사의 부정적 형식에 지나지 않는다. "아프리카는 역사를 전혀 갖지 않는다"고 선언한 것은 헤겔이었고, 비록 영국 제국주의를 비판하긴 했지만 인도를 서구 역사의 진화론적 서사 속으로 편입시킴으로써 미래의 계급투쟁을 위한 조건을 창출하기 때문에 영국이 인도를 식민지화한 것은 궁극적으로 최선이었다고 결론지은 인물은 마르크스였다. 이런 오만하고 부당한 서사는 …… 유럽의 '타자들'을 창조하고 예속시키며 최종적으로 전유하는 것과도 관련되어 있다. 이것이 마르크스주의자에게는 해방을 약속했던 '역사'가 식수에게는 억압에 관한 또 다른 망각된 역사로 보였던 이유이다. (75-6)

다음에서는 근대의 역사와 문화의 담론 속에 깊이 각인된 유럽중심주의를 비판하고 이를 극복하기 위해 고군분투한 탈식민의 의식을 가진 작가들, 특히 아프리카 케냐와 나이지리아의 치누아 아체베Chinua Achebe와 응구기 와 시옹오Ngugi wa Thiong'o의 아프리카 언어문제에 대한 고민과 대응전략을 살펴보기로 하자. 특히 응구기의 아프리카 토속어를 되살리는 '다양한 중심 만들기'의 전략은 식민지 독립 이후에도 계속되는 제국의 영향으로부터 벗어나면서도 제국의 자기중심주의 전철을 밟지 않기 위한 고민이라는 점에서 우리에게도 시사하는 바가 크다.

III. 유럽중심주의와 탈중심을 위한 문학2)

1. 탈식민 언어의 딜레마 : 한계와 가능성

유럽의 지배를 가장 극심하게 받았고 독립 이후 이어진 독재정권의 폭정으로 고통 받은 아프리카는 자연히 포스트식민주의 문학의 중요한 한 갈래를 차지하고 있다. 특히 영국이 지배한 서아프리카 나이지리아의 치누아 아체베와 월레 소잉카Wole Soyinka, 그리고 동아프리카 케냐의 응구기 와 시옹오는 영어로 작업하거나 번역된 그들의 문학이 영미의 유수한 출판사를 통해 소개됨으로써 포스트식민주의 문학뿐만 아니라 영어문학을 대표하는 정전 작가적 지위를 획득하고 있다. 아체베의 『모든 것이 무너져 내린다』Things Fall Apart와 소잉카의 『춤추는 숲』A Dance of the Forest, 그리고 응구기의 『한 톨의 밀알』A Grain of Wheat은 이제 세계문학의 서가에 당당히 그 이름을 올리게 된 것이다.

---

2) 이하의 내용은 필자의 졸고 「탈식민과 아프리카 언어문제 : 영어인가 토속어인가?―응구기와 아체베를 중심으로」, 『민족의 언어와 이데올로기』(박이정, 2011)을 부분적으로 활용하여 수정한 것이다.

그러나 아프리카의 문학을 아프리카의 고유한 토속어가 아니라 타의에 의해 식민지 지배의 용도로 교육된 제국의 언어인 영어로 작업하고 있으며 나아가 영어로 작업한 작품만이 세계에 소개되는 현실을 우리는 어떻게 해석해야 하는가? 응구기처럼 기쿠유어와 스와힐리어로 작업한 아프리카 토속어 문학은 이런 영어문학 중심의 흐름 속에 어떤 의미의 파장을 던지고 있으며 응구기는 어떤 가치를 보았기에 토속어 문학을 고집하는 것일까? 제국이 식민지를 지배하고 통제할 때 오직 무력에만 의지하는 것은 아니다. 오히려 문화적 차원에서 이루어지는 은근한 지배가 제국의 권위를 드높이고 식민지의 복종을 이끌어내기에 더 효과적일 수 있다. 따라서 제국으로부터 독립 이후 아프리카에서 벌어지고 있는 탈/식민지 운동은 한마디로 요약하자면 서구의 지배를 통해 이류 문화로 치부되어온 주변부의 가치를 정당한 위치로 되돌리려는 정치적이고 문화적인 저항의 운동이었다.

하지만 제국의 언어로 작업하는 제3세계 작가들의 노력을 서구적 가치를 확대 재생산하는 일에 봉사하는 것으로 함부로 비판할 수만은 없을 것이다. 아프리카의 고유한 체험을 식민지 지배의 언어였던 영어로 말하는 아체베의 작업은 공용어인 제국의 언어로 아프리카 민족 간의 다양한 언어적 장벽을 넘어서려는 의사소통의 효율성을 염두에 둔 노력인 한편 제국의 언어인 영어의 권위를 해체하고 토속어에 비해 우수하고 우월한 언어라는 편견을 무너뜨리려는 고도의 서사전략이기도 하다. 왜냐하면 모든 것을 다 설명할 것처럼 보이는 '전능한' 제국의 언어가 사실상 아프리카의 경험과 환경을 제대로 설명할 수 있는 어휘나 개념이 없기 때문이다. 이는 제국의 언어가 갖고 있는 재현의 한계와 불가능성을 환기시킴으로써 제국이 내세우는 문화적 권위가 완벽한 것이 아니며 주변부 문화를 부정할 수 있는 초월적 특권을 가진 것이 아니라는 사실을 말하기 때문에 중요하다.

한편 응구기의 토속어 문학은 케냐의 전통적인 기칸디Gicaandi 예술에서 소설의 형식을 빌려와 민중들이 사용하는 기쿠유어로 민중들의 삶을 이야기하는 소설이다. 응구기는 영어문학은 영어를 읽을 줄 모르는 케냐의 민중을 독자층에서 배제하는 엘리트문학이 되기 쉽다고 생각한다. 그런데 아프리카 토속어로 쓴 소설이 토속어를 사용하는 민중들을 주 독자층으로 간주하는 만큼 그 내용 역시 민중이 관심을 갖는 케냐의 현실, 그 속에서 겪는 민중들의 희노애락을 다루게 되기 마련이다. 요컨대 영어를 사용하는 케냐의 식자층과 상류층, 나아가 영어권 독자들을 독자층으로 염두에 둔 기존의 영어문학과는 문체와 내용이 달라질 수밖에 없다. 영어로 쓴 소설과는 다른 아프리카의 체험, 영어소설이 놓치기 쉬운 삶의 영역을 다룸으로써 제국주의 문학의 아포리아aporia를 비판하는 의미가 있다.3)

---

3) 조동일은 현재의 문학의 사명을 "역사가 시작된 이래로 줄곧 있어온 우세집단과 열세집단, 중심부와 변방, 다수민족과 소수민족 사이의 불평등, 근대 이후 세계를 제패한 유럽열강과 그 피해지역의 불행한 관계에 대해서 반론을 제기하는 것"(26)이라고 정리한다. 그는 특히 아프리카문학의 가치를 중요하게 생각하는데, 제3세계문학은 "유럽문명권의 편향된 의식에 대한 반론"(48)으로서 가장 큰 의의를 가진다고 보기 때문이다. 그는 유럽의 문학모형을 받아들인 아프리카소설보다 아프리카의 전통을 그대로 이어가고 있는 구비시를 더 높이 평가한다. 그러나 아프리카의 전통을 유지하고 있다는 측면에서는 소설이 구비시보다 뒤쳐질지는 모르지만 소설 역시 구비문학의 전통 속에 작업함으로써 유럽의 문학과는 다른 개성을 보여준다는

문화가 절대적으로 동화될 수 없는 요소가 있다는 것을 강조하는 전략은 문화의 독자성, 혹은 개별 문화는 다른 문화의 관점에서는 이해 불가능한 요소를 그 본질 속에 두고 있다는 것을 말하는 상대주의 문화론으로 빠질 위험이 있다는 것은 분명하다. 그럼에도 불구하고 아체베와 응구기의 문학은 제국 역시 식민지와 마찬가지로 하나의 주변일 수 있음을 말한다는 점에서 중요한 전략이다. 그러나 이들이 추구하는 문화적 대응전략은 유럽문화를 아프리카의 민족문화의 하위에 복속시키려는 동일자의 전략이 아니다. 아체베의 소설은 민족의 주체성을 버리지 않으면서도 타자의 존재를 인식하고 인정하는 문화를 지향하고 있다. 마찬가지로 응구기가 강조하는 민족문화 역시 바흐친적인 의미에서 '대화주의적' 문화이다. 그것은 자신의 문화를 불변적인 것으로 고집하지 않으며 다른 문화에 대화적으로 반응하는 문화이기 때문이다.

2. 제국의 언어적 책략의 함정

상식적인 이야기이지만, 유럽의 식민지를 경험한 아프리카는 아프리카 고유의 토속어인 부족언어 외에도 영어, 불어, 포르투칼어와 같은 유럽어가 공용어로 사용되고 있다. 그런데 식민통치의 시기부터 공용어로 사용된 유럽어는 고유한 토속어를 사용하는 각각의 부족들을 효율적으로 통치하기 위해 제국에 의해 강제되었다. 그런데 이는 단순히 행정적인 편의만을 위한 것은 아니라 이중적인 효과를

점에서 역시 중요하다.

겨냥한 조치였다. 요컨대 그것은 제국의 지배를 피지배민들이 당연하고 자연스럽게 받아들이도록 만들기 위한 문화적 제국주의의 일환으로서의 기능을 맡고 있었던 것이다. 이러한 구체적인 예를 우리는 19세기 인도를 지배한 영국의 문화정책에서 찾을 수 있다.

영국의 유명한 정치가이자 역사가인 토머스 배빙턴 매콜리Thomas Babington Macaulay는 「인도교육론 초고」 "Minute on Indian Education"에서 영어와 영어문학을 인도 지배에 효과적으로 활용할 수 있다는 주장을 처음으로 개진한 영국인이다. 그는 "좋은 유럽 도서관의 책장 단 한 칸만 있으면 인도와 아라비아 전체의 문학을 감당할 수 있다a single shelf of a good European library was worth the whole native literature of India and Arabia"고 주장하며 "유럽문학의 내재적 우월성"을 믿어 의심치 않았다. 철저히 유럽중심적인 매콜리는 영어를 통한 인도의 발전을 기획했다. 그는 "인도 각지의 현지인이 공통적으로 사용하는 지역어들"은 문학적인 정보도 과학적인 정보도 내포하고 있지 않기 때문에 "다른 지역" 즉, 유럽이나 영국으로부터 영향을 받을 때만이 이런 토속어가 풍성해질 수가 있다고 보았다. 따라서 보다 높은 학문과 교양을 성취하려는 인도인들은 "그들의 언어가 아닌 다른 언어" 즉, 영어를 배워야 한다는 말이었다. 토속어를 열등한 언어로 폄훼한 매콜리의 영어 우월론은 단순히 영국문명의 상대적 우월성을 말하기 위함은 아니다. 그는 영어 교육을 인도 통치의 효율성이라는 문제와 직결시켜 다음과 같이 주장한다.

우리가 이 나라 사람들 전체를 교육하는 것은 수단의 한계로 인해 불가능한 일이다. 우리가 지금 당장 해야 하는 일은, 우리와 우리의 지배를 받는 수백만의 사람들 사이를 매개해줄 통역집단을 구성하는 작업이다. 혈통과 피부색은 인도인이지만, 취향과 생각, 도덕과 지성은 영국인인 집단 말이다. 우리는 이들에게 이 나라의 토속어들을 보다 세련되게 개량하고, 서구식으로 명명된 과학용어들로 풍성하게 하며, 대중에게 지식을 전달하는 도구가 되도록 점진적으로 만들어가는 임무를 맡길 수 있을 것이다.[4]

"취향과 생각, 도덕과 지성은 영국인"인 피지배민들을 만들어냄으로써 토착의 문화와 전통을 열등하게 보는 제국의 편견과 논리에 따르는 제국의 대리자들을 통해 식민지를 지배하려는 매콜리의 고도의 문화적 지배전략은 식민지 지배자들로 하여금 제국의 문학 즉, 영문학을 제국의 문화적 우월성을 증명하는 사례로써 식민지 교육에 적극적으로 활용하는 단계로 자연스레 넘어가게 되었다. 가우리 비스와나탄Gauri Viswanathan은 『정복의 가면』Masks of Conquest에서 "인도의 영국 행정 조직은 원주민들의 위협적인 반항 행위를 봉쇄하기 위해 전략적으로 영문학을 이용했다"(간디, 177에서 재인용)고 주장한다. 영국의 행정관료들은 인도인들에게 영문학을 인본주의적 가치의 증거로 제시함으로써 영국인들의 "물질적 동기를 위장하거나 '은폐'"하는 목적으로 활용하였다는 것이다. 따라서 "영문학 텍스트는 최고이자 완벽한 상태에 있는 대체 영국인으로 기능하면서 경제적 착취에 대한 가면"이 되어버렸다. 비스와나탄이 볼 때, 식민지에

---

4) Macaulay, "Minute on Indian Education," http://www.columbia.edu/itc/mealac/pritchett/00generallinks/macaulay/txt_minute_education_1835.html.

도입된 영문학과 영문학과는 "식민통치를 하나의 교육적 소명으로 표상"하고 "영국문화와 영국인의 인간적 얼굴을 유통시키고 대중화함으로써 제국에 대한 부정적인 생각들을 관리"하는 목적에 충분히 봉사하게 되었다.

　한편으로는 무력에 의지하면서도 또 한편으로는 문화적 교육적인 제도를 통해 지배를 실천하는 고도의 문화전략은 비단 영국만이 아니라 프랑스를 비롯한 근대 유럽의 제국들이 사용한 공통의 책략이었다. 이것이 아프리카의 식민지에도 그대로 적용된 것은 당연하고도 자연스러워 보인다. 영국으로부터 독립한 직후 케냐에서 영문학과를 폐지하자고 주장한 응구기의 진정성이 바로 이러한 과거의 영문학을 통한 문화지배에 대한 그의 불만과 불신에 기초한 것이었음을 분명히 알 수 있다. 영어와 영문학이 이식된 아프리카의 여러 지역들이 독립한 이후에도 "식민지 정권이 도입한 '공용'어를 그대로 유지함으로써" 특히 서아프리카 지역의 경우, 영어권과 프랑스어권으로 "확연히 구별되는 문화지대"를 만들어내었다. 영어와 프랑스어로 각각 작업하는 이 두 가지 문화지대 출신의 작가들은 "교육, 지식, 창의에 있어 서로 다른 행로"를 따르게 되었고 "독자와 출판사 및 문학비평 스타일"(Newell 21) 역시 서로 다른 양상을 띠게 되었다. 서로 다른 제국의 언어가 그 해당 언어를 사용하는 자의 사고와 행동에 뚜렷한 구별을 남기고 있다면 토속어를 사용하는 진영과 제국의 언어를 사용하는 진영 간의 괴리는 더욱 분명할 터이다. 게다가 자메이카의 경우처럼, "많은 지식인들은 여전히 표준 영어를 배우기 위해 고군분투하고 있다"(Walder 47). 제국의 언어를 유창하게 구사하는 것이 그 지역에서 갖는 지배적 지위의 문제는 응구기의 『십자가의 악마』에서도 통렬히 고발되고 있지만, 이러한 현상은 아시아, 아프리카, 카리브 해의 여러 지역에서 볼 수 있는 전지구적 현상이다. 제국의 직접 지배는 사라진 듯 보이지만 그 영향은 언어의 문제를 통해 더욱 선명하게 부각되고 있다. 그런 의미에서 우리는 여전히 제국의 중심에서 벗어나지 못하고 있는 것이다.

3. 제국주의 언어의 전유와 그 전복적 가능성

그런데 제국주의 시대의 통치언어를 탈식민 이후에도 계속 사용하는 문제는 이렇게 부정적인 것으로만 볼 문제인가? 비평가 릴라 간디Leela Gandhi는 『포스트식민주의란 무엇인가』Postcolonial Theory에서, 식민지가 정치적으로 독립한 이후 제국의 문화적 중심으로부터 벗어나는 문화적 독립의 전략을 두 가지로 정리한다. 하나는 이전 식민지 지배국의 잔재를 철저하게 배격하고 새로운 민족문화를 건설하는 것이고, 다른 하나는 제국의 언어와 텍스트를 '모방'하고 '전유'함으로써 제국을 떠받들고 있는 중심의 불안정성을 폭로하고 그들이 겉으로 내세우는 권위를 내부에서 해체하는 방식이다. 우리는 전자의 경우를 응구기 및 파농의 아프리카 민족문화 정립운동에서 찾을 수 있을 것이다. 문제는 제국의 유산을 무조건적으로 폐기하고 그 자리에 '상상의 공동체'의 문화를 내세우는 작업은 자칫 또 다른 억압과 폐쇄의 중심을 만드는 결과를 가져올 수 있다는 점이다.

따라서 우리는 '영어 배우지 않기'로부터 '주인의 언어로 저주 내리는 방법을 배우기' 즉, 릴라 간디가 "캘리번 패러다임Caliban paradigm"

(간디, 181)이라고 부른 새로운 전략에 대해서도 눈을 돌릴 필요가 있다. 셰익스피어의 연극 『템페스트』 *The Tempest*에 등장하는 서인도제도의 토착원주민인 캘리번은 식민정착자 프로스페로Prospero가 가르쳐준 영어로 프로스페로에게 '저주'하는 능력을 가지게 되었다. 바로 제국이 식민지배의 목적으로 사용한 제국의 언어를 저항의 무기로 다시 사용하는 피지배민의 전략은 제국의 언어와 텍스트를 무조건적으로 배척하고 폐기할 필요가 없다는 것을 말해준다. 오히려 "영어를 정복할 때 우리 자신을 해방시키는 과업은 완수될 것이다"5)라는 다소 과장된 살만 루시디Salman Rushdie의 말처럼 제국의 유산을 극복하기 위한 작업의 한 단계가 바로 제국의 언어를 전복적으로 사용하는 일일 수 있기 때문이다.

제국의 지배로부터 해방된 탈식민의 땅에서 영어로 생산된 문학을 연구하는 데니스 왈더Dennis Walder는 영국 런던의 영어를 영어의 표준이며 중심이며 과거 식민지의 땅에서 사용되고 있는 변형된 영어를 주변적인 비표준의 방언 영어로 간주하는 태도를 문제 삼는다. 사실 현재의 영국 표준 영어조차도 15세기 말까지는 방언 영어에 지나지 않았으며 영국 내 다른 지역의 방언들과의 오랜 역사적 투쟁을 거치면서 표준 영어로의 권위를 획득했던 것이다. 현재의 표준 영어의 "차별적 지위가 오랜 세월을 두고 구성된 것이며 표준의 영어형태도 사회정치적, 경제적 이유 때문에 수용되었다는 사실을 망각하면 안 된다"(45). 현재 영국에서 사용되는 표준영어 구사자의

---

5) Talib, 107쪽에서 재인용.

수보다 더 많은 사람들이 사용하는 제3세계의 방언 영어 가운데 어떤 방언이 미래의 어느 순간 어떤 지위를 획득하게 될지는 아무도 모르는 일이다. 따라서 지금 현재 피진어Pidgins나 크레올어Creoles의 지위에 있는 혼성영어의 가치를 비표준 영어라는 이유로 무시해서는 곤란하다.[6] 왈더는 남아프리카공화국과 인도에서 그런 것처럼, "새로운 변형영어가 제2언어 혹은 제3언어나 제4언어로 부각되고 있는 지역에서 영어의 분화가 격렬히 일어나고 있다"(53)고 말하며 이 변형영어가 그 지역의 일부 언어사용자에게는 자신의 정체성을 표현하는 소중한 매체로 사용되고 있는 현실을 중시한다.

이들 지역의 일부 문학인들은 영어를 새롭게 사용하여 '다양한 영어'인 새로운 소문자 영어들 'englishes'를 사용하여 대문자 영어인 표준 영어 'English'가 신성시한 식민주의적 가치체계에 도전하고 나아가 그 지역의 전통적 가치와 문화적 차이를 인식시키고자 노력한다. 예컨대 이들이 사용하는

> 전략에는 자신들의 텍스트 속에 번역될 수 없는 단어를 삽입하기, 모호한 용어들을 그럴싸하게 겹치레하기, 표준 영어 구문을 따르는 것을 거부하고 다른 언어에서 파생된 구문을 이용하기, 많은 서로 다른 종류의 영어 혼합어를 자신의 텍스트 속에 흡수시키기가 해당된다. 각각의 전략은 다양한 탈식민주의 텍스트 내에서 작동하는 것으로 입증되었으며, 각각의 전략에서 강조하는 것은 표준 언어가

---

6) 데니스 왈더에 따르면, 피진어 영어는 무역이나 구직을 위해 혹은 노예제를 통해 사용되기 시작한 "단순 형태의 영어"이다. 피진어는 언어 사용자의 모국어의 다양한 요소들과 혼용된 혼성영어이다. 피진어가 특정 지역에서 표준어로서 공용어의 지위를 획득하게 되면 이런 피진어를 특히 '크레올어'라고 부른다. 이는 Walder, 46-47쪽을 참고할 것.

내포한 식민주의자의 가치를 버리는 한 방식으로서, 표준 영어를 전복시키고 개조하여 다양한 새로운 형태의 영어(english)로 만들어 내려는 작가의 노력이었다. (맥클라우드, 49)

영어권 독자에게 표준 영어와는 '다른' 영어를 사용하여 탈식민 지역의 가치와 정체성을 표현하는 문학은 기존의 영어와 영문학 나아가 영국문화의 중심을 허무는 핵심적인 탈식민 전략이다. 왜냐하면 이런 방식의 글쓰기와 말하기는 세계에는 표준 영어로는 표현할 수 없는 '다른' 영역이 존재하고 있다는 점을 보여줌으로써 영어의 표현능력이 결코 완전하지 않으며 기존의 영어로 표현된 영문학의 권위 역시 절대적일 수 없다는 사실을 역설하기 때문이다.

따라서 아프리카의 체험을 표현할 소설의 언어를 무엇으로 할 것인가의 문제는 치열한 고민 끝에 나오는 작가의 결정이라는 점을 이해하는 것이 중요하다. 아프리카의 문학이 고유한 부족의 토속어를 사용하건 혹은 변형된 영어를 통해 표현하건 그들의 문학은 다양한 개성을 획득하고 있고 나아가 세계의 문학을 풍성하게 하기 때문이다. 우선 문학의 경우, 식민지 통치의 언어였던 유럽어를 공용어로 사용하는 이들 지역의 문학은 제국의 언어와 자민족의 언어로 생산될 수 있는 길이 열려있다. 이들의 문학이 세계 특히 유럽에 잘 알려질 수 있었던 이유도 유럽어를 사용할 수 있다는 점에 있는 것이지만, 아체베의 영어소설과 응구기의 토속어소설은 아프리카문학의 두 가지 가능성을 말하고 있다.

4. 아프리카어의 딜레마 : 영어와 토속어의 문제

아체베는 아프리카의 문학을 그 사용 언어가 무엇이냐에 따라 '인종문학ethnic literature'과 '민족문학national literature'으로 구별한다. 전자는 토속어로 쓴 문학을 가리키는 반면 공용어인 유럽어로 쓴 문학은 후자를 말한다. 그는 나이지리아의 경우, 영어가 나이지리아의 여러 부족을 이어주는 "상호의 소통의 수단"("아프리카 작가" 185)이 되는 공용어이자 민족어로서 중요한 역할을 할 뿐만 아니라 세계와 소통할 수 있게 해주는 유용한 수단이기 때문에 영어의 가치를 인정하며 영어로 쓴 문학 역시 아프리카의 소중한 문화자산이라고 주장한다. 물론 아체베는 정치적 식민지를 벗어난 나이지리아에서 식민지의 유산인 영어를 계속해서 사용하는 것이 나이지리아를 여전히 문화적 식민지로 만들 우려가 있다는 비판을 잘 의식하고 있다. 그러나 아체베는 "전 세계에서 사용되는 영어는 다양한 변용을 생산해 낼 수밖에 없기 때문에" 아프리카의 영어문학은 그 가능성이 충분하다고 본다. 다만 그것이 "아프리카라는 새로운 환경을 실하게 변용해낼 수 있는 새로운 영어"(194)로 생산될 때에만 가능하다는 단서를 잊고 있는 것은 아니다. 아체베의 주장은 아프리카 작가의 영어문학은 유럽문학이 아니라 아프리카문학이라는 말로 이해할 수 있을 것이다.

반면 응구기는 영어로 생산된 아프리카문학을 '유럽문학'으로 본다. "현재 학계와 일반 시장에서 누가 지배적인 위치를 차지하고 있는가"를 고려해볼 때 유럽어로 쓴 아프리카문학은 "유럽어 문화와 문학"이라는 것이다. 그는 무엇보다도 식민지 시대의 경제적 착취가 탈식민 이후의 아프리카에서 문화적 착취로 변형되어 나타나고 있다는 사실을 개탄한다. 그것이 종국에는 정치경제적 착취를 영속시키는 바탕이 되는 것은 물론이다.

> 20세기에 생산된 중요한 아프리카의 문학적 산물들이 맞이한 비극은 지식과 관념의 모든 분야에서 이룬 비판능력의 발휘와 성과가 유럽의 언어로 보관이 되어있다는 사실, 그리고 구연예술(orature)의 위대한 이미지의 보고가 아프리카어의 영광이 아니라 유럽언어문학의 영광을 드높이는 데 이용되고 있다는 사실이다. (*Penpoints* 126)

따라서 유럽어문학은 유럽문화의 전통에서 유럽적인 관념과 이미지를 빌릴 뿐만 아니라 아프리카문화가 간직하고 있는 관념과 이미지까지 활용하게 된다. 이 때문에 응구기는 "유럽어로 작업한 20세기 아프리카 작가들의 작품 속에서 도난당한 유산을 목도"하게 되는 것이다.

응구기는 영어가 아프리카에서 차지하는 위치를 계급과 권력의 관계 속에서 비판적으로 바라본다. 그는 영어구사능력에 따라 케냐 사회의 권력관계가 형성된다는 사실을 예리하게 지적한다. 영어는 그것을 자유롭게 이해하고 구사하는 사회의 엘리트 "교양계층"과 그렇지 못한 노동자와 농민 즉, "대중"을 구별하게 만들고 나아가 후자를 피지배의 관계 속에 고착화시키는 역할을 맡고 있다는 것이다. 과거 식민지 시대에 유럽은 "문자와 교양계층"으로 이해되고 아프리카는 "농촌, 구어, 반역사성"(*Penpoints* 108)과 동일시되었는데, 독립 이후의 케냐 사회에서 영어의 구사능력에 따라 이러한 이항대립적 관계가 엘리트층과 대중 사이에 만들어지고 있다는 것이다. 나아가 영어소설의 문화적 향유는 권력에 가까운 엘리트층이고 영어권 독자들에게 주어질 것이지만 영어를 모르는 일반 대중은 문화적 생산물이 제공하는 정보로부터 자연히 소외될 것이다. 이는 문화적 민주주의에 위배되는 일이다.[7]

유럽어로 생산된 아프리카 문학이 유럽의 거대 출판사들에게 막대한 이윤을 제공하는 신식민주의적 상황 즉, 또 다시 "아프리카는 생산하고, 서구는 처분하는"(*Penpoints* 127) 상황은 단순히 경제적인 착취의 차원을 넘어서는 문제이다. 응구기는 유럽어문학이 아프리카인들에게 아프리카의 현실 문제를 인식하지 못하게 만들 우려가 있으며 궁극적으로 제국의 영향으로부터 진정한 '정신의 독립'을 성취하는 데 방해가 될 수 있다고 생각한다. 이러한 문제를 해결하기 위해 응구기가 제안하는 한가지 방안은 아프리카의 작가와 지식인들이 "인민의 언어the language of the people로 돌아가는 것"(128)이다. 그가 복권시키고자 노력하는 인민의 문화는 단적으로 말해, "구연예술, 문학, 그리고 아프리카어"이다. 응구기는 이것들이 "아프리카에 민주주의와 자신감의 새로운 문화"를 가져다 줄 것이라고 믿는

---

7) 응구기는 영어문학이 영어를 모르는 일반 민중들에게 다가가지 못하는 현실에 대해 무척 괴로워했다. 그래서 그는 "나는 1967년 학생신문에서 이렇게 말했다. 나는 더 이상 영어로 글을 쓰지 않겠다고. 나는 내가 글을 쓰는 대상이 누구인지는 알지만, 도대체 누구를 위해 글을 쓰는지는 모르겠노라고." 고백한다. 그 이유는 "식민지의 억압에 맞선 케냐 농민들의 투쟁을 공들여 묘사한 [『밀알 한 톨』]이 농민들에 의해 읽혀지지 않으리라는 것을 깨닫고 무척 괴로워했기" 때문이다. 이는 *Moving the Center* 10쪽을 참고할 것.

다. 그는 1967년에 쓴 『밀알 한 톨』 이후부터 제임스 응구기James Ngugi라는 아명을 버리고 응구기 와 시옹오로 이름을 사용하며 작품의 언어 역시 기쿠유어와 스와힐리어를 쓰기 시작한 이유도 바로 이러한 정신의 독립을 위해서였던 것이다. 『십자가 위의 악마』는 그 시작을 알리는 대표작이다.

5. 응구기의 유럽어 문학 비판과 '다양한 중심'을 통한 '탈중심화'의 전략

응구기의 역사의식과 문화적 대응 즉, 정치활동과 소설작업의 화두는 '탈중심화'이다. 응구기는 케냐의 신식민지 지배계급과 결탁한 유럽의 경제와 문화가 현대 케냐를 지배하는 '중심'이라고 규정한다. 그는 주변으로 밀려난 기쿠유어와 기쿠유문화를 제자리로 돌려놓음으로써 하나가 아닌 '다수'의 문화적 중심을 만들어나가고자 한다. 여기에서는 첫째, 응구기의 지향점은 다수의 중심을 만들기 위한 문화이며 둘째, 그것은 아프리카의 전통문화의 가치를 되찾는 작업인 동시에 셋째, 그것은 또한 언제나 다른 문화와의 대화적 관계를 지향하는 문화라는 것을 밝히고자 한다.

유럽의 식민지를 경험한 아프리카는 아프리카 고유의 다양한 부족언어 외에도 영어, 불어, 포르투갈어와 같은 유럽어가 공용어로 사용되고 있다. 당연히 그들의 문학은 제국의 언어와 자민족의 언어로 생산될 수 있는 길이 열려있다. 이들의 문학이 세계 특히 유럽에 잘 알려질 수 있었던 이유도 바로 그들이 제국의 언어로 작업했다는 점에 있다.[8] 응구기도 유럽어로 쓴 아프리카 소설의 저항적

기능을 인정한다. 그는 2차 세계대전 이후 아프리카와 카리브연안
국에서 일어난 "영어와 프랑스어로 작업하면서도 전통과의 통합을
위해 노력하는 새로운 문학"이 아프리카를 유럽중심주의에서 해방
시키고 문화의 다양성을 확보할 수 있게 해줄 가능성을 인정한다.
그는 이 문학을 "자신의 시각으로 세계를 명명할 수 있는 권리"
(*Moving the Center* 3)를 주장하는 주체적인 문학으로 규정한다. 그가
볼 때, 제3세계의 새로운 소설들은 "새로운 중심으로 다른 중심을
대체하려는"(4) 의도가 없는 문학이다. "세계를 색안경을 끼고 바라
보는 유럽인과 유럽의 자본"이 지배하는 유럽문학의 전통에 도전하
면서도 "보편적 현실을 특정한 중심에서 나온 시각으로 일반화"하
는 문제점을 안고 있는 유럽의 문학과는 다르다는 것이다.

그러나 제3세계의 유럽어문학은 이러한 가능성에도 불구하고 유
럽어를 모르는 민중들을 소외시키는 문제가 있는 것은 분명하다.
응구기는 영어가 케냐에서 차지하는 위치를 계급과 권력의 관계 속
에서 생각한다. 그가 볼 때, 영어는 그것을 자유롭게 이해하고 구사
하는 사람들인 사회의 엘리트 "교양계층the Civilized"과 고등교육을 받
지 못한 아프리카의 노동자와 농민들 즉, "대중the Mob"을 구별 짓는

---

8) 아체베와 응구기가 아프리카문학의 언어를 무엇으로 할 것인가를 두고 벌인 논쟁은 이미 잘
알려져 있다. 아체베는 영어가 나이지리아의 여러 부족을 이어주는 "상호의 소통의 수단"("아
프리카" 185)이 되는 공용어이자 민족어로서 중요한 역할을 담당할 뿐만 아니라 세계와 소통
할 수 있게 해주는 수단이기 때문에 폐기할 필요가 없다고 주장한다. 물론 아체베는 아프리
카의 영어문학은 "아프리카라는 새로운 환경을 실하게 변용해낼 수 있는 새로운 영어"(194)로
생산되어야 한다고 단서를 달고 있다. '새로운 영어'라는 문제는 소잉카 역시 고심하고 있는
문제이다. 그는 기존 영어 어휘의 한계를 극복하기 위해 새로운 어휘를 창조하기도 하고 때
로는 영어로 옮기기 곤란한 요루바어(Yoruba) 어휘를 아예 무시하고 옮기지 않는 경우도 있다.
이는 Newell, 78을 참고.

역할을 한다. 제국주의 시대에 유럽이 "문자와 교양계층"과 동일시되고 아프리카는 "농촌, 구어, 반역사성"과 동일시되었는데, 이제 해방 이후의 사회에서도 이러한 깊은 골이 엘리트층과 대중 사이에 만들어지고 있다는 것이다(*Penpoints* 108). 그는 아프리카 문학이 유럽어로 생산될 수 있고 또 생산되는 현실은 궁극적으로 제국의 영향으로부터 진정한 '정신의 독립'을 성취하는 데 방해가 된다고 믿는다.

따라서 그는 영어로 생산된 아프리카문학을 '유럽문학'으로 본다. "현재 학계와 일반 시장에서 누가 지배적인 위치를 차지하고 있는가를 고려해볼 때, 유럽어로 쓴 아프리카문학은 유럽어 문화와 문학이다."

> 20세기에 생산된 중요한 아프리카의 문학적 산물들이 맞이한 비극은 지식과 관념의 모든 분야에서 이룬 비판능력의 발휘와 성과가 유럽의 언어로 보관이 되어있다는 사실, 그리고 구연예술(orature)의 위대한 이미지의 보고가 아프리카어의 영광이 아니라 유럽언어 문학의 영광을 드높이는 데 이용되고 있다는 사실이다. 따라서 유럽언어는 그들 자신의 관념과 이미지의 창고를 빌릴 뿐만 아니라 아프리카어가 생산해낸 관념과 이미지의 창고까지 활용하고 있다. 이점에 있어 우리는 유럽어로 작업한 20세기 아프리카 작가들의 작품 속에서 도난당한 유산을 목도하게 되는 것이다. (*Penpoints* 126)

유럽어로 생산된 아프리카 문학이 유럽의 거대 출판사들에게 막대한 이윤을 만들어주는 있는 "신식민주의neo-colonialism"9) 상황 즉,

"또 다시 아프리카는 생산하고, 서구는 처분하는"(*Penpoints* 127) 상황을 염려하는 그는 아프리카의 작가와 지식인들의 의무는 "민중의 언어로 돌아가는 것"(128)이라고 주장한다. 응구기가 복권시켜야한다고 보는 민중문화는 "구연예술, 문학, 그리고 아프리카어"이다. 그는 이것이 "중심의 이동의 문제" 즉, "유럽의 언어에서 아프리카와 전 세계의 다른 언어로 중심을 이동시키는 문제"(*Moving the Center* 10)이며 인간 상상력의 합법적 매체로서의 언어의 다수성을 지향한다면 나아가야할 방향이라고 주장한다. 그는 "아프리카, 아시아, 남미의 민중의 언어와 문학은 20세기의 주변이 아니다"고 말하면서 "전 세계에 걸쳐 존재하는 다수의 중심들에서 분출하는 모든 목소리를 이해하는 문제"(10-11)가 시급한 과제라고 주장한다. 다시 말해, 유럽어에 의해 주변으로 밀려난 식민지의 다양한 언어를 복권시키고 이들 언어로 문학함으로써 특정한 언어가 중심적 지위를 차지하지 못하게 만들어야 한다는 것이 응구기의 생각이다. 그가 기쿠유 판版『십자가의 악마』의 서문에서, "언어는 민족문학의 대들보이고 문학은 민족의 정신이다"고 말하면서 "자신의 언어가 없는 민족은 노예, 특히 문학과 문화의 측면에서 노예"(*Preface* 46)라고 주장한 이유도 바로 여기에 있는 것이다.

응구기가 소설언어의 다양성을 고민한 이유는 무엇보다도 주변부에 위치한 제3세계 언어를 복권시키려는 의지 때문이다. 그러나 그

---

9) 응구기가 사용하는 '신식민주의'는 넓은 의미에서 '포스트식민주의'와 크게 다르지 않다. 다만 응구기는 케냐가 여전히 식민지적 상황에 있다는 것을 강조하여 이 용어를 사용하고 있는 것 같다.

가 기쿠유어를 소설언어로 선택한 이면에는 앞에서 보았듯이, 영어가 가지는 특권적 지위로 인해 문화의 소비와 향유에서 주변으로 밀려난 노동자 농민 독자에 대한 고려가 자리하고 있다.[10] 유럽어 소설과 현대소설을 읽어본 적이 없는 독자들을 대상으로 하였기 때문에 소설의 언어를 바꿀 수밖엔 없었다는 것이다(*Decolonising* 75). 그가 『십자가의 악마』의 소재를 케냐의 정치현실에서 찾고 소설의 양식을 기쿠유 문화의 기칸디Gicaandi 구연예술에서 찾은 이유도 새로운 독자에게 적합한 소설을 의식하였기 때문이다. 응구기의 궁극적인 목적은 "소설의 뿌리를 사람들이 익숙한 전통 속에 두는 것"(78)이다. 그 결과 『십자가의 악마』는 그가 쓴 이전의 영어소설과는 달리 첫째 "기쿠유어를 사용"하며 둘째, 나이로비Nairobi를 출발하여 일모로그Ilmorog를 거쳐 나쿠루Nakuru에 이르는 주인공 제신타 와링가Jacintha Wariinga의 여행이라는 "보다 더 단순한 플롯"을 지향하며 셋째, "구전문학의 형식 특히, 대화적 어조, 우화와 속담과 노래 및 자신을 포함하여 다른 사람을 칭송하는 시의 전통"(77-78) 즉, 구연예술을 원용하게 된 것이다.

아프리카의 구연예술은 한마디로 말해, 속담과 수수께끼와 이야기, 그리고 노래와 춤이 하나로 어우러진 종합예술이다. 그것은 "구비문학과 문자문학과 공연예술"을 통합한 예술이다(*Penpoints* 119). 응구기는 자신이 영어로 쓴 이전의 소설과는 달리 『십자가의 악마』

---

10) 응구기는 1967년에 이르러 "나는 식민지의 억압에 맞선 케냐 농민들의 투쟁을 공들여 묘사한 [『밀알 한 톨』]이 농민들에 의해 읽혀지지 않으리라는 것을 깨닫고 무척 괴로워했다"(*Moving the Center* 10)고 고백하며 이때부터 더 이상 영어로 글을 쓰지 않겠다고 다짐하게 된다.

에서는 시, 노래, 속담, 수수께끼, 이야기 등을 적절히 활용함으로써 소설 자체를 구연예술로 승화시키고자 한다.[11] 그런데 구연예술에서 빠질 수 없는 요소는 풍자와 해학이다. 응구기는 현실에서 체험하는 "누군가의 말이 그 어떤 소설적 과장으로도 따라잡을 수 없을 때 그들의 말과 주장을 어떻게 풍자할 것인가?"(*Decolonising* 78)라고 반문한다. 아프리카의 신식민지적 상황에서 흔히 볼 수 있는 "소설보다 더 놀라운 현실" 즉, 아프리카의 지도자들이 과거 아프리카를 식민지로 지배한 서유럽의 국가들을 찬양하고 기념하며 스스로 종속의 관계로 들어서길 원할 뿐만 아니라 "신식민지 총독"이며 "자국민을 노예로 몰아가는 새로운 몰이꾼"이며 "새로운 십장仕長"(80)으로 군림하는 현실을 묘사하기 위해서는 소설의 주제뿐만 아니라 양식까지 달라질 수밖에 없다는 것이다. 응구기는 이런 문제를 아프리카의 구전전통에서 해결하고자 한다.

그러나 응구기는 기쿠유민족의 언어와 문학만을 강조하는 국수주의자가 아니다. 그는 현재 아프리카 문학의 노선을 크게 두 가지 즉, 전통문학과 현대문학으로 나눈다.

전통문학은 우화와 전설, 수수께끼와 속담, 구전운문을 포함한다. 이 모든 것들은 유럽의 식민주의와 문화지배가 시작되기 전 우리네 선조들에 의해 창안된 예술작법이다. 전통문학은 많은 지혜를 담고 있는 문학이다. 사람들은 저녁 불가에 둘러앉아 듣는 비유담을 통해 즐기면서 배웠다.

---

11) 케냐의 나이로비대학이 출간한 『구전문학입문』(*Introduction to Oral Literature*)은 구연예술을 크게 속담, 수수께끼, 이야기의 요소로 구분하여 설명한다.

그러나 이 점에 주의해야 한다. 삶은 역동한다. 무카비(크와비 마사이족 유목민)는 한 곳에만 머물지 않는다. 좋은 씨앗은 다른 박통에서 얻는 법이다. 우리는 옛 기술에 무언가를 계속 더해나가야만 한다(물론 옛것을 버릴 필요는 없다). 우리는 우리의 손때 묻은 담배통 안에 든 것들을 남들과 공유해야 한다. 문학 역시 (담배처럼) 우리끼리 나누고 또 남과 공유해야하는 무엇이다.

현대문학(보통 책의 형태로 쓰인)은 시, 소설, 단편, 수수께끼, 속담, 연극을 아우른다. 이것들은 현대 케냐를 조명하기 위해 쓰인 것들이다. (Preface 46)

다시 말해, 응구기는 소설의 구성요소를 기쿠유 예술에서 차용하면서도 그것을 세계의 문학적 전통과의 교감 하에서 작업하고자 한다. 그래서 『십자가의 악마』는 케냐의 전통 속에 서구, 나아가 한국의 문학적 전통까지 틈입시킴으로써 주제와 기법의 '보편성'을 확보하고 있는 것이다. 이를 위해 그는 우선 유럽문학에 등장하는 물질적 풍요와 세속적 욕망을 위해 악마에게 영혼을 파는 "파우스트의 주제"와 "기쿠유 구연예술의 식인 도깨비"의 모티프를 결합한다. 둘째, 한국의 김지하 시인의 『오적』의 "구전양식"과 "풍자"의 기법을 차용하여 "제국주의라는 외국의 악마에게 자신의 영혼과 나라를 팔아먹는 사람들의 이야기," "악을 자랑하는 악의 이야기," "민중을 강탈하는 것을 자랑하는 강도들의 이야기"(Decolonising 81)로 만들고 있다.

응구기가 서구의 문학과 문화의 전통을 활용하는 이유는 그것들을 전유하여 중심의 문화에 대응하기 위해서이다. 이는 응구기 자신이 영문학과 서양문학, 그리고 기독교의 세례를 받고 자랐기 때문에 더욱 그런 것으로 보인다. 무엇보다도 이 작품은 십자가와 관련된 기독교의 이미지를 여러 가지로 변주함으로써 선진 자본주의 국가와 기독교의 관계에 질문을 던지고 있다. 나아가 파우스트의 모티프뿐만 아니라 조지프 콘래드Joseph Conrad의 『어둠의 속』Heart of Darkness, 나다니엘 호손Nathaniel Hawthorne의 「젊은 브라운 형제」"Young Goodman Brown", 그리고 토마스 하디Thomas Hardy의 『테스』Tess of the D'Urbervilles의 주제와 형식을 전유하고 있다. 이렇게 응구기는 아프리카의 구연예술과 유럽과 아시아의 문학과 문화를 참고하고 변용함으로써 탈중심의 새로운 문학을 모색하게 된다.

IV. 유럽중심주의를 넘어서기 위해

유럽중심주의가 문제가 되는 이유는 유럽이 지난 수세기 동안의 제국주의 시대에 유럽의 체제와 가치를 나머지 세계에 이식하거나 강요하였다는 점에 있다. 그런데 이는 비단 어제의 일이 아니라 공식적인 정치적 제국주의가 끝난 지금 현재에도 지속되고 반복되고 있다는 점에서 더 심각한 문제가 된다. 과거의 제국들은 경제적 세계화를 통해 전 세계에 서구식 제도와 문화를 파종하고 있으며 제국의 식민지에서 독립한 수많은 국가들은 서구의 물질적 근대화 modernization를 선망하며 서구식 문화와 제도 나아가 사상을 열정적으로 추종하고 있다. 이것이 유럽중심주의의 문제를 개선하기는커녕 확대시키는 오류를 낳는 한 가지 원인이다. 서구는 유럽 문화를 이상화하기 위해 비서구를 열등과 야만의 부정적인 문화로 묘사하곤 했다. 이러한 오리엔탈리즘의 이면에는 백인을 우월한 인종으로 보는 저급한 인종주의가 자리하고 있다. 이것이 더욱 문제가 되는 것은 비서구인들 자신이 유럽중심주의와 오리엔탈리즘에 젖어 있다는 점일 것이다.

프란츠 파농Franz Fanon은 유럽중심주의와 오리엔탈리즘이 만들어 낸 내면화된 인종주의를 비판하면서 이러한 의식이 지배하는 사회에서 유색인과 백인 모두 자유로운 편견 없는 영혼으로 사는 것이 쉬운 일이 아니라고 진단한다. 서구의 지배로부터 정치적으로는 독립한 비서구 사회가 입은 피해는 식민지를 잃은 서구보다 더 크다. 그것은 비서구가 서구의 의식을 모방한다는 데 있다. 한 마디로 말해, "흑인은 백인이 되려고 한다"(『검은 피부 하얀 가면』11)는 데 있는 것이다. 백인 사회 즉, 서구는 비서구를 열등한 사회로 규정하는 오리엔탈리즘을 유포하고 확산시켰다. 그 결과 많은 유색인들은 자신에 대해 백인이 만든 고약한 이미지를 그대로 내면화하여 정작 유색인 자신이 유색인을 포기하고 백인이 되고자 한다는 것이다. "백인은 자신의 노예적인 삶을 인간적인 삶으로 위장"해왔는데, 이 때문에 "백인 자신의 백인성의 봉인 속에 갇혀" 있게 되었던 것이다.

그런데 유색인의 경우 또 다른 어려운 문제를 안고 있다. 즉, 백인의 자기중심주의처럼 유색인 역시 자신의 문화와 가치를 우월한 것으로 제기하고 그것에 절대적으로 기대려는 유색인 자기중심주의의 문제이다. 다시 말해, "흑인도 흑인성 속에 갇혀 있다"(11)는 것이다. 파농은 유색인이 가져야할 자세는 그러한 자기중심주의가 아니라는 점을 명백히 한다.

> 많은 유색인 지식인들에게 유럽의 문화는 국외자의 허울일 뿐이
> 다. 더욱 더 가혹한 것은 인간관계라는 측면에서, 흑인은 서구의
> 영원한 이방인이라는 사실이다. 가난한 이웃으로, 입양아로, 무례
> 한 아이로 살려고 하지 않는 흑인. 그에게 남아 있는 유일한 길은
> 흑인의 문명을 열광적으로 발굴하는 것뿐일까? (『검은 피부 하얀
> 가면』 314)

자기중심주의의 함정을 피해 진정 자유로운 인간이 될 수 있는
길은 무엇인가? 파농은 그것을 타자에 대한 적극적인 환대에 있다
고 충고한다. "타자를 만지고 타자를 느끼며 동시에 타자를 나 자신
에게 설명하려는 단순한 노력"(316)이 절실히 필요하다는 것이다.

> 흑과 백, 양자는 모두 그들이 각각 숭배하는 조상들의 비인간적
> 목소리를 등지고 진정한 대화를 시도해야만 한다. 대화를 통해 하
> 나의 객관적인 목소리를 수렴해야만 한다. 그 전에 소외를 극복하
> 려는 자유로운 시도를 멈추지 말아야 한다. 인생의 노정을 새롭게
> 출발하는 자에겐 언제나 우여곡절이 있게 마련이다. 우연이라는 바
> 다에서 익사하기 십상이다. 인간의 비극은 한때 그가 어린아이였다
> 는 점이다. (316)

가치판단의 기준을 서구에서 생산된 제도, 사상, 문화에 두려는
유럽중심주의와 이러한 기준으로 비서구를 판단하는 오리엔탈리즘
은 과거의 문제로서 19세기에만 해당하는 것이 아니다. 그것은 20세

기를 지나 21세기의 지금에도 학문과 예술, 정치와 경제 모두에서 막강한 힘을 여전히 가지고 있으며 한국 사회와 한국인의 의식을 강력하게 붙잡고 있다. 우리의 내면화된 기준이 외부에서 왔다는 것이 문제가 아니라 단일한 방향으로만 우리를 내몰고 있따는 데 있다. 보다 다양한 가치와 차원에 대한 겸허한 인정, 이것이 우리 사회와 나아가 인간 세계 일반에 평화와 자유를 가져올 수 있는 가장 기본적인 태도인 것이다.

탈식민운동을 지향하는 사상가와 작가들은 유럽이 자신들의 편견을 걷어내고 올바른 관점을 가지도록 지속적으로 설득하고 조언해 왔다. 그러나 가장 중요한 것은 우리가 우리 자신에게 부과하고 있는 유럽중심주의를 벗어나는 일일 것이다. 그러나 여기에는 철저하게 유럽적인 것을 거부하는 것만이 능사는 아니다. 이미 세계는 다양한 민족과 집단, 언어와 문화가 접촉하고 교류하며 혼융하고 있다. 이러한 상황 하에서는 서로가 서로의 다양성과 개성을 인정하고 공존하는 방안을 모색하는 것이 우리가 나아가야할 길인 것이다.

여기에서는 아프리카 작가들의 예를 들어 그들이 제국의 언어를 사용하여 제국을 설득하는 방법과 이와 달리 자신들의 고유한 언어를 통해 자신을 개혁하는 방법을 동시에 사용한 사례를 소개하였다. 이는 비단 언어의 문제만이 아니라 결국 문화의 문제이기 때문에 우리에게도 함의하는 바가 크다 할 것이다. 이런 문제를 넘어서기 위해서는 어떤 자세를 가지는 것이 필요할 것인가? 우선 유럽중심주의에 대한 저항이라는 같은 목적을 위해 아체베와 응구기가 취한 상이한 전략을 재검토해보고 이를 우리 문학의 경우에서는 어떠한

지를 살피는 작업도 의미가 있을 것이다. 또한 제3세계 작가가 영어로 문학작품을 쓰는 행위가 갖는 가능성과 위험이라는 양날의 칼과 같은 의의도 생각해보는 것이 좋을 것이다. 영어로 문학한다는 것은 자기의 특수한 문화를 죽일 수도 있고 혹은 세계에 알릴 수도 있으며 이를 통해 세계와 더 쉽게 소통할 수 있기 때문이다. 이는 우리 문학을 영어로 번역하여 옮기는 경우에도 해당된다고 할 수 있을 것이다. 영국의 매콜리는 "취향과 생각, 도덕과 지성은 영국인"인 인도인을 만들어냄으로써 식민지 지배를 공고히 하고자 했다. 이처럼 유럽중심주의는 교육과 문화적 제도를 통해 확산될 때 대단히 위험하게 된다. 우리의 경우 일제 강점기의 역사에서 구체적인 사례를 찾아볼 수 있을 것이다.

참고문헌

가야트리 스피박(태혜숙, 박미선 역), 『포스트식민 이성 비판』, 갈무리, 2005.

릴라 간디(이영욱 역), 『포스트식민주의란 무엇인가』, 현실문화연구, 2002.

로버트 C. 영(김용규 역), 『백색신화』, 경성대학교출판부, 2008.

막스 베버(박성수 역), 『프로테스탄티즘의 윤리와 자본주의 정신』, 문예출판사, 2013.

월레 소잉카, 김우창 외 편, "문학의 서쪽을 향한 정전, 동쪽을 향한 정전," 『경계를 넘어 글쓰기 : 다문화세계 속에서의 문학』, 민음사, 2000.

응구기 와 시옹오(이석호 역), 『탈식민주의와 아프리카 문학』, 인간사랑, 1999.

조동일, 『세계·지방화시대의 한국학 6·비교연구의 방법』, 계명대학교출판부, 2008.

존 맥클라우드(박종성 외 편역), 『탈식민주의 길잡이』, 한울아카데미, 2003.

치누아 아체베(강지현 역), "아프리카 작가와 영어," 『아프리카 탈식민주의 문화론과 근대성』, 동인, 2001, 181-222쪽.

프란츠 파농(이석호 역), 『검은 피부 하얀 가면』, 인간사랑, 2013.

Achebe, Chinua. *Things Fall Apart*, New York : Anchor Books, 1959.

Macaulay, Thomas Babington. "Minute on Indian Education," http://www.columbia.edu/itc/mealac/ pritchett/00generallinks/macaulay/txt_minute_education_1835.html.

Newell, Stephanie. *West African Literatures : Ways of Reading*, Oxford : Oxford UP, 2006.

Ngugi wa Thiong's. *Decolonising the Mind*, Oxford : James Currey, 2005.

_____. *Penpoints, Gunpoints, and Dreams : Towards a Critical Theory of the Arts and the State in Africa*, New York : Oxford UP, 1998.

Talib. Ismail S. *The Language of Postcolonial Literatures : An introduction*, London and New York : Routledge, 2002.

Walder, Dennis. *Post-colonial Literatures in English : History, Language, Theory*, Oxford : Blackwell, 1999.

세계화와 신자유주의의 환상과 실상[1] ●●●

Ⅰ. 들어가며 : 세계화와 신자유주의

세계화globalization와 신자유주의neoliberalism.[2] 이 두 용어만큼 오늘날 폭넓게 거론되는 말은 없을 것이다. 일반적으로 세계화는 정치, 경제, 문화 등 인간의 모든 영역에서 공간과 인간이 세계적 차원으로 확장되고 통합되어 가는 과정과 현상을 말하며, "민족적 경계를 넘어서는 사회-경제적, 정치적 상호연관의 증대를 설명하는 데 널리 사용되었다"콜라스, 2009 : 129 세계화를 긍정하는 이들은 이를 "성장과 번영의 새 시대의 시작으로"오스터함멜 등, 2013 : 22 환영한다. 그리고 그들은 세계화가 세계를 통합하고 인류의 행복을 보장해 줄 것이라고 주장한다. 현재 세계화라는 용어는 이론적·정치적 담론뿐만 아니라 일상 언어에서도 핵심어가 되어버렸다. 그리고 세계화는 실질적

---

1) 이 글은 다음 논문의 일부를 참조하여 수정한 글이다. 하상복, 「전지구화와 신자유주의의 어두운 이면」, 『인문과학연구』 39집, 2013, 477~507쪽.
2) 'globalization'은 세계화, 지구화, 전지구화 등으로 번역되고 있다. 이 글에서는 '세계화'로 번역한다.

주도권을 획득하며, 오늘날 발전과 진보를 위한 방식과 처방에 대한 논의에서 당연하게 거론되는 중요한 중심 용어가 되었다. 나아가 다양한 비판에도 불구하고 세계화 외에는 대안이 없으며, 어쩔 수 없는 시대적 경향이므로 피할 수 없다는 관점들이 전 세계 곳곳의 사람들에게 유포되고 있다.

이러한 세계화를 적극적으로 전유한 용어가 신자유주의이며,3) 현대 세계 체계에서 언급되는 세계화는 신자유주의 이념을 중심으로 전개되고 있다고 보아도 무방하다. 신자유주의 옹호자들은 "시장 원칙의 보편적이고, 경계가 없는, 그리고 비가역적인 확산을 통해 국가와 사회를 재생산하는 전 세계적 과정으로 '세계화'를 전유"콜라스, 2009 : 127함으로써 그 이념을 전파하고 있다. 이들은 "신자유주의와 자유 경쟁 시장 체제가 공정하며 정의로우며 인간의 발전과 해방을 가져온다"한국철학사상연구회, 2010 : 19고 선전하고 있다. 오늘날 신자유주의는 "강력한 사적 소유권, 자유 시장, 자유 무역의 특징을 갖는 제도적 틀 내에서 개인의 열정적 자유 및 기능을 해방시킴으로써 인간 복지가 가장 잘 개선될 수 있다는 점을 제안하는 정치적, 경제적 실행에 관한 이론처럼"하비, 2005 : 15 전 세계 모든 영역에 스며들고 있다.

그러나 세계화와 신자유주의의 내건 장밋빛 미래는 현실에서 조우하는 기아, 빈곤, 환경, 생태, 인권 등의 문제들로 심각한 도전을

---

3) 신자유주의는 역사적으로 아담 스미스(Adam Smith) 등이 주장한 고전학파 경제학 이론과 연결되나, 수많은 이들은 오스트리아 경제학인 프리드리히 A. 하이에크(Friedrich August von Hayek)와 미국 시카고 학파의 수장인 밀턴 프리드먼(Milton Friedman)의 주장에서 현대 신자유주의의 이념적 기반이 마련되었다고 본다.

받고 있다. 세계화와 신자유주의라는 거대한 기획은 허구라는, 그리고 자본과 권력을 가진 '소수'를 위한 경제적, 정치적 프로젝트일 가능성이 높아졌다. 일례로 지그문트 바우만Zygmunt Bauman과 데이비드 하비David Harvey가 거론하고 있듯이 세계화와 신자유주의가 본격적으로 세계 질서에 자리 잡은 이후 더욱 가속화된 '부익부富益富 빈익빈貧益貧'의 상황은 이러한 의심을 확인시켜 준다.

상위 358명의 '세계적 억만 장자들'의 전체 부가 극빈층 23억 명(세계 인구의 45퍼센트)의 부를 합한 것과 같다는 가장 최근의 국제연합 인권 보고서에 대해 키간(Victor Keegan)은 현재 세계 자원의 세태를 두고 "새로운 형태의 고속도로 도둑떼"라고 불렀다. 사실 세계 부의 22퍼센트가 소위 '저발전한 나라들'에 속해 있는데, 그것은 세계 인구의 약 80퍼센트가 가진 것에 해당한다. (바우만, 2003 : 144)

1996년 385대 부자들의 순 자산이 세계 인구의 하위 빈곤 45퍼센트(23억 명)의 소득 합계와 같다는 점은 놀랄 일이 아니다. 더 좋지 않은 사실은 세계의 200대 부자들이 1998년까지 4년 동안 그들의 순 재산을 1조 달러 이상이 되도록 배가시켰다는 점이다. 세계 3대 억만장자의 자산은 최저 개발국의 국민총생산(GNP) 및 이 국가의 6억 인구의 재산을 합한 것보다 많았다. (하비, 2005 : 54)

따라서 세계화 경향을 반대하는 이들이 세계화가 "서구에 기원한 거대 기업에 의한 글로벌 범위로 행사되는 지배 체계의 출현이나 민주주의, 노동권, 빈곤국, 글로벌 생태계 따위의 훼손을 의미"오스터

함멜 등, 2013 : 22한다고 비판하는 이유를, 신자유주의 비판자들이 신자
유주의를 "자본과 노동시장의 규제완화, 국가 간 관세 장벽 철폐를
통한 자본 이동의 보장을 통해 자본의 이윤을 극대화하는 체계"한국
철학사상연구회, 2010 : 301를 고착화시키는 프로젝트임을 주장하는 의미를
파악해야 한다.

II. 〈삶과 빚〉이 전하는 세계화의 실상

1. 〈삶과 빚〉이라는 다큐멘터리 영화

"아름다운 우리나라에 오신 모든 방문객들에게 따뜻한 환영의 인
사를 전합니다……"Black, 2003 : 3분 40초 파라다이스에 오신 것을 환영
합니다. 바다, 모래 그리고 태양의 섬 자메이카Jamaica에 오신 것을
환영합니다. 스테파니 블랙Stephanie Black의4) 다큐멘터리 영화 〈삶과
빚〉Life and Debt은 아름다운 해변, 여유로운 휴식, 지겨운 일상에서 벗
어난 자유를 제공하는 관광의 천국 자메이카를 보여주지 않는다.
이 영화는 전 세계 개발도상국에서 벌어지고 있는 복잡한 경제 세
계화의 대표적인 예가 되어버린 자메이카의 어두운 이면을 들춰낸
다. 화면 속에 담긴 수많이 이야기들은 저임금 착취에 기반하고 있
는 외국기업의 공장, 파산하고 있는 농축산업, 그리고 값싼 수입품

---

4) 블랙은 미국 다큐멘터리 감독이다. 그녀의 데뷔작인 〈단기 이주노동자〉(H-2 Worker)는 미국
플로리다 사탕수수 산업에 종사한 카리브 해 이주노동자의 현실을 담은 작품으로 1990년 선
덴스 영화제(Sundance Film Festival)에서 최우수 다큐멘터리상과 최우수 촬영상을 수상했다.
〈삶과 빚〉은 2001년 발표한 작품이다.(http://www.lifeanddebt.org/docs/life_debt_fl.pdf(검색일 :
2013. 10. 01).

으로 연명하고 있는 제3세계 지역의 '빚의 메커니즘'을 철저하게 해부한다.

블랙은 자메이카 킨케이드Jamaica Kincaid의[5] 작품 『작은 섬』A Small Place의 내용을 각색하며 자메이카에서 벌어졌고, 벌어지고 있는 일을 이야기한다. 또한 블랙은 킨케이드에게 화면에서 보이지 않는 해설가의 임무를 맡겼다. 킨케이드의 목소리로 진행되는 해설과 더불어 <삶과 빚>은 밑바닥에서 세계화의 현실을 경험한 자메이카 노동자, 농부, 축산업자, 정부 관리 등의 관점에서 신자유주의적 세계화가 낳은 현실을 그대로 보여준다. 그리고 이 다큐멘터리는 평범한 자메이카인들의 이야기뿐만 아니라 이들 이야기 사이에 자메이카의 전前 수상인 마이클 맨리Michael Manley, IMF[6] 부총재 스탠리 피셔Stanley Fischer와의 다수의 인터뷰와 장 베르트랑 아리스티드Jean-Bertrand Aristide 아이티Haiti 대통령, 제리 롤링스Jerry Rawlings 가나Ghana 대통령의 짧은 인터뷰를 삽입하며 신자유주의와 세계화가 진행시키고 있는 정치적, 경제적 배경을 언급한다.

<삶과 빚>은 오늘날 신자유주의적 세계화라고 호칭되는 새로운 세계 질서가 가져다 준 충격과 영향을 직접적으로, 노골적으로 말

---

5) 킨케이드(1949~)는 카리브 해 지역의 조그만 섬나라 앤티가 바부다(Antigua and Barbuda) 출신의 소설가이다. 카리브 해의 대부분의 여성들처럼, 킨케이드도 가족 부양을 위해 1965년 17살 때 미국 뉴욕으로 이주해 한 가정의 보모로 일을 했다. 그녀는 보모 일을 하면서 야간 고등학교를 졸업했다. 킨케이드는 대학을 다니면서 여러 잡지사에 글을 쓴 자유기고자로 활동하기도 했다. 그녀는 『루시』(Lucy), 『애니 존』(Annie John) 등 다수의 소설을 발표했다. 『작은 섬』은 1988년 출판되었다. 『작은 섬』은 그녀가 모국을 떠난 지 20년 후 앤티가를 방문하고 쓴 작품이다. 이 작품에서 킨케이드는 앤티가의 정치적·경제적 부패와 관광산업의 신식민주의적 상황을 보면서 받은 충격과 이에 대한 자신의 분노를 이야기하고 있다.

6) 국제통화기금(the International Monetary Fund).

하고 있는 다큐멘터리 영화이다. 그리고 우리에게 상식이 된, 세계 문제에 대한 만병통치약으로 선전되고 있는 신자유주의와 세계화를 근본적으로 다시 생각하도록 하는 문제작이다.

2. 자메이카가 만난 신자유주의적 세계화의 어두운 이면

<삶과 빚>의 자메이카 그리고 『작은 섬』의 앤티가 바부다는 카리브 해the Caribbean Sea 지역의 섬나라이다. 역사적으로 카리브 해는 1492년 크리스토퍼 콜럼버스Christopher Columbus가 이 지역을 발견한 후 서구의 제국주의, 식민주의 지배와 폭력으로 점철된 곳이다.[7] 콜럼버스가 이 지역에 상륙한 이후 카리브 해의 역사는 원주민의 참혹한 몰살의 역사였다. 또한 이곳의 역사는 유럽 백인 식민주의자들이 자신들의 사탕수수 대농장에서 강제로 일을 시킬 목적으로 머나먼 아프리카에게 흑인을 강제로 끌고 온 고통의 역사였다.[8] 카리브 해로 끌려온 과거 노예의 삶을 기억해야 한다는 점은 킨케이드의 『작은 섬』과 <삶과 빚>에도 모두 언급되어 있다.

앤티가에서 사람들은 노예제도를 푸른 바다 위를 항해하는 커다란 배, 즉 인간 화물―그들의 조상들―로 가득 찬 커다란 배가 가득한 가장행렬처럼 이야기합니다. 그들은 배에서 내려 잔인하고 비인간적인 상황에서 노동을 강요받았고, 두들겨 맞았고 살해당했

---

7) 대영제국의 명칭으로는 서인도 제도(West Indies)이다.
8) 16세기부터 19세기 말까지 카리브 해 지역을 포함하여 아메리카에 유입된 흑인 노예 인구는 정확하게 파악할 수는 없지만 적게는 5백만 명에서 많게는 2천만 명까지로 추정할 수 있다. 또는 노예선을 탄 흑인이 2천만 명에 가까울지 모르지만 노예선의 열악한 상황과 긴 항해로 인해 대서양을 넘어서 살아남은 흑인은 5백만 명 정도일 것이라고 추정할 수 있다(김우택, 2003 : 193).

습니다. 또한 그들은 팔려갔고 아이들은 부모와 생이별을 해야 했으며, 이 이별은 영원한 것이었습니다. (킨케이드, 2011 : 65)

여러분이 변기의 물을 내릴 때 무슨 일이 벌어지는 것인지 알고 나면 좀 놀라실 겁니다. 욕조의 마개를 당길 때, 그 물이 어디로 가는 지에도 놀라지 마시길…… 자메이카에는 그런 오수를 처리할 제대로 된 시설이 없습니다. 하지만 카리브 해는 굉장히 크죠. 대서양은 훨씬 더 크죠. 이 거대한 대양이 삼켜버린 아프리카 노예의 수를 알면 정말 놀랄 것입니다. 맛있는 식사를 위해 식탁에 앉을 때, 당신이 먹는 모든 것이 사실은 마이애미에서 배로 실어온 거라는 건 차라리 모르는 게 나을 겁니다. 무언가 감춰진 것들이 많지만 당신은 그걸 알 길이 없습니다. (Black, 2003 : 17분 30초 부분)

노예의 섬이자 식민지 모국이 생산물 대부분을 수탈해 간 척박한 공간. 이러한 상황에서 독립을 한 카리브 해 지역의 국가들이 당면한 현실은 수많은 제3세계 국가의 저개발 상황과 동일한 것이었다. 이들 국가에는 자력으로 안정된 경제 활동을 지속시킬 기반시설과 생산시설이 부족했으며, 축적된 자본도 거의 없었다. 이들 국가가 의존해야 했던 것은 사탕수수와 바나나 같은 단일 작물 농업 체제 혹은 외국의 거대 자본과 국내 지배 세력의 결탁에 의해 운영되는 관광산업 밖에 없었다. 이처럼 열악한 경제상황은 내외부적인 요소가 가혹해질 경우, 경제 발전은커녕 자급자족마저도 힘든 상황에 이르게 된다. 이런 상황은 자신들의 이익을 위해 전 세계 공간을 생산, 유통, 분배의 기지로 재편하고 있는 초국적 자본의 손쉬운 활동 무대가 되어버린다. 이런 상황이 도래하더라도 저개발 국가들은 그

저 그렇게 삶을 영위할 것인가 아니면 더 나빠질 것인가 혹은 죽을 것인가라는 선택권을 가지지 못한다. 이 선택의 칼자루는 열악한 경제와 고통스런 인간의 삶을 개선하는 데 있어 만병통치약으로 선전된 신자유주의적 세계화라는 이념과 정책 속에 숨어있는 제1세계 국가와 초국적 자본이 쥐고 있을 뿐이다. 이 영화는 신자유주의적 세계화가 제3세계로 대표되는 자메이카이라는 한 국가와 국민에게 어떠한 삶을 강요했는지를 설득력 있게 제시한다.

1) 강요된 신자유주의적 세계화

<삶과 빛>은 경제적 혼란으로 야기된 자메이카의 소요사태와 신자유주의적 세계화를 찬양하는 홀스터 콜러Hoerst Kohler IMF 총재의 연설 내용을 대비시켜며 시작한다. 세계화와 신자유주의적 경제정책의 타당함을 역설하는 제1세계 경제정책자들은 '긴급 구제' 혹은 '원조'라는 명분으로 자메이카에 개입한다.

> "중요한 것은 세계화가 모두를 위한 것이 되어야 한다는 것입니다. 가난한 이들에게 보다 나은 미래가 보장되지 못한다면 부유한 이들에게도 미래는 없을 것입니다." (Black, 2003 : 1분 20초)

> 가난과의 투쟁을 이겨내기 위해서는 이런 나라들이 성장을 위한 기초를 건설하고, 국제시장의 자본 투자를 획득해야만 합니다. (Black, 2003 : 60분 35초)

블랙은 위기에 봉착한 나라를 지원한다는 명분으로 개입하고 있는 제1세계의 의도를 명확하게 제시한다. 영화는 지원과 원조라는

명분으로 그들이 조건으로 제시한 것이 저개발국가의 신자유주의화
이며, 이러한 신자유주의적 구조조정을 통해 저개발국가의 부와 자
원을 탈취하는 일련의 과정을 세밀하게 보여준다. 이 과정에서 두
국제금융기구가 핵심적인 역할을 수행한다. 바로 신자유주의적 세
계화의 상징적인 기관인 IMF와 세계은행World Bank이다. 전前 자메이
카 수상 마이클 맨리의 말처럼 이 두 기구는 설립부터 제3세계의
기대에 부응하는 목적으로 설립되지 않았다.

> IMF를 이해하기 위해서는 역사를 거슬러 올라가야 합니다. 1944
> 년 2차 대전이 거의 막바지에 다다르던 때, 연합군은 1차 세계대전
> 직후 있었던 1930년대의 혼란을 다시는 반복하지 않기로 결심했습
> 니다. [뉴스 설명 : 뉴햄프셔, 브레튼 우즈(Bretton Woods)에서 44명
> 의 연합국 대표단이 UN금융재정회의를 개최하기 위해 도착합니다.
> 1944년 IMF와 세계은행이 창립됩니다.] 당시 만들어진 가장 중요한
> 기구는 IMF이었으며, IMF의 목적은 승전국들에게 단기 이자의 이
> 득을 줄 수 있는 단기 채무를 관리하는 은행 역할을 맡는 것이었습
> 니다. (미국 재무장관 모겐쏘가 이끌던 미국 대표단이 제기한 주요
> 의제는 세계통화의 안정성을 확보하는 문제였습니다.) 동시에 그들
> 은 유럽 재건을 위한 자본을 공급하기 위해 세계은행을 창설했습
> 니다. 이걸 기억해야 합니다. 당시만 하더라도 '제3세계'라는 것은
> 존재하지 않았습니다. 다만, 여러 나라들을 거느린 몇몇 강대국이
> 있었죠. 우리는 아무런 목소리를 낼 수 없었고, 존재도 인정되지
> 않았습니다. 우리는 단지 다른 누군가가 만든 권력구조의 일부에
> 불과했습니다. 누구를 위해 만든 권력구조냐고요? 누가 만들었는지
> 생각해보십시오. (Black, 2003 : 63~64분)

블랙은 이 두 기구가 세계의 수많은 사람들의 삶에 엄청난 권력을 행사하고 있음을 자메이카의 예를 들어 설명한다. 영화는 이 기구들이 자메이카와 같은 저개발 국가들에게 요구하고 있는 '개혁'이 피폐해진 사람들의 삶을 정상적인 삶으로 전환시키기 위한 목적을 가지고 있지 않음을 폭로한다. 영화에서 가장 극명하게 폭로한 부분은 세계은행의 비밀문서부분이다. "이 차관들이 성장이나, 빈곤 제거에 아무런 도움이 되지 않았다"Black, 2003 : 75분 18초. 그럼 외국자본의 운영기관에 다름없는 **IMF**와 세계은행이 개발도상국에 빌려준 돈의 목적은 무엇이었는가? 그 답은 다음의 인터뷰 내용에서 읽어 낼 수 있다.

> 오늘날 IMF위기를 겪는 나라들을 보세요. 그 나라들 중 하나라도 좋은 병원 서비스, 교육제도가 있는지 말해보세요. 그들 모두 식민주의적 금융 위기의 덫에 영원히 걸려 들어있는 겁니다. …… 그들은 개발도상국의 이해를 대변하기 위해 만들어진 것이 아닙니다. …… 힘 있는 자들은, 우리가 자급자족하든지 아닌지 따위에는 관심이 없습니다. 자기들이 할 일만 하고 있을 뿐입니다. 그들의 압력 때문에 외국자본에 더욱 의지하게 된다면 그것은 단순히 돈이 흘러들어 온다는 것을 의미하는 것이 아닙니다. 어떤 자본이겠어요? 그 자본은 자급자족하라고 들어오는 자본이 아닙니다. (Black, 2003 : 63-64분)

차관은 저개발국가의 경제 건설과 빈곤 추방을 위한 지원금이 아니다. 차관은 제1세계 자본의 이익만 옹호하고 있다. 그것은 제3세계에게 고통을 안겨주고 있는 빚일 뿐이다. 빚은 빚을 낳으며, 벗어나기 힘든 가난의 나락으로 제3세계 국가를 몰아간다. 단기대출은 제3세계가 열악한 상황을 극복할 조건을 만들지 못한다. 제3세계의 발전을 위한 장기 투자에 대한 요구는 IMF에 의해 묵살된다. 그들은 제3세계 국가의 이런 저런 요구에 이렇게 대답한다. "그건 우리가 알 바 아니죠"Black, 2003 : 13분 05초. 이러한 수십 억 달러의 차관은 자메이카와 같은 제3세계 국가에 보다 나은 경제 구조를 정착시키는 호의적 지원이 될 수 없다. 그것은 또 다른 경제적 종속과 몰락을 가져오는 프로그램일 뿐이다.

> 또한 우리 사회가 수입식품, 수입원료, 수입서적, 수입약품에 의존하게 되면서 통화의 평가절하로 발생하는 수입비용의 부담은 모두 서민에게 돌아가죠. 그 결과 오늘날 우리 경제는 직접 소유를 통해서 뿐만 아니라 외채의 메커니즘을 통해서 더욱 더 외국자본에 의해 통제되는 것입니다. 1970년대에 우리는 8억 달러의 빚을 지고 있었습니다. 1980년대 말에 이르러 외채는 40억 달러로 늘었습니다. 그리고 지금 우리가 갚아야 할 돈은 70억 달러입니다. 빚은 늘어나고 빚은 계속해서 늘어나고, 반면 우리의 수출, 생산능력은 계속해서 감소되고 있습니다. (Black, 2003 : 14분 51초)

2) 신자유주의의 구조조정 프로그램

이러한 제3세계의 종속과 몰락은 IMF 차관 제공의 조건에서부터 시작된다. 지원 받는 국가는 반드시 그들이 제시하는 엄격한 구조조정 프로그램을 수행해야 한다는 것이다. 그 구조 조정 프로그램은 외국 투자의 장벽 제거, 수출 확대를 위한 현지 통화의 가치절하, 임금 억제, 보건과 교육 예산의 감축 등을 포함한다. 또한 자국

내 일반은행은 IMF와 세계은행의 승인에 따라 운영되어야만 한다는 것도 조건으로 뒤따른다.[9] 이러한 조건에 따른 IMF와 세계은행의 처방을 따르지 않는 국가는 그들이 제공하는 돈을 대출받을 수 없다. 어쩔 수 없는 선택에서 저개발 국가들은 이러한 경제 시스템에 종속되고, 제1세계의 자본 이익 창출을 위한 희생양으로 추락해 버린다.

<삶과 빚>에서 먼저 거론하는 구조 조정의 내용은 제3세계의 통화를 평가 절하하는 것이다. 명분은 이렇다. "채무국은 수출을 늘리고 수입을 줄일 필요가 있습니다. 최선의 방법은 외화를 더욱 비싸게 만드는 것이죠"Black, 2003 : 14분 51초. 그러나 이러한 통화의 평가절하는 외채 총액의 상승을 동반하고, 이자와 상환금 규모 또한 증가시키는 결과를 낳는다. 이러한 현실은 앞서 인용한 마이클 위터 교수의 인터뷰에서 파악된다Black, 2003 : 14분 51초.

두 번째는 자유무역이라는 명분으로 강요된 관세의 폐지이다. 신자유주의적 세계화의 자유무역론의 핵심은 국가 간의 보호무역 장벽을 없애고 자본과 상품, 노동의 자유로운 이동을 통해서 이윤을 극대화할 수 있다는 것이다한국철학사상연구회, 2010 : 16. 이러한 논리로 제1세계는 제3세계가 발전하기 위해서는 폐쇄된 국내 시장을 벗어나 세계 시장이라는 보다 큰 규모에 통합해야 된다고 주장하며, 제3세계 국가에게 수입 제한 철폐와 자국 산업에 대한 보조금 지급 폐지를 요구한다. 그러나 충분한 자본이 없으며, 비교우위에 있는 상품

---

9) http://www.lifeanddebt.org/docs/life_debt_fl.pdf (검색일 : 2013. 10. 01).

을 생산하지 못하는 제3세계 국가가 이러한 신자유주의적 정책을 수용한다면, 그 결과는 불을 보듯 뻔하다.

우리가 무역장벽을 없애려는 이유가 뭐냐고요? 그것은 자메이카가 아주 작은 나라이기 때문이죠. 국내 시장을 목표로 생산해내서 번영할 수 있는 그런 나라가 아닙니다. 우리는 각국이 세계경제로 통합될수록 더욱 발전할 수 있다고 믿습니다. 이는 관세를 줄여서 수입을 가능하게 하는 것을 말합니다. 그렇게 함으로서 국민들이 작은 경제구조에 의지하지 않고 다른 나라에서 생산된 상품을 구입할 수 있도록 할 필요가 있습니다. (Black, 2003 : 23분 16초)

IMF 프로그램의 일반적인 원칙은 무역 장벽을 없애는 것입니다. 그들은 IMF 프로그램을 실시하고 있는 나라에 대해 수입 제한을 없애고, 수출품에 대해 보조금을 주지 말라고 요구합니다. (Black, 2003 : 22분 10초)

자국 산업의 보호를 위한 보조금 지급과 관세의 폐지는 장기적인 경제 발전과 안정을 위해 안정적으로 유지되어야 할 국내 산업의 기반 파괴로 이어진다. 영화에서 보듯이 가격 대비 우위에 있는 수입 농축산물은 자메이카의 시장을 완전히 장악하며, 자메이카의 농축산업을 파탄에 이르게 한다. 나아가 농부와 축산업자의 자생력을 상실하게 만든다. 새로운 투자를 통해 경쟁력을 높일 수도 없다. 국내 인플레이션을 막는다는 명분으로 IMF가 요구하는 높은 이자율을 감당할 여력도 없으며, 투자를 하더라도 이미 구축된 농축산물 관련 외국 대기업과 경쟁하는 것은 불가능하다.

(수입농산물 판매업자들은 돈을 벌지만) 그러나 다른 수천의 농부들에게는 어떤 일이 벌어질까요? 아무튼 전체의 희생을 대가로 몇 명만 살찌우고 있는 겁니다. 일으켜 세우는 데 수십 년이 걸리는 농업 전체를 단 한 번의 펜 놀림으로 모두 다 파괴해버리는 겁니다. (Black, 2003 : 22분 45초)

더욱이 이러한 제1세계와의 자유무역은 본질적으로 불공정한 과정으로 진행된다. 자유경쟁 시장 체제가 공정하고 정의롭다고 선전하며 제3세계를 압박하던 제1세계의 주장이 허구이며, 자유경쟁이 본질적으로 차별적 경쟁일 뿐이라는 점이 드러난다한국철학사상연구회, 2010 : 19. 영화에서 알 수 있듯이 제3세계에게 폐지하도록 강요하는 보조금 지급은 제1세계 기업에게는 제공되고 있으며, 제3세계의 높은 이자율에 대한 강요는 제1세계의 낮은 이자율을 비교할 때 공정한 게임이라 할 수 없다. 극명한 예는 분말 우유와 닭고기 수입에 대한 언급에서 알 수 있다.

영화는 자메이카 국내 시장에 질 높은 닭고기를 판매하며 번창했던 닭고기 가공 공장의 이야기를 들려준다. 그리고 이 사업이 최근 미국의 품질 등급이 낮은 닭고기 살미국인이 선호하는 가슴살이 제거된 나머지 부분들의 덤핑 판매로 악화되고 있는 점도 언급한다. 또한 미국이 수입하는 농수산물과 가공품에 대해서는 수많은 제한들이 있지만, 미국이 외국 개발도상국으로 수출하는 제품에는 종종 어떠한 제한도 가해지지 않고 있다는 사실은 분명히 공정한 경쟁이 아니다. 신자유주의가 말하는 자유경쟁은 철저하게 강대국인 제1세계의 논리에 입각한 것이며, 제1세계 '그들'만을 위한 세계 시장의 지배와 확대에 기여할 뿐이다.

세 번째가 공적 영역에 대한 정부 지출의 감소, 즉 긴축 재정에 대한 요구이다.[10] 그 결과는 자메이카 사람들의 공적 영역의 파괴이며, 미래를 위한 인적 자원 육성의 불가능으로 나타난다. 영화는 버스를 타고 가는 관광객과 차창 밖의 광경을 대비시키면서 남루한 건물을 보여준다. 관광 안내인이 초국적 기업의 상징인 맥도날드McDonals, 베스킨 라빈스Baskin Robbins와 같은 체인점을 소개한 장면 다음에 이 남루한 건물이 스치듯 잠시 등장한다. 킨케이드는 이 건물을 두고 창고 혹은 옥외화장실로 생각할 수도 있겠지만 기초학교 건물이라고 말한다. 이 해설은 자메이카의 건강과 교육 등의 공공 영역에서 심각한 문제가 누적되고 있음을 말해준다. 뒤이어 등장하는 킨케이드의 해설은 이러한 부분을 더욱 분명하게 부각시킨다. "근처에 병원이 없다는 사실을 알면 더 놀라게 되겠지만, 수년간 병원이 단 하나도 지어지지 않았다는 사실도 당신은 모르잖아요"Black, 2003 : 13분 56초.

다음의 인터뷰가 말해주듯이, 긴축재정을 통한 '작은 정부'를 요구하는 IMF는 직접적으로 건강과 교육 프로그램 폐지를 요구하지 않는다. 그러나 차관 상환과 신규 차관 협정을 위해 긴축재정 정책을 요구하는 IMF 제안은 교육과 건강 프로그램 축소 혹은 폐지라는 결과를 낳는다.

---

10) 신자유주의는 자유 시장과 작은 정부만이 만인의 발전과 복지를 위한 해결책으로 제시하며, 그간 국가가 책임지고 있던 복지 및 교육 정책의 축소를 주장한다.

기본 전제는 정부가 도저히 이행할 수 없는 조건을 강요하는 것입니다. 그리고 정부가 돈을 갚지 못하면 더 많은 조건이 붙는 새로운 차관에 대해 협상해야 합니다. 보세요. IMF는 결코 이런 식으로 말하지는 않습니다. "이 교육 프로그램을 없애시오." "이 보건 프로그램을 없애시오." IMF는 "건강과 교육에만 너무 많은 돈을 쓰지는 마시오"라고 말하죠. 이 말은 곧 몇몇 프로그램을 없애야 한다는 것입니다. (Black, 2003 : 14분 10초)

신자유주의에서 경쟁은 한 국가의 기업이 아닌 다른 많은 국가의 기업과의 경쟁을 뜻한다. 결국 저임금에 기반을 둔 기업이 경쟁 우위에 있게 된다. 또한 자본의 자유로운 이동을 위해 노동시장 자체가 유연성을 갖고 있어야 한다. 이런 점에서 신자유주의는 완전 고용의 정책의 폐지, 노동의 유연화를 주장한다. 영화에서 이러한 신자유주의적 핵심들은 킹스턴Kingston의 자유무역지대Free Zone Area에서 적나라하게 표출된다.

영화는 매일 아침 수많은 여성들이 킹스턴 부두의 공장으로 출근하는 모습과 다른 자메이카인들이 해변의 휴양시설에 근무하는 모습을 보여준다. 이들은 저임금을 받으며 혹은 정식 직장이 아님에도 생존을 위해 호텔로, 상점으로, 공장으로 출근한다. 이러한 장면들은 신자유주의적 정책에 따른 저임금 노동의 실상을 폭로한다. 특히 영화는 자메이카인들이 '노예지대'라고 부를 정도로 심각한 저임금 체제를 바탕에 두고 운영되고 있는 '자유무역지대'의 실상을 집중적으로 부각시킨다.

4명의 노동자를 고용했다고 치자고요. 일주일에 얼마나 임금을 주죠? 당신은 노동자들 덕택에 하루에 얼마나 벌죠? 결국 일해 봐야 소용없고, 이 나라에는 남는 게 없어요. 그래서 이 나라는 점점 더 빈곤에 빠지고 있고, 민중들은 점점 더 좌절하고 있죠. 우리가 '노예지대'라고 부르는 곳인 자유무역지대에서처럼 미국 기업들은 일반적으로 우리나라 노동자들에게 미국에 있는 노동자들에게 주는 것보다 훨씬 적은 임금을 주며 일을 시키죠. (Black, 2003 : 49분 38초)

그러나 더욱 주목해야 할 것은 이 자유무역지대가 자메이카 내의 이른바 독립된 지역으로 외국 거대 기업들이 엄청난 혜택을 받고 운영되는 공간이라는 사실이다. 이곳이 자메이카 정부가 차관을 받아 만든 시설임에도, 입주한 외국인 공장들은 저렴한 임대료, 면세 등의 혜택만은 누릴 뿐 자메이카에 기여하는 정도는 미미하다는 것이 문제이다. 이런 측면은 공장에서 사용하는 원자재가 자메이카에서 생산된 것이 아니라는 점과, 공장들이 면세된 원자재들을 외국에서 가져와 완제품으로 제작한 후 바로 배를 통해 외국 시장으로 수출하고 있다는 사실에서도 알 수 있다. 이처럼 차관으로 만든 시설에 엄청난 혜택이 주어지는 공간에서 창출되는 자본은 자메이카 국내에 거의 반입되지 않는다. 자메이카에게 주어지는 것은 노동자에게 지불하는 매우 낮은 임금과 저렴한 임대료 몇 푼뿐이다. 자메이카 노동자의 말처럼 "그들은 자메이카에서 돈을 쓸 생각이 없는"Black, 2003 : 49분 38초 것이다. 이런 사실은 자본의 자유로운 이동과 자유무역을 통해 저개발국가의 경제발전을 도모한다는 제1세계의 명분이 얼마나 가식적인가를 단적으로 말해준다.

결국 제1세계 외국 기업이 원하는 것은 제3세계의 저렴한 노동력을 통한 자신들의 이익 추구라는 점이 명백하다. 따라서 오직 이익 추구에만 집중하는 외국 기업이 자메이카 노동자를 대우하는 수준은 나쁠 수밖에 없다. 이들 기업은 노동자들에게 주당 30달러주당 1200-1500 자메이카 달러의 법적 최소 임금을 제공하고 주당 5~6일 근무시키는 강도 높은 노동을 강요한다. 공장의 열악한 노동 환경, 높은 노동 강도, 저임금과 같은 기업의 부당한 행위에도 불구하고 노동자들은 항의할 수도 없다. 자메이카 정부가 외국기업이 제공하는 고용을 확보하기 위해 자유무역지대에서 노동조합 설립을 금지하는 협정을 맺었기 때문이다. 자메이카 정부는 단지 고용창출이라는 명분으로 이런 사정들을 묵인하고, 나아가 노동자들의 항의 행위를 무력으로 제압하고 있다.[11]

이러한 영화의 장면을 통해 블랙은 자메이카의 경제 안정을 위해 고용 확대의 계기를 부여한다는 취지로 들여온 차관이 자메이카를 위한 것이 아님을 분명하게 드러낸다. 블랙은 시장 개방과 외국인 투자의 자유화, 노동시장의 유연화 등을 자메이카에 요구하는 신자유주의적 구조조정 정책은 기업과 자본 증식의 효율화를 위해 저임금 지역, 면세 지역으로 이동하는 제1세계 기업을 위한 것임을 폭로하고 있는 것이다. 이러한 폭로를 통해 영화는 시장개방과 외국인 투자를 통한 제3세계의 경제 활성화, 자유무역을 통한 세계경제의

---

11) http://www.lifeanddebt.org/docs/life_debt_fl.pdf (검색일 : 2013. 10. 01).

일부로서 제3세계의 경제적 역량과 위상 증대를 도모한다는 신자유주의적 세계화의 이념과 정책이 얼마나 허구적이며 탐욕적인가를 알려준다. 이제 불안과 고통 속의 자메이카에 남아 있는 것은 외국 기업의 폐업으로 인한 텅 빈 공장들, 실업, 그리고 또 다른 올가미, 즉 자메이카가 갚아야 할 빚뿐이다.

> 정부가 일자리를 더 주라고 고용주들에게 요구한다면, 그들은 아마도 멕시코로 공장을 옮겨버릴 것입니다. 거기 노동력이 더 싸니까요. …… 이 회사들은 이윤 추구에 혈안이 되어있고 주주에게만 신경을 씁니다. 따라서 비용을 줄일 수만 있다면 언제든지 저임금 지역으로 옮겨갑니다. …… 북미자유협정은 처음부터 자메이카에 엄청난 악영향을 미쳤습니다. 1만 8천개 정도의 일자리가 없어졌습니다. …… 저임금 직종이 저임금 지역으로 옮겨가고 있습니다. 이런 현상은 신무역질서가 시작되면서 세계 각지에서 일어나고 있습니다. …… 정부는 IMF나 세계은행 등으로부터 차관을 빌려 공장을 건설했습니다만 아직도 빚을 다 갚지 못한 상황입니다.
> (Black, 2003 : 57분 59초-59분 32초)

영화는 또 다른 장면에서 신자유주의 세계화 속에서 제1세계 초국적 기업이 어떠한 탐욕을 가지고 있는지를 들추어낸다. 그것은 영국의 특별 우대로 인해 안정되어 있던 자메이카의 바나나 산업의 몰락 과정이다. 자메이카는 영국과의 롬 협정Lome Convention을 통해 매년 일정량의 바나나를 영국에 무관세로 수출하고 있다.[12] 그러나 미국은 무관세 수출을 폐기하고자 이 협정을 WTO[13]에 제소한다.

---

12) http://www.lifeanddebt.org/docs/life_debt_fl. pdf (검색일 : 2013. 10. 01).

미국이 자국 내에서 바나나를 재배하고 있지 않으면서도 말이다. 그 배후는 중남미에 대규모의 바나나 산업을 운영하고 있는 치퀴다 Chiquita, 돌Dole, 델몬트Del Monte와 같은 미국의 초국적 기업들이다.

우린 미국 시장에 들어가지 못합니다. 미국의 큰 회사들인 치퀴 타, 돌은 이미 세계 바나나 시장의 95%를 차지하고 있습니다. 그러 나 이 회사들은 나머지 5%까지도 원하고 있습니다. 치퀴타, 돌, 델 몬트…… 이 회사 바나나들은 라틴 아메리카에서 자랍니다. 라틴 아메리카 사람들의 운명은 바나나 농장을 소유한 그들에게 달려 있습니다. 임금은 터무니없이 적습니다. 하루에 미국 돈 1달러로 일하기도 합니다. 그렇게 적게 받고 일하는 사람이 어디 있겠습니 까. 물론 그렇게 하면 더 값싼 바나나를 생산할 수 있겠죠. 하지만 사회적으로 도덕적으로 치러야 할 희생은 얼마나 큽니까? (Black, 2003 : 41분 55초)

실제로 자메이카의 바나나 전체 생산량은 중앙아메리카의 한 농 장에서 생산이 가능한 양에 불과하다. 그러나 생산량이 적더라도 바나나 수출은 자메이카에 외화를 벌어들이는 수단이며, 국가 경제 에서 무시할 수 없는 부분이다. 이 점은 바나나 수출이 자메이카 전 체 수출의 8%를 차지한다는 점에서 알 수 있다.[14] 이러한 상황임에 도 미국의 거대 바나나 기업이 세계 바나나 재배와 판매의 대부분 을 차지하고도 자메이카의 소규모 바나나 산업마저 차지하고자 시 도하는 자체가 신자유주의적 세계화 과정에서 제1세계 자본과 초국

13) 세계무역기구(World Trade Organization)
14) http://www.lifeanddebt.org/docs/life_debt_fl. pdf (검색일 : 2013. 10. 01).

적 기업의 본질이 무엇인지를 말해준다.

Ⅲ. 오늘날의 상식, 윤리 그 자체가 된 신자유주의와 세계화

영화에서 알 수 있듯이, 통화 긴축, 통화 가치절하, 저임금의 정책 장려, 관세 폐지, 자유무역, 시장규제 철폐와 같은 신자유주의적 구조조정 프로그램과 IMF와 같은 국제기구들의 차관은 세계의 모든 국가들에게 이익을 주는 것처럼 포장되어 오늘날에도 세계 전역을 포섭·지배하고 있다. 이 과정 속에서 제1세계 국가의 은행들과 초국적 기업만이 거대한 이익을 얻고 있으며, 나머지 국가들에 거주하는 수많은 사람들은 고통 속에서 하루하루를 영위하고 있다. 우리가 목도하고 있는 이러한 현실이 장밋빛 미래를 약속한 신자유주의적 세계화의 어두운 이면이다.

지난 30년간 전 세계 정치경제의 질서를 주도하고 있는 신자유주의적 세계화. 자메이카의 예를 보더라도 이러한 세계적 흐름이 인류 전체에 행복과 복지를 도모하기보다는 오히려 전지구적 차원의 빈곤, 기아, 인권 등의 문제를 심화시킨 결과를 초래했다. 그러나 더욱더 주의 깊게 보아야 할 것은 신자유주의와 세계화가 수많은 문제에도 불구하고, 하나의 상식이 되었고 시장교환을 "모든 인간의 행동 지침"이자 "윤리 그 자체"로 만들어버렸다는 데 있다.

오늘날 신자유주의는 담론 양식에서 헤게모니적이게 되었다. 이는 사고방식에 만연한 영향을 미쳐서, 우리들 대부분이 세계를 해석하고 살아가며 이해하는 상식적 방식에까지 편입하기에 이르렀다. …… 신자유주의는 시장 교환을 "모든 인간 행동의 지침으로 작동하면서, 앞서 유지되던 모든 윤리적 신념들을 대체할 수 있는 윤리 그 자체"라고 가치를 매길 정도로 시장에서 계약적 관계의 유의성을 강조한다. 신자유주의는 시장 거래와 범위와 빈도를 최대화하면서 사회적 선도 최대화할 수 있다고 주장하며, 모든 인간 행동을 시장 영역으로 끌고 들어가고자 한다. (하비, 2005 : 16-17)

이렇게 새로운 상식, 행위의 지침이 되고 윤리 그 자체가 되어버린 신자유주의, 세계화는 정치경제적 영역에만 머무르지 않고 오늘날 인간 개개인의 삶 전반을 좌우하고 있다는 것이 더욱 문제이다. 아무런 고민이나 비판 없이 자연스럽게, 당연하게 그것이 우리의 신체와 의식 자체가 되어버렸다는 것이다. 이제 시장의 원리가 인간의 삶의 작동 원리가 되었고, 인간관계는 경쟁과 승자 독식이라는 규범으로 단절되어가고 있다. 심지어 친구 관계, 가족 관계마저도 '돈'으로 환산되고 평가되고 있는 것이 현실이다. 오로지 '나'를 최고의 '상품'으로 팔기 위해 자신의 육체와 감정, 기억마저도 철두철미하게 시장의 논리 속에서 관리하는 것이 일반적 경향이 되고 있다. 이런 현실에서 부를 획득한 소수를 제외한 나머지 모든 사람들은 탈락의 공포 속에서 예외적 존재, 잉여인간, 쓰레기가 되고 있으며, 국가도 어느 누구도 인간으로서 이들의 삶에 관심을 두지 않는 상황이 펼쳐지고 있다. 이것이 신자유주의가, 세계화가 우리에게 남긴 결과이며 또한 우리가 올바르게 고쳐야할 문제이다.

참고문헌

김우택 편저,『라틴 아메리카의 역사와 문화』, 소화, 2003.

데이비스 하비 (최병두 역),『신자유주의 : 간략한 역사』, 한울, 2005.

알레한드로 콜라스,「신자유주의, 세계화, 그리고 국제관계」,『네오리버럴리즘 : 신자유 주의는 어떻게 세계를 지배하게 되었는가?』, 알프레두 사드-필류, 테버러 존스턴 편저 (김덕만 역), 그린비, 2009, 127~144쪽.

위르겐 오스터함멜, 닐스 P. 페데르손 (배윤기 역),『글로벌화의 역사』, 에코리브르, 2013.

자메이카 킨케이드 (이성진 역),『카리브해의 어느 작은 섬』, 전남대학교출판부, 2011.

지그문트 바우만 (김동택 역),『지구화, 야누스의 두 얼굴』, 한길사, 2003.

한국철학사상연구회,『현실을 지배하는 아홉 가지 단어 : 빈곤에서 신자유주의까지, 자본 주의를 움직이는 사회 키워드』, 동녘, 2010.

Black, Stephanie. Dir. *Life and Debt*, DVD, New Yorker Films, 2003.

http://www.lifeanddebt.org/docs/life_debt_fl.pdf

우리 내부의 인종주의와 다문화주의[1) ●●.

Ⅰ. 식민주의, 인종주의와 유럽중심주의

복잡한 층위에서 논의되는 유럽중심주의eurocentrism를 간명하게 말하자면 과거 그리고 현재의 서구인들이 비非서구인들보다 자신들이 우월하다고 주장하는 믿음이다. 어떠한 민족이든, 국가이든 인종이든 간에 그리고 심지어 개인의 차원에서 외부를 바라보는 관점이 어느 정도 자기중심적인 경향을 가진다면, 유럽중심주의 또한 세계와 타자를 바라보는 관점의 하나라고 편하게 생각할 수도 있다. 그러나 문제는 이런 유럽중심주의적 관점에서 서구인이 비서구인을 지배하고 억압하는 명분을 찾고, 피의 역사와 비非인간화라는 참혹한 결과를 낳았다는 것에 있다. 이런 결과 때문에 유럽중심주의는 인간에 의한 인간의 지배와 억압을 정당화하는 관점으로 비판받고

---

1) 이 글은 다음 논문의 일부를 참조하여 수정한 글이다. 하상복, 「프란츠 파농의 탈식민주의적 실천 : 유럽중심주의와 인종주의 비판」, 『새한영어영문학』 50권 4호, 2008, 113~135쪽 ; 하상복, 「황색 피부, 백색 가면 : 한국의 내면화된 인종주의의 역사적 고찰과 다문화주의」, 『인문과학연구』 33집, 2012, 525~556쪽.

있다.

역사적으로 끊임없이 구성과 재구성을 반복하며 진화한 유럽중심주의는 근대에 이르러 그 정점에 이르렀다고 말할 수 있다. 이 정점에서 극단적인 표출 양태가 근대의 정치적·경제적 식민 지배와 식민주의 담론 체계이다. 가장 극악한 폭력과 물리적 지배에 의존하여 아프리카, 아시아, 라틴 아메리카 등 비서구 세계를 점유했던 근대의 식민 지배는 식민지인이든 피식민지인이든 식민의 과정을 정당화시키는 일련의 믿음이 그들에게 자연스러운 것으로 수용되었기에 가능했다. 그 믿음은 여러 층위에서 복잡하게 연관되어 작동하는 식민주의, 제국주의적 담론과 실행을 통해 작동했다. 그리고 이 담론들과 실행들의 본질적 전제와 정당화 기제는 유럽중심주의, 다시 말해 서구에 의해 구성된 서구유럽의 우월성에 대한 믿음이다.

또한 유럽중심주의는 인종주의와 밀접하게 연결되며, 그 전제와 작동 논리가 동일하다는 점을 부정할 수 없다. 서구가 유럽중심주의적 가치들과 세계관만이 우월하다는 전제에서 타자를 설정하고 그 타자가 열등하고 미개하다고 간주하는 것은 인종주의에서 어떤 한 인종을 우월하다는 전제에서 다른 인종을 구분하고 억압하는 것과 동일한 메커니즘을 가지기 때문이다.

사실 아프리카인, 아시아인, 호주 원주민, 미국 원주민 등을 포함한 비서구인들은 유럽인들이 그들을 정의하기 전에는 그 자신들을 흑인종, 황인종, 홍인종으로 여길 필요가 없었다. 이 인종적인 정의는 노예제의 발생과 인종에 근거한 착취가 유럽에서 발생했고, 유럽인에 의해 주도되었다는 점에서 구성된 정의일 뿐이다Gordon, 1995 :

28. 이 정의는 서구의 긴 역사 속에서 이루어졌고, 언어, 문화, 진보, 문명이라는 개념을 통해서 명확해지고 증명되어졌다. 어떤 인종에게 명칭을 부여함으로써 하나의 장소를 문명의 서열 내부 혹은 외부에 할당하는 인종주의적 태도는 비非그리스인을 야만인으로 여겼던 고대 그리스 시대부터 그 맹아적 형태가 보였다. 그러나 고대 그리스 시대에는 인종적 분할은 있었지만 인종 억압과 배척은 없었다. 또한 14세기 이전까지 유럽에서 인종이란 오직 인간 종human race을 나타낸 개념으로만 사용되었다는 것이 일반적인 견해이다Childs, 1997 : 189. 그러나 15세기에 이르러 제도와 학문적 차원에서 인종의 개념이 논의되기 시작하면서 인종 논의는 타자의 구성과 억압이라는 극단적 인종 차별의 실천으로 나아갈 토대를 마련하게 된다. 19세기에 이르러 폭발적으로 발전한 과학 이론이 인종 논의와 교묘하게 연루되면서, 인종 차별적 담론들은 과학이라는 포장을 통해 하나의 보편적 관점으로 굳어지게 되었다. 그 대표적인 예를 보자면, 1853년 J. A. 드 고비노J. A. de Gobineau의 『인종 불평등론』Essay on the Inequality of Human Races을 거론할 수 있다. 고비노는 이 저서에서 흑인종, 황인종, 백인종이라는 세 인종의 구별 체계를 이론화하고, 문명의 창조와 존속은 백인에게만 있다는 인종 차별 논리를 구체화시켰다Childs, 1997 : 189-190.

고비노의 주장처럼 과학으로 포장된 인종차별적 담론은 근대 서구인들에게 열등한 인종을 문명화시키는 것이 서구유럽인의 의무이자 사명이라는 확신을 심어주었다. 이처럼 인종주의는 노예제의 옹호와 식민주의, 제국주의의 착취를 정당화하는 데 복무함으로써 가장 절정에 이르게 된 것이다.

Ⅱ. 백색신화 : 유색인종의 열등의식과 백인과의 동일시

"한 인종이 다른 한 인종을 착취하는 체제에 의한 희생, 그리고 우월성을 가장한 한 문명이 다른 문명의 인간성humanity을 경멸" Fanon, 2008 : 199하는 식민주의와 인종주의의 문제, 즉 "식민적 억압뿐만 아니라 흑인을 생물학적 최저치로 축소해버린 인종적 동기를 가진 인종주의"Dirlik, 2000 : 124를 설득력 있게 반박한 반反식민주의의 중요 사상가는 프란츠 파농Frantz Fanon이다. 파농은 앤틸리스Antilles 제도의 프랑스령 마르티니크Martinique 출신의 흑인이자 프랑스인이다. 흑인/프랑스인백인이라는 혼란스럽고 이중적 정체성을 가진 파농은 '인종'이라는 관념이 식민적 삶의 불변성을 각인시키는 분할표시임을 자신의 경험을 통해 분명하게 느꼈다.

백인이 파농에게 이렇게 말한다. "이제 아시겠습니까? 피부색에 대한 편견이 나에겐 없습니다. …… 흑인도 우리와 같은 인간입니다. …… 그들이 흑인이기 때문에 우리보다 지능이 떨어지는 건 아닙니다"Fanon, 2008 : 93. 백인은 유럽 문명의 보편적 가치에서 모든 인간은 평등하다고 말한다. 그래서 식민지 흑인은 인간이다. 하지만 백인의 유럽중심적 가치 속에서 흑인은 인간이 아니다. 파농은 거리에서 만난 백인 모자의 대화를 통해 흑인에 대한 서구 백인의 태도를 폭로한다. "깜둥이를 보세요. 엄마. 깜둥이예요! …… 저 사람 미쳤나 봐요. …… 쳐다보지 말거라. 아가야. 저 사람은 네가 우리처럼 문명인이란 것을 모르고 있단다. ……"Fanon, 2008 : 93.

파농은 이 경험을 통한 식민지 흑인성blackness의 문제를 그의 첫 저서 『검은 피부, 하얀 가면』Black Skin, White Masks에서 적극적으로 검토한다. 파농은 "식민주의라는 문제는 객관적인 역사적 조건의 교차뿐만 아니라 그 조건에 대한 인간의 태도까지도 포함하는 것"Fanon, 2008 : 63이기 때문에 심리학, 정신분석학을 동원하여 식민지의 흑인의 문제를 분석한다. 특히 『검은 피부, 하얀 가면』은 열등 콤플렉스inferiority complex라는 개념을 통해 유럽중심주의적 식민지 체제에서 흑인성을 집중적으로 논의한다. 이 논의는 단순한 경험적, 임상적 사실의 분석 그리고 "흑인성에 대한 유럽적 재현을 파악"Gibson, 2003 : 42하는 것에 그치지 않는다. 왜곡된 흑인성은 백인 문명과 유럽 문화가 흑인에게 강제한 것이며, 따라서 이 흑인성은 백인의 전리품이라는 것을 증명하는 것이 파농의 의도이다.

파농에 따르면, 식민지 흑인은 식민 지배의 결과로 백인과 다른 흑인에 대해 차별화된 행동을 보이는 이중적 측면을 지닌다Fanon, 2008 : 23. 우선, 흑인은 자신 속의 흑인성을 철저히 불신하며 자신과 백인을 동일시한다. 그래서 앤틸레스에서 식민 모국 프랑스 대도시에 체류했던 흑인은 거의 신적 존재가 된다. 불어를 완전히 익힌 이들은 프랑스에서는 교과서처럼 정확하게 말한다고 놀림을 받지만, 고향에서는 "백인처럼 말한다"Fanon, 2008 : 3-4는 칭송과 함께 거의 백인처럼 대접 받는다. 앤틸레스의 흑인 여성과 남성은 "백인의 문화, 백인의 아름다움, 그리고 백인의 백인성"Fanon, 2008 : 45과 결합하고자 백인과의 결혼을 욕망한다. "나는 백인이다"라는 믿음은 나는 흑인이 아닌 백인으로 인정받고 싶은 욕망이다. 왜냐하면 "백인이라면 그는 부유하고, 잘생겼고, 지적"Fanon, 2008 : 34이기 때문이다.

파농은 마니교적Manichean 개념을 동원하여 흑인이 아무런 저항 없이 백색신화white mythology에 집착하게 만드는 식민주의 논리를 설명한다. 마니교적 이분법은 세계를 선과 악으로 나누어 파악하는 것으로 식민 지배에 있어 서구 열강이 피식민지인들을 바라보는 이원적 사고를 그대로 보여주기 위해 파농이 사용하는 표현이다. 인종의 분할과 배제는 보편적 선과 악의 문제, 나아가 절대적 선과 악의 판단 기준으로 서구 백인과 흑인에게서 내면화되어 작동한다. 마니교적 세계는 서구 문명이 식민지에 구성한 세계로, 이 세계에서 서구는 선 혹은 우월로, 비서구는 악 또는 미개 혹은 야만으로 제시된다. 이 세계에서 "검둥이는 짐승이고, 검둥이는 사악하고, 검둥이는 비열하고, 검둥이는 추하고"Fanon, 2008 : 93, 검둥이는 "문화도, 문명도, 그리고 '장구한 역사적 과거'도 가지고 있지 않다"Fanon, 2008 : 17.

문제는 흑인이 백인이 창조한 미개, 야만, 악이라는 "원죄의식의 짐을 앞뒤 가리지 않고 짊어지고자 한다는 것이다"Fanon, 2008 : 168. 그들은 스스로 이러한 "문화적 사기의 노예"Fanon, 2008 : 168를 자처했다. 즉 "백인의 노예가 된 이후 그들 스스로 노예가 되었다"Fanon, 2008 : 168는 것이다. 파농은 이러한 백인이 구성한 흑백의 이분법이 백인이 되고자하는 흑인의 열등 콤플렉스를 조장했다고 말한다. 파농은 흑인이 백인이 되려는 욕망에 사로잡혀 있는 이유는 "그의 열등 콤플렉스를 가능하게 만드는 사회, 이러한 콤플렉스를 유지하면서 힘을 얻는 사회, 한 인종이 다른 인종보다 우월하다고 주장하는 사회에 그가 살고 있기 때문이다"Fanon, 2008 : 80고 주장한다. 이 측면에서 파농이 강조하고 있는 것은 흑인의 열등 콤플렉스가 흑인이 태생적으로 가진 속성이 아니라 인종주의자인 백인, 백인이 강제한 식민 지배의 결과물이라는 것이다.

파농에 의하면, 열등 콤플렉스는 서구 식민화의 경제적인 과정 그리고 이 열등감의 내재화 혹은 표피화라는 이중 과정의 결과물이다Fanon, 2008 : xiv-xv. 파농은 일차적으로 식민지 모국의 경제적 약탈에 따른 경제적 불평등에서 열등 콤플렉스가 기인한다고 파악한다. 그럼에도 식민지 흑인들은 열등 콤플렉스에 젖어 경제적 억압과 불평등이 백인 식민 지배의 결과물임을 알지 못하고, 경제적 현실의 탈출구를 모든 흑인의 "백인화lactification"Fanon, 2008 : 29에서 찾고 있는 것이다. 그들은 "흑인을 백인화하는 것이 흑인을 구원하는 것"Fanon, 2008 : 30이라는 맹목적인 백인 우월주의에 빠져있는 것이다.

파농이 주장했듯이 흑인은 식민주의와 인종주의가 유럽 백인의 식민 지배에 의해 고착된 것임을 파악하지 못한 채 그 결과인 백인=문명인/부자라는 공식을 보편적 진리처럼 신봉하며 저항의 의지를 상실한 것이다. 이처럼 존재의 식민성에서 벗어나지 못한 흑인들은 단지 "억압자를 모방하고자 하며, 이렇게 함으로써 자신들을 탈인종화하고자 한다"Fanon, 1967 : 38. '열등 인종'으로서 흑인은 "다른 인종으로서 자신들을 부정하고, '우월 인종'의 신념, 신조, 그리고 다른 태도들을 공유"Fanon, 1967 : 38하는 데 집착한다. 파농은 흑인의 열등 콤플렉스를 흑인의 고유한 인종적 특성도 아니며, 흑인 개개인의 특성에 의해 발현된 것도 아님을 명확히 제시하고 있다. 흑인의 열등 콤플렉스는 식민 지배라는 외부적 문제에 의해 흑인에게 부가한 것일 뿐이다. 따라서 파농은 식민 지배와 착취의 결과인 백인의 경제적 우월성과 이러한 본질을 은폐하기 위해 만들어진 백색신화에 대한 인식과 극복이 식민지 흑인의 정신적 탈식민화psychological decolonization의 핵심임을 강조한다.

Ⅲ. 백색 가면, 황색 피부 : 한국의 내재화된 인종주의

파농이 파헤친 이러한 흑인의 열등 콤플렉스와 백인과의 동일시에 대한 집착은 한국의 특수한 맥락 속에서 다른 과정을 거쳐 반복되고 있다고 할 수 있다. 오늘날 한국의 구체적 일상에서는 유색인종에 대한 혐오와 차별이 빈번하게 발생하고 있다. '백색 가면'을 쓴 굴절된 황색 우월주의가 유색인종에게 물질적, 심리적 폭력을 야기하고 있다. 이러한 황색 우월주의 또한 파농이 말한 열등 콤플렉스의 다른 발현 양태일 수 있다. 열등 콤플렉스에 의해 왜곡된 채 발현된 황색 우월주의는 열등 콤플렉스에 의해 백인이 되고자 한 앤틸레스 흑인의 태도와 유사하다. 한국인과 앤틸레스 흑인이 유색인종에 대해 멸시와 차별의 태도를 보인 이유는 그들보다 더 '백인화'되어 있다는, '문명화'되어 있다는 착각에서 나온 것이다. 파농은 앤틸레스 흑인의 열등 콜플렉스에 의해 구성된 이러한 심리적 태도를 우측 도식 (B)을 의미하는 좌측의 도식 (A)로 제시하며 설명하고 있다Fanon, 2008 : 190.

(A) _____백인_____ (B) _____백인_____
　　　　자아 〉 타자　　　　　　　앤틸레스 흑인 〉 아프리카 흑인

　이 도식들처럼 백색신화에 고착된 앤틸레스 흑인은 "아버지이자 지도자이자, 신神"Fanon, 2008 : 190인 '백인'과 자신들을 비교할 수 없다. 왜냐하면 백인신화에 도착된 앤틸레스 흑인은 "유럽인과 유럽인들이 이룩해낸 성과물들에 대해 동질감을 느끼는"Fanon, 2008 : 9 착각 속에서 있기 때문이다. 그래서 자신들이 "아프리카 흑인보다 더 문명화되었기 때문에"Fanon, 2008 : 9 아프리카 흑인들을 경멸한다. 그들은 새까만 흑인이 오면, "오늘 또 재수 없겠군"Fanon, 2008 : 169이라는 반응을 보이기도 하며, 애들이 시끄럽게 굴면 부모들이 "깜둥이처럼 굴지 말라"Fanon, 2008 : 169고 야단을 친다. 또한 흑인 여학생은 백인과 결혼하지 못한다면 백인에 가장 가까운 피부를 가진 흑인과 결혼하고 싶다는 속내를 드러내기도 한다. 그녀는 "자신은 무슨 일이 있어도 결코 깜둥이와는 결혼하고 싶지 않다"Fanon, 2008 : 30고 토로한다. 이러한 앤틸레스 흑인의 자기 인종에 대한 차별적 시선과 태도는 백인과 동일하며, 이들은 반反흑인적인 세계 개념을 취하고 있다Gibson, 2003 : 48. 흑인은 항상 언제나 백인들에게 미개인으로 화석화된 인종a fossilized race이라는 것이 백인 지배세계의 인종 현실임을 파악하지 못하고서 자신과 같은 유색인종을 차별하는 태도를 취한 것이다.

　파농이 문제시한 이러한 '검은' 흑인의 '하얀' 가면은 한국의 인종주의 인식에서 변형되어 그대로 반복되고 있다고 할 수 있다. 한

국은 서구 문명과 가치를 자신의 것인 냥, 그리고 식민적, 종속적 근대화를 통해 이룩한 경제적 우월성에 따라 타자인 '유색인종'을 차별하는 관점을 취하고 있는 것이다. 그래서 파농이 말한 도식을 참조하여 '백색' 가면을 쓴 '황색' 한국의 인종현실에서 내재화된 백인 인종주의를 구성하면 아래의 도식 (C)로 정리될 수 있다.

$$\text{(C)} \qquad \frac{\text{백인}}{\text{황인 } \rangle \text{ 흑인}}$$

위와 같은 한국의 내재화된 인종주의는 21세기 한국적 상황에서 출현한 것이 아니다. 그 역사는 19세기 말 시작되었다고 할 수 있다. 1876년 강화도조약 이전 인종 혹은 인종차별이라는 말 자체도 존재하지 않았던 조선에 이런 말들이 나타나기 시작한 것은 서구 제국주의와의 만남에서 시작되었다박노자, 2002 : 160. 한국의 서구적 인종의식과 백인 문명에 대한 선망羨望은 19세기 말 서구 열강의 한반도 진출과 일본 식민지 지배 과정에서 수입되고 일반화되었다. 서구 제국주의의 위협과 일본 식민 지배에 따른 패배감과 대응 방식으로 수용된 것이 서구 우월주의였고, 이 과정에서 서구의 인종적 관점이 아무런 문제없이 유포되었다.[2]

당대 조선의 지식인에게 자명한 진리요 시대적 대세인 '백인=문명/개화'라는 공식은 조선의 부강과 자주독립에 도달하는 통로였다.

---

2) 대표적인 예는 1897년 6월 24일 《독립신문》 논설 「인종과 나라의 구별」, 1899년 9월 11일 《독립신문》 논설 「각국 도략」에서 볼 수 있다.

그래서 백인의 문명을 배우지 못하고 따르지 못한 당대 조선의 상황은 그들에게 수치이자 부끄러움이었다. 이러한 태도는 비서구에 대한 서구 제국의 침탈과 지배를 정당화시키는 '근대성의 신화'를 추종한 것에 다름 아니다. "근대유럽문명이 스스로를 가장 발전되고 우월한 문명"이며, 이 근대성의 관점에서 근대유럽문명에 미치지 못하는 비서구 문명은 야만적이거나 원시적인 것으로 "죄의식의 상태에 놓이게 된다"Dussel, 1993 : 75는 이 신화의 수용은 근대성에 대한 오인이다. 그러나 19세기 말 개화기 조선의 개혁정치가와 지식인에게 이러한 근대성의 신화를 믿고서 서구식 근대화, 문명화를 도모하는 것 외에는 달리 선택할 수 있는 것이 없다고 봐야한다. 그만큼 외세는 목전에서 위협하고 있었으며, 그들의 힘은 막강했기 때문일 것이다. 그래서 조선을 구원할 수단은 서구식 근대화였고, 그 모델은 미국이었다. 이 당시 조선에게 백인의 나라 미국은 다른 서구 제국과 점점 그 침략적 본색을 드러내고 있는 일본의 의도를 차단할 수 있는 선의의 강대국으로 그 이미지가 유포되었다. 이러한 미국에 대한 호의적 분위기는 당대 ≪한성순보≫, ≪황성신문≫, ≪독립신문≫, ≪믹일신문≫에 그대로 나타난다유선영, 1997 : 91-92.

이러한 신문들이 보이는 미국에 대한 19세기의 조선의 선망은 이 신문 발간에 주도적 역할을 한 조선 개화 지식인의 인식이기도 하다. 이들 몇몇은 조선의 개화, 근대화, 서구화를 위해 미국을 방문하거나 유학을 갔으며, 귀국 후 그곳에서 배운 서구 문명과 가치를 적극적으로 조선에 유통시켰다. 그들의 서구 문명과 가치에 대한 습득과 조선에서의 유통은 당대 제국주의, 식민주의의 인종적 이데올로기를 그대로 수입하는 결과를 낳았고, 이에 따라 서구 문명과 백인 우월성에 대한 과도한 숭배를 드러내기도 했다. 그 대표적인 예가 미국 유학을 갔던 유길준, 서재필, 윤치호 등이다.[3] 따라서 이들이 관여한 ≪독립신문≫ 등은 보편 문명으로서 서구 문명으로의 절대적 지향과 이 속에 담긴 야만/미개, 인종 위계체계를 전파하는 매체로, 백인 "미국의 인종주의 사상의 일종의 '교과서'"[박노자, 2002, 169]로 조선 대중에게 '백색신화'를 이식시키는 데 크나큰 역할을 했다.

조선 지식인의 이러한 이해는 이미 서구 문명의 우월성을 자명한 것으로 전제한 것이다. 그것은 반대로 조선의 기나긴 역사와 문명을 열등한 것으로 스스로 인정하는 자기 부정으로 귀결되었다. 즉 조선과 서구 문명의 조화로운 결합이 아닌 조선의 부정을 통한 서구 문명에 대한 무조건적 긍정이었다. 이 지점이 파농이 말한 '정신적 식민화'의 과정이다. 그들은 조선이 살아남기 위해서 "자신이 자라난 땅의 특수성을 폐기"[Fanon, 2008 : 61]하며 백인화를 선택한 것이다. 그러나 조선적 상황은 정신적 식민화의 결과에 따른 흑인의 열등 콤플렉스, 백인과의 동일시와 다른 특수성이 있다. 이 부분은 유길준 등의 견해에서 보이듯 백인-황인-흑인이라는 인종의 위계화에서 알 수 있다. 서구 제국과의 조우에서 조선인은 서로 얽힌 두 가지의 관점을 취하게 된다. 그들은 서구의 무력과 경제력을 확인하고서 패배감과 열등의식을 느끼지만, 또 한편으로는 이러한 서구

---

3) 유길준과 윤치호가 보여주는 서구문명의 옹호와 인종주의의 무비판적 수용은 다음 자료, 유길준의 『서유견문』 83-84쪽, 100-101쪽, 123쪽, 384쪽, 393-402쪽, 그리고 윤치호의 『국역 윤치호 일기 2』 73쪽, 200쪽, 214쪽에서 알 수 있다.

를 모델로 삼아 근대화된 강대한 조선을 소망하는 민족의식을 고취하고자 했다. 이런 점에서 흑인보다 더 문명화된 인종으로서 조선인의 설정은 이중적으로 작동한다. 한편으로는 백인 문명에 대한 선망과 추종의 표출이지만, 다른 한편으로는 서구식 근대화를 통해 '일시적' 열등민족에서 남을 지배할 수 있는 '우등' 민족이 될 수 있다는 의식의 표출이다. 이 의식은 변형된 서구 인종주의가 내재된, 흑인을 포함한 유색인종에 대한 차별적 인종주의가 내면화된 민족의식으로 형성되어 간다.

이런 측면은 '황색' 일본 제국과의 관계를 통해서도 형성된 것으로 볼 수 있다. 조선인과 같은 황인이나 백인 문명의 적극적인 수용과 전개를 통해 서구 제국과 견줄 수 있는 무력과 경제력을 이룩한 일본 제국의 존재는 위와 같은 인종의 위계화의 참조점이 되었다고 할 수 있다. 조선인에게 일본은 조선에게 저항의 대상이었지만 조선도 문명국, 아니 제국이 될 수 있다는 모방적 모델로 작용한 것이다. 이런 측면에서 조선과 일본의 관계가 백인에 보다 근접한 2등 인종으로서의 황인, 흑인보다 더 문명화된 황인이라는 인종의식이 조선에 고착될 수 있게 만든 또 하나의 요인이라고 볼 수 있다.

그러나 그 본질은 동일하다. 황색 '일본'의 전범도 '백색' 서구였다. 따라서 일본에 대한 조선의 인식의 저변에는 '백색' 서구에 대한 동경이 내재되어있다고 할 수 있는 것이다. 단, '백색' 미국에 대한 선망에는 일본에 대응하고 저항하기 위해 조선도 '백색' 서구 문명을 받아들여야 한다는 민족주의적 욕망이 중첩되어 작용된 것이라고 할 수 있다. 물론 이 민족주의적 욕망도 그 속에 서구 근대화를 향한 소망이 담겨져 있으며, 수치스러운 식민 지배의 역사, 열등한 타자로서의 자의식에서 도피하고자 하는 반동으로 출현한 것이 분명하다.

이처럼 19세기 말 근대화, 문명화라는 욕망 속에서 형성된 백인 인종주의는 해방 후 한국적 상황에도 그대로 지속된다. 더욱 해방군으로서의 미군 점령 시기의 한국인의 경험은 이 백인 선망, 특히 미국 선망을 증폭시켰다. 이런 연유로 '백색 가면'을 쓴 황색 피부의 한국인의 유색인종에 대한 인종차별적 인식은 더욱더 고착화되었다고 볼 수 있다. 아울러 일제 강점기 이후 자강, 독립을 위해, 그리고 식민 지배 후 피폐해진 한국의 부흥을 위해 지식인과 지배계층에 의해 동원된 '순혈주의, '단일민족 신화'와 민족주의도 타자를 배제하고 차별하는 한국 사회의 인종주의 형성에 일조했다. 단일민족 신화, 순혈주의에 의거해서 "민족을 정의하려는 시도는 실증적 근거도 없고 비과학적"권혁범, 2009 : 61이었지만, 일본 식민지 시대 '부재'하는 국가의 공백을 메워주는 신화로서 출현했다. 순혈주의와 단일민족 신화에 바탕을 둔 민족주의는 집단주의나 강한 단일성을 형성하는데 주요한 기제로 기능하며, 한국이 근대사회로 전환하는 시기 반反제국주의, 반反식민주의, 근대화의 이데올로기로 많은 기여를 했다고 할 수 있다신기욱, 2009 : 33-40. 그러나 민족주의는 그 논리상 "근본적으로 차별과 배제의 메커니즘"권혁범, 2009 : 103을 포함하고 있으며, 특히 "종족 문화주의적 민족주의는 항상 인종주의로 쉽게 전락"Dirlik, 2008 : 1368하는 경향을 보여준다. 한국의 민족주의의 형성과 확산도 이러한 경향을 포함하고 있다. 한국의 민족주의는 순혈주의라는 집단적 강박으로 이질적 타자를 추방하며, 그 동일성을 구성하고 유지하고 강화해왔다. 이런 측면에서 그 기제와 구조는 인종주의가 작동하는 메커니즘과 필연적인 관계를 유지하고 있다고 본다.

따라서 일제 강점기에 만연한 한민족의 단일성과 순혈성을 강조하는 민족주의는 해방 이후에도 한국의 사상, 문화, 정치의 지형을 형성하는 토대가 되었으며, '우리'와 다른 타자들을 구분하는 배타주의적 특성을 강화하는 이데올로기로 작동했다. 즉 식민 지배로부터의 독립과 국가 회복을 위한 저항에 유효했던 민족주의는 해방 이후 정권 유지와 그 정당화의 이데올로기로, 한국전쟁 이후 분단 상황과 독재 정부의 발전 이데올로기로 흡수되면서 체제 유지 이데올로기로 전환하게 된 것이다. 이것은 이승만 정권이 식민지 유산의 청산 문제와 관련하여 자신의 정치적 정당성을 위한 전략으로 '일민주의'–民主義라는 정치적 수사를 동원했다는 것에서 알 수 있으며, 박정희 정권이 '조국 근대화'라는 수사를 통해 권력 정당화를 시도하면서 불멸의 민족이라는 수사를 통해 다른 경쟁관계에 있는 집단 정체성을 제거한 것에서 알 수 있다신기욱, 2009 : 49-50. 이렇게 정치적 집단에 의해 동원된 민족주의는 한국 사회와 국민에게 한민족과 한국문화의 존재와 우월함을 각인시켜 "인권이나 평화나 자유 등의 보편적 가치보다 한민족의 단결을 이상화"한경구 · 한건수, 2007 : 99 하는 분위기를 고착시켰다. 이 과정에서 지배권력은 '민족' 발전이라는 명분으로 이질적인 인종과 민족뿐만 아니라 체제 유지의 방해 요소들을 억압하고 배제하게 되었다. 결국 이러한 '우리'를 강조하는 배타적 민족주의의 융성은 화교, 혼혈인 등 한국 내의 이질적 구성원에 대한 편견을 낳게 했으며, 타자에 대한 차별과 폭력이 일상화되는 결과를 초래했다.

Ⅳ. 우리와 인종주의 : 한국의 다문화주의

순혈주의와 민족주의에 의한 타자에 대한 차별은 21세기 오늘날 '다문화주의'라는 외형 속에서도 여전히 일어나고 있다. "피부색만 바꿀 수 있다면……"박소란, 2007 : 112 방글라데시 출신 이주 노동자가 주저하며 던진 이 푸념은 그들이 겪는 '피부색'에 대한 오늘날 한국 인종의 정치학을 단적으로 드러낸다. 이것은 현재 추진되고 있는 한국 사회의 다문화주의적 국가 정책과 사회 내부의 풍성한 논의와 배치背馳되며, 나아가 이러한 한국의 다문화적 주장들이 얼마나 허구적인가를 알 수 있게 한다.

다문화주의는 한 사회 공간 내의 인종적, 문화적 다양성을 인정하며, 동등한 인간으로서 다양한 인종과 민족의 공존을 모색하는 정치적, 사회문화적 담론이자 프로그램이다. 물론 다문화주의는 서구의 논의에서도 논쟁을 벌이고 있는 개념이기 때문에 그 정의가 쉽지 않은 개념이다. 이 개념은 긍정적 평가보다 오히려 비판을 더 많이 받는 개념이기도 하다. 한국의 연구자들도 한국의 다문화주의를 '공허한 정치적 구호'한경구 · 한건수, 2007 : 73, '문화 없는 다문화주의' 엄한진, 2006 : 32, '국민국가의 생존전략'한경구 · 한건수, 2007 : 100으로 비판하고 있다. 대체로 연구자들이 비판하고 있는 내용을 다음과 같이 정리할 수 있으며, 내재화된 인종주의도 이 비판 속에서 지속적으로 파악할 수 있다.

우선, 한국의 다문화주의는 국가의 정책적 주도로 진행되고 있는 동화同化정책의 일환이자 '우리'와 타자를 분리시키는 제도적 인종주의라는 비판이다. 1980년대 말 시작된 이주노동자의 한국 유입과 최근 한국 남성과 결혼한 중국, 동남아 여성이주민의 증가에 따른 정책 변화의 골격은 이주민의 한국 사회로의 동화정책이다. 이 정책의 대상도 '다문화'라는 명칭으로 포장된 채 전체 이주민의 10%에 해당하는 결혼이주민에게만 집중되어 있다. 이 정책 속에서 이주노동자는 여전히 관리와 통제의 대상일 뿐이다. '다문화', '다민족'이라는 포장으로 단일 문화, 단일 민족의 신화를 영속시키고 있는 것이다. 보편적 가치와 지배문화로서 '우리'의 것을 상정하고 타자에게 동화를 요구하는 것은 그 본질상 우열이라는 이분법적 메커니즘에 기반한 차별적 관점이다. 한국의 다문화주의는 분명하게 동화정책을 표명하고, 위에서 아래로 그 정책을 추진하며 타자를 관리의 대상으로 간주하고 있다. 이 과정에서 이주민은 수동적 객체로 전락하고, 피상적인 다문화주의의 찬양으로 우리와 타자라는 이분법적 경계와 경제적, 정치적 불평등을 영속화시키고 있다.

저출산과 고령화 사회라는 한국 현실에 의해 시작된 여성 결혼이민자에 대한 정책은 이들이 단지 다음 세대 한국인을 재생산하는 가족의 일원이기 때문에 배제와 분리가 아닌 동화의 대상이 되었다. 이것은 현실적 문제를 고려하며, 우리의 순혈가족주의와 민족주의 신화를 유지하기 위한 선택이었다. 그러나 이들에 대한 온정적이고 시혜적인 대중적 시선과 정부의 정책은 그 이면에 이들이 '우리'보다 열등한 인종과 민족임을 전제한 것이며, '약자'인 그들을 '강자'인 우리가 보호하고 문명화시켜야 한다는 내재화된 인종주의가 작동한다. 한국인에게 이들의 모국은 미개와 야만의 '오리엔트'orient이다엄한진, 2008 : 118. 한국인에게는 '우리'와 '동남아'라는 우열의 이분법만 존재할 뿐, 개별 동남아 국가, 즉 인도네시아, 필리핀, 네팔의 차이는 아무런 의미가 없다. 따라서 여성 결혼이민자의 문화와 언어는 다문화 정책의 고려 대상에서 제외되며, 문화적 갈등과 차이를 공존이 아닌 동화의 관점에서 해소하고자 한다.

결혼이주민에 대한 제도적 인종주의는 여성보다 한국여성과 결혼한 남성 결혼이주민에게 더 강하게 작동한다. 공적으로 이들은 한국사회의 일원으로 포용될 수 없다. 물론 전문직 혹은 백인 남성은 고려 대상이 아니다. 왜냐하면 그들은 한국사회보다 더 나은 경제력과 서구 고급문화를 향유하는 존재로 한국에 정주할 목적을 가지고 있지 않다고 보기 때문이다. 이에 비해 소위 제3세계 국가 출신의 남성 결혼이주민은 한국 여성과 결혼하다라도 거주권과 노동권이 부여되지 않는다. 현재 이런 문제는 다소 개선되었지만 여전히 이들은 배제와 분리의 대상이다. 주로 이주노동자인 이들에게서 정주 자체가 부정되고 있는 것이다. 이러한 부정은 바로 다문화주의를 표방하고 있는 한국 정부의 "국가적, 제도적 성차별이면서 동시에 인종차별이다"정혜실, 2007 : 86.

한국 내 노동력의 부족으로 한국으로 들어온 이주노동자는 처음부터 '현대판 노예제'라고 비판받은 '산업연수생 제도'로 통제된 이방인이었고, '불법'을 양산하는 범죄자였다. 거주권과 노동권이 보장하지 않는 한국의 법률 때문에 이들은 낮은 임금과 체불, 열악한 노동 환경 속에서 고통받고 있으며, 폭력에 대응할 수 있는 기회를 박탈당하고 있다. 그들의 대응은 추방이기 때문이다. 이러한 노동 상황은 이들에게 불법체류를 강요하는 구조적 문제를 담고 있었다. 이에 대한 한국의 대응은 인권과 목숨이 보장되지 않는 폭압적인 단속과 강제 퇴거였다. 이것은 2007년 열악한 여수 보호시설의 화재로 인한 불법체류 노동자의 죽음과 2004년, 2005년 57,300여 명의 이주노동자 강제 추방엄한진, 2007 : 56, 그리고 "우리는 인간 기계가 아니다"4)라고 외치며 항의하는 이주노동자들의 시위에서 분명하게 드러난다.

이러한 이주노동자의 현실에 대해 한국인의 태도는 인종적, 계급적 차별과 온정적 배려로 나타난다. 한국인은 3D업종에 종사하는 이들을 이중적 차별 구조 속에서 바라본다. 근대 이후 한국에 내재화된 미개한 '검은' 인종에 대한 혐오와 '허드렛일'을 하는 천한 계급이라는 무시가 공존한다. 즉 한국인의 내면에 작동하는 이주노동자라는 기표는 미개한 '인종'과 천한 '하층 계급'이다. 한국 사회의 내재화된 인종주의가 극명하게 표출되고 있는 대상이 바로 이들이다. 이들에게는 '삼중의 인종주의'가 작동한다. 그들은 정부에 의한 제도적 차별, 기업가들에 의한 경제적 차별, 그리고 다수 한국인에 의한 사회적 차별 등 복합적인 차별 구조 속에 방치되어 있다강수돌, 2004 : 245-246.

---

4) "We are not human machines," *Korean Times*, 2010. 12. 19.

또 다른 비판은 자본의 세계화, 신자유주의적 국제 분업의 결과로서 한국 사회가 다문화주의를 수용했다는 것이다. 이 수용은 강력한 민족적 자부심을 보존하기 위한, 세계화라는 커다란 변화 속에서 채택된 "국민국가의 생존전략"한경구·한건수, 2007 : 100이라고 볼 수 있다. 따라서 다문화주의는 자본, 상품, 노동의 이동이라는 세계적 규모의 변화에서 한국의 위상을 수립하고자 하는 정책적 차원의 선언으로 시작되었다고 해도 무방하다. 정부의 다문화 정책은 국제적으로 다문화주의가 도덕적 정당성(?)을 확보하며 세계적 추세가 됨에 따라 다문화를 사회통합의 이념과 정책으로 삼아 한국의 국제적 이미지를 고양하려는 전략이다김희정, 2007 : 75. 그러나 그 본질은 자본과 노동의 세계화에 따른 경제적 이해관계이다. 이 자본을 둘러싼 전쟁에서 동북아 경제의 한 축으로서 그 경쟁력을 유지하기 위한 정부의 대응이다. 따라서 다문화주의는 자본과 노동 시장의 현실에 의해 유입될 수밖에 없는 이주노동자와 결혼이주민을 통제하기 위해 한국의 국제적 위상에 걸맞게 포장하기 위해 도입되었다고 할 수 있다.

한국사회는 세계 경제에 부합하는 경제적 민족주의의 추구 속에서 미개한 '인종'과 천한 '하층 계급'으로 차별받고 있는 우리 안의 '타자'들의 참담한 현실과 인간 이하의 대우를 허구적 다문화주의로 포장하고 은폐하고 있는 것이다. 결국 한국의 다문화주의는 배타적 민족주의 그리고 내재화된 인종주의를 극복하는 계기로 자리잡기에는 한계를 가지고 있다. 근대 이후 한국사회를 유지하는 데 있어 은밀하게 혹은 공개적으로 표방되어진 순혈주의, 단일민족주의, 그리고 내재화된 인종주의는 여전히 21세기 한국을 유지, 강화하는 기제로서 지속되고 있는 것이다. 이 과정에서 숨겨진 것은 우리 안의 '타자'의 현실이었다. 놀랍게도 우리는 민족의 발전을 위해, 국익을 위해, 그들보다 우리가 더 우월하다는 착각 속에서, 알고서도 눈을 감는 공모자, 방관자를 자처하고 있는 것이다.

참고문헌

강수돌, 「이주노동자의 삶의 자율성과 정체성」, 『실천문학』 74, 2004, 231~246쪽.

권혁범, 『민족주의는 죄악인가?』, 생각의 나무, 2009.

김희정, 「한국의 관주도형 다문화주의 : 다문화주의 이론과 한국적 적용」, 『한국에서의 다문화주의—현실과 쟁점』, 한울아카데미, 2007, 57~79쪽.

박노자, 「한국적 근대 만들기 Ⅰ—우리 사회에 인종주의는 어떻게 정착되었는가」, 『인물과 사상』 45, 2002, 158~172쪽.

박소란, 「이웃? 아직은 차별과 편견 속 '이방인'」, 『민족 21』, 2007, 11월.

신기욱 (이진준 역), 『한국 민족주의의 계보와 정치』, 창비, 2009.

엄한진, 「전지구적 맥락에서 본 한국의 다문화주의 이민 논의」, 『한국사회학회 동북아시대위원회 용역과제 06-8』, 2006, 13~46쪽.

_____, 「세계화시대 이민과 한국적 다문화사회의 과제」, 『한국사회학회 동북아시대위원회 용역과제 07-7』, 2007, 39~69쪽.

_____, 「한국 이민담론의 분절성」, 『아세아연구』 51.2, 2008, 112~259쪽.

유길준 (허경진 역), 『서유견문』, 서해문집, 2004.

유선영, 「황색 식민지의 문화정체성」, 『언론과 사회』 18, 1997, 81~122쪽.

윤치호 (박정신 역), 『국역 윤치호 일기 2』, 연세대학교 출판부, 2003.

정혜실, 「파키스탄 이주노동자와 결혼한 한국여성들」, 『여/성이론』 6, 2007, 78~98쪽.

한경구·한건수, 「한국적 다문화 사회의 이상과 현실 : 순혈주의와 문명론적 차별을 넘어」, 『한국사회학회 동북아위원회 용역과제 07-7』, 2007, 71~116쪽.

「각국 도락」, 《독립신문》 1899, 2월 27일 논설.

「인종과 나라의 구별」, 《독립신문》. 1897, 6월 24일 논설.

"We are not human machines," *Korean Times*, 2010, 12월 19일 기사.

Childs, Peter and Patrick Williams, *An Introduction to Post-Colonial Theory*, London : Printice Hall, 1997.

Dirlik, Arif. *Postmodernit's Histories : The Past as Legacy and Project*, Lanham : Rowman & Littlefield, 2000.

_____. "Race Talk, Race, and Contemporay Racism," *PMLA* 123. 5, 2008, pp. 1363-1379.

Dussel, Enrique. "Eurocentrism and Modernity," *Boundary 2* 20, 3, 1993, pp. 65-76.

Fanon, Frantz. *Black Skin, White Masks*, Trans. Richard Philcox, New York : Grove, 2008.

_____. *Toward the African Revolution*, New York : Grove Press, 1967.

Gibson, Nigel C. *Fanon : The Postcolonial Imagination*, Cambridge : Polity, 2003.

Gordon, Lowis R. *Fanon and the Crisis of European Man : An Essay on Philosophy and the Human Sciences*, New York : Routledge, 1995.

제2부

주변의 공간과
탈중심의 주체

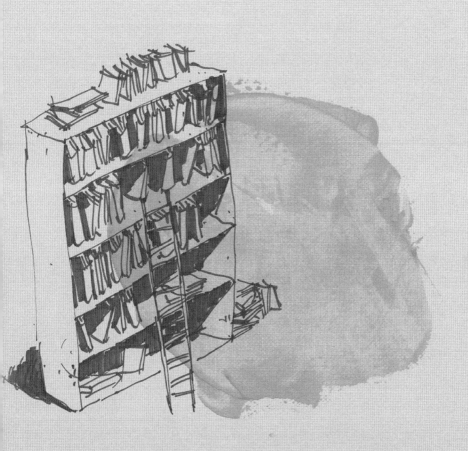

문학의 공간과 매체 ●●●

Ⅰ. 문학의 조건으로서의 공간과 매체

현대사회에서 문학의 가치는 제한적인 듯이 보인다. 과거 '문사철 文史哲'의 전통 하에서 문학은 인간의 삶을 이해하고 완성시키는 인문학의 하나로 인정받았다. 철학적 사유와 역사적 논증이 문학적 상상력과 하나로 합쳐졌을 때, 전인全人적인 보편 교양이 완성될 수 있다. 그러나 문학이 예술 장르의 하나로 분리되어 유통되는 현대사회에서는 문학에서 인문학적인 사유의 깊이를 발견하는 일은 점점 더 어려워진다. 특히 대중문학이라는 새로운 범주 속에서 문학은 고유의 진지함마저 상실하고, 부정적인 의미로서의 대중성 속에 매몰되어 간다는 비판을 받아온 것이 사실이다. 물론 문학의 대중성이 반드시 부정적인 것만을 의미하는 것은 아니지만, 대중의 기호에 영합하고 선정적인 상상력이 두드러질 때 문학의 창조적 능력은 점차 왜소해진다. 문학 작품을 읽는 일이 텔레비전이나 인터넷을 들여다보는 것에 밀려 낯설고 특별한 일처럼 여겨질 정도로, 문학이 우리의 삶에 끼치는 영향력이 줄어들고 있다.

그러나 문학은 단순한 소비재가 아니다. 역사와 함께 시작한 문학은 역사적인 장르의 변천과는 구분되는 본질적인 가치를 지니고 있다. 예컨대 고대사회의 서사시는 사회 질서와 가치를 재현하는 장르로서 발생했으며, 서사시의 양식을 통해 사회를 인식하고 미래에 대한 전망을 가능하게 했다. 근대 세계에 새롭게 등장한 서사양식인 소설은 근대사회가 가진 불연속성과 이성 중심의 세계관을 구현해내는 문학 장르로 자리 잡는다. 대중문학 현상 또한 근대성이 만든 새로운 주체인 대중의 의식과 생활세계의 내면을 반영하는 문학으로서 가치를 지닌다. 문학이란 한 시대가 가진 고유한 구조와 성격을 반영하는 인식의 장이며, 이를 통해 시대의 주체를 구성하고, 또 새롭게 갱신하는 창조적인 힘을 가진 지적 활동이다. 현재 우리가 살고 있는 이곳의 문학은 특수성 속에서 생겨나, 인간의 보편적인 세계를 그려낸다. 난해하거나 혹은 난삽해 보이는 현대 문학의 다층적인 양상은 그것을 둘러싼 시공간을 배경으로 한 인문학적 사고의 결과로서 생겨난 것이다.

현대 한국문학의 의미도 이와 다르지 않다. 한 세기 전 외부의 충격과 함께 등장한 근대문학은 한국 사회의 변화와 함께 끊임없이 이어져 지금에 이른다. 20세기 한국 문학의 맥락에는 '외부로부터의 근대화'라는 질곡이 가장 두드러진다. 서구화를 강요한 근대화는 한국에 압도적인 힘을 과시했으며, 식민지라는 억압과 식민지 극복의 과제를 동시에 던졌다. 한국 문학은 이에 대응하면서 다층적인 사고의 폭을 넓혔다. 근대성의 수립과 식민지 극복은 오랫동안 한국의 핵심적인 문학사상으로 자리 잡았으며, 외부의 이데올로기와 조응하면서, 문학을 통해 찾을 수 있는 인식의 지평을 펼쳐나갔다. 근대문학의 시작으로 일컬어지는 이광수의 『무정』에서 보듯이, 한국문학이 역사의 변화에 대응한 양상들은 한국문학의 핵심적인 주제를 이룬다. 현재 무엇이 우리의 삶을 억압하고 있으며, 우리는 어떻게 이를 극복할 것인가. 이 물음에 대답하는 다양한 인물의 모습이 문학을 통해 그려지고 있다.

이러한 대답이 가능하기 위해서, 우리는 문학을 이루는 몇 가지 장면들을 살펴볼 것이다. 문학이 역사에 응답하는 상상력의 산물이라고 할 때, 이는 역사적 특수성의 범주 속에서 이해될 수 있다. 한국문학의 여러 양상들은 한국이라는 특수한 공간 속에서 의미를 가질 수 있다는 뜻이다. 이와 같은 공간은 문학을 가능하게 하는 본질적인 속성 중 하나이다. 시대의 변화에 따라 문학 양식이 변모하는 것과 같이, 공간이 만들어 내는 의미 속에서 문학적 성취가 가능해진다. 이를 문학의 공간이라 부를 수 있을 것이다. 그리고 문학이 이 속에서 존재하기 위해서는 의미 있게 전달될 수 있는 통로를 고려해야 한다. 의사소통의 차원에서 문학은 시대가 요구하는 매체를 거치지 않을 수 없다. 근대화 이후 대중의 존재는 우리사회를 구성하는 본질적인 주체로서 의미를 가진다. 대중을 수신자로 하는 문학적 소통은 그에 걸맞은 형식의 대중적 매체를 통해 완성된다. 대중의 존재와 문학의 대중성은 전근대사회와 근대사회를 가로지르는 결정적인 단면이다. 전인적 통합의 보편적 교양이 희미해진 사이 대중적 기호와 관심은 근대성의 지표로 등장했다. 대중을 문학의

독자로 불러냄으로써 매체는 문학의 근대성을 지탱하는 근간으로
자리 잡는다. 지금 문학의 공간과 매체를 통해서 우리의 삶과 문학
의 단면들을 들여다보고자 한다.

II. 사회 공간과 문학 공간

1. 공간의 사회성

사회를 구성하면서 살아가는 이상, 우리는 사회적 공간 속에 정
위될 수밖에 없다. 인간이 살아가는 공간은 곧 사회적 생산물이다.[1]
이 자명한 명제 속에는 인문학의 과제가 담겨져 있다. 첫째는 우리
는 사회적 공간에 대한 이해를 통해서 인간의 본질을 이해할 수 있
다는 것이며, 둘째로는 삶의 미래를 위해 공간에 대한 진지한 탐구
가 필요하다는 것이다. 사회적 생산물로서의 공간이라는 개념은 각
각의 사회가 저마다의 공간을 생산하고 있다는 것을 의미한다.[2] 문
명이 발전하면서 공간은 문명에 부합하는 형식으로 변화하면서 사
회성을 획득한다. 예컨대 신을 위한 아크로폴리스와 시민을 위한
아고라를 갖춘 고대 그리스의 도시 구조는 그리스의 이념과 사상을
가장 잘 보여주는 공간적 선택일 것이다. 이와 같은 공간의 구성은
각기 다른 지역과 시간에서 유사하게 실천된다. 현대의 자본주의
사회에서도 마찬가지로 공간은 재편되면서 새롭게 생산된다. 자본
주의 사회의 공간은 산업사회의 노동 분업과 조직, 그리고 위계질

---

1) 앙리 르페브르, 『공간의 생산』(양영란 역), 에코리브르, 2011, 71쪽.
2) 위의 책, 77쪽.

서에 따른 사회적 기능에 충실한 공간들을 만들어 낸다. 국가의 생산 시스템을 위해 분할되고 통합된 것이 지금 우리가 살고 있는 공간이 아닌가. 서울이라는 중심에서 뻗어나간 각각의 로컬 공간은 국가 전체의 생산과 직결된다. 나아가 지구 전체도 전지구적인 생산 구조에 맞게 재편되고 있다.

앙리 르페브르는 이와 같은 공간의 구조를 이해하기 위해 '공간적 실천', '공간 재현', 그리고 '재현 공간'의 세 요소를 제시한 바 있다.

- 공간적 실천 : 이것은 생산과 재생산, 특화된 장소, 상대적인 응집력을 유지시켜주는 데 필요한 사회적 훈련 각각이 필요로 하는 고유한 공간의 총체를 모두 아우른다. 이러한 응집력은, 사회적 공간과 주어진 사회의 구성원 각자가 공간과 맺는 관계에 있어서 확실한 능력과 이 능력을 실제로 사용하는 수행을 전제로 한다.

- 공간 재현 : 공간 재현은 생산관계, 그 관계가 부여하는 질서와 연결되어 있으며, 그렇기 때문에 지식과 기호, 코드와 정면적인 관계와도 연결된다.

- 재현 공간 : 이것은 코드화가 되었거나 되어 있지 않은 복잡한 상징을 포함한다. 이때의 상징들이란 사회생활의 이면과 은밀하게 연결되어 있는 동시에 예술과도 연결되어 있다. 예술이란 잠재적으로 공간의 코드라기보다는 재현 공간의 코드로 정의할 수 있다.[3]

여기서 말하는 공간 생산의 세 가지 요소는 한 사회의 생산구조와, 지식의 체계, 그리고 개인의 경험에 따라서 각기 달라진다. '공간적 실천'이란 사회적 공간의 전유와 분할을 통한 재생산을 의미하는데 자본주의 하에서는 그 생산양식의 요구에 맞게 도시와 교외의 생산, 거주시설의 구분으로 드러날 수 있다. 그리고 '공간 재현'은 과학적인 사유를 통해 공간을 재전유하려는 시도를 가리킨다. 과학적 기획과 이를 바탕으로 공간을 기호화, 코드화하는 인식의 체계들이 이 속에 포함된다. 이에 비하면 '재현 공간'은 개인의 체험에 의해서 받아들일 수 있는 공간을 의미한다. 공간 재현이 건축, 건설을 통해 공간 생산에 이데올로기적인 영향을 끼치는 것이라면, 재현 공간은 상상적인 차원에서 개인적으로 사회성을 체험하는 공간이다. 따라서 공간 재현이 지적이고 추상적인 것에 비해 재현 공간은 유동적이고, 상상적인 활동으로 남는다.

르페브르가 공간의 생산에서 세 요소를 구분한 것은, 사회적 공간이 다층적인 주체에 의해서 구성된다는 사실을 강조하기 위해서였다. 현실의 공간이 자연발생적인 자연의 공간과 다른 것은 인간의 활동과 사회의 구조에 따라서 성격이 항시 달라지기 때문이다. 특히 재현 공간에서는 여러 가지의 추상화와 재전유가 시도되는데, 이를 받아들이는 개인의 차원에서도 각기 다른 경험과 상상을 이끌어내면서 다층적인 의미가 생산되기도 한다. 결국 하나의 공간에는 지각된 것, 인지된 것, 그리고 체험된 것의 세 층위가 존재하는 것

---

3) 위의 책, 80쪽.

이며, 이 층위들의 변증법적인 상호작용을 통해 의미 있는 사회적 공간들이 만들어지는 것, 즉 새로운 공간이 생산될 수 있다.[4] 따라서 우리 사회에 대한 이해와 변화의 전망을 위해서는 공간에 대한 이해가 뒤따라야 한다. 르페브르는 우리의 삶과 사회를 바꾸기 위해서는 그에 적합한 공간의 생산이 뒷받침 되지 않는다면 무의미하다고 말한다. 현재의 자본주의 하에서 우리의 삶이 어떠한지를 돌아보고, 사회의 구조의 바람직한 변화를 위해서는 우리가 처한 공간으로부터 인식의 지평을 펼쳐나가야 할 것이다.

2. 세계화와 로컬(local), 로컬리티(locality)

1) 세계화의 중심과 주변

우리는 지금 본질적으로 '지역'에 살고 있다. 국가, 혹은 지구라는 거대한 경계를 잊지 않고 있지만, 실제 체험하고 생활하는 활동반경은 인문지리적인 심상의 범위를 벗어나지 않는다. 그 반경은 어떤 공식적인 구역 ―예컨대 행정구역, 주소와 같은 형식적인 구획과 일치하지 않는다. 자신이 거주하는 공간으로서 로컬은 정체성을 규정짓는 물질적인 토대이자 상징성의 근원이다. 우리에게 로컬이란 무엇인가.

---

4) 르페브르는 공간의 생산을 인간의 몸에 비유한다. 공간이 사회성과 관계 맺는 방식은 사회와 몸이 관계 맺는 방식과 유사하다. 공간적 실천은 감각기관을 써서 우리의 몸을 움직이는 것과 같다. 노동이나 혹은 노동 이외의 목적에 맞게 몸을 움직임으로써, 우리는 사회가 요구에 부합하는 몸을 가질 수 있다. 공간적 실천으로써 사회와 연결되는 것도 이와 마찬가지다. 이러한 몸을 이데올로기적이나, 과학적인 의미를 재현하는 것은 공간 재현의 방식과 유사하다. 우리의 몸이 각기 다른 주제에 의해 해부학적인 것, 혹은 심리적인 학문의 대상이 되는 것처럼 공간 역시 이를 전유하기 위한 어떤 시도에 따라 새롭게 재전유되기 시작한다.

로컬local은 '지역'으로 번역될 수 있다. 로컬의 추상적인 개념어로서의 로컬리티locality는 세계화globalization와 짝을 이루는 용어이다. 자본주의의 발달에 따른 세계화를 고려한다면, 그 속에 필연적으로 지역, 즉 로컬의 개념이 내재되어 있음을 알 수 있다. 초국가적 자본의 힘과 그 질서는 세계 곳곳에서 맹위를 떨치고 있다. 최근 FTA의 규약에 따라 우리는 지난 세기의 한국적인 관습과 관례를 폐기하고, '글로벌 스탠더드'를 추구해야만 하는 상황에 놓여 있다. 그러나 세계화된 중심이 있고, 그 질서가 지배적인 힘을 발휘한다고 해서 모두가 그 중심에 서는 것은 아니다. 오히려 중심이 있다는 말은 어딘가에 주변이 있다는 것을 의미한다. 모두가 중심이 된 균질한 사회는 상상하기 힘들다. 지금의 세계화가 다양한 중심들을 하나로 통합해가는 과정이라면, 그 결과로서 로컬들이 세계 곳곳에서 가시화되고 있는 것으로 볼 수 있다. 그래서 로컬의 존재가 더 두드러지며, 인문학은 새로이 이 문제에 접근하고자 한다.

로컬은 지리학의 개념이다. 전체와 비교할 때 로컬은 가장 작은 행정적 단위로 정의된다. 이뿐 아니라 로컬은 문학, 역사학, 정치학 등의 분야에서 다양하게 쓰일 수 있게 된다. 로컬의 다양한 용례에는 로컬이 가진 근본적인 속성을 발견할 수 있다. 로컬의 어원을 살펴보자. 로컬은 라틴어 'localis'에서 유래했으며 그 뜻은 "어떤 장소와 관계되는"이다. 이는 로컬이라는 말에는 그 장소에 관련된 모든 현상을 지칭할 만큼 다층적인 개념이 포함되어 있음을 뜻한다. 관습적으로 로컬은 국지적 공간 개념으로 '작다'라는 의미를 가진다.[5] 하지만 로컬은 전체global와의 관계에 따라 작은 규모의 공간이면서도 다양한 의미를 가질 수 있다. 즉 무엇을 전체로 상정하는가에 따라 로컬은 다양하게 규정된다. 전체의 규모와 규정이 달라진다면 그와 관계하는 로컬의 의미도 달라진다. 전체로서 지역사회나 국가를 규정한다면, 그에 못 미치는 작은 규모의 도시나 행정구역은 로컬로 규정될 수 있을 것이다. 혹은 대륙단위의 글로벌을 상정한다면, 그에 상응하는 로컬은 개별국가나 그보다 작은 국가의 구역으로 지정할 수 있다.

중요한 것은 전체와 부분, 중심과 주변, 글로벌과 로컬의 설정은 절대적인 구획이 있는 것이 아니라 전체와 부분의 역동적인 관계를 인식함으로써 그 결과로 인식되는 대상이라는 점이다. 우리는 시골 한 구석에 살면서도 전지구적인 중심의 행위를 복제할 수도 있으며, 뉴욕 한 복판에서 로컬적인 사고와 행위를 지속할 수도 있다. 무엇이 로컬이며, 이 로컬에는 어떤 문제점이 내재해 있는지, 그리고 이를 바탕으로 우리는 어떻게 사고해야 하는지를 생각해보자. 전체에 대비되는 로컬을 문제삼는 이유는 그 속에서 중심과 주변의 위계질서와 차별이 존재하기 때문이다. 중심이 지배성의 근거가 될 때 주변은 반드시 소외될 수밖에 없다. 그것이 일상화된다면 우리의 삶은 피폐해지고 도구화될 것이다. 예를 들어 '서울로 올라가다'라는 일상적 언어 규범에는 공간의 상하 질서를 전제한 중심과 주변의 위계질서와 차별이 내재해 있다. 여기서 내려감과 올라감의 기준이란 항상 옳을까. 엇비슷한 규모의 지역으로 가는 것에 대해서는 올

---

5) 류지석, 「로컬리톨로지를 위한 시론 : 로컬, 로컬리티, 로컬리톨로지」, 『로컬리티, 인문학의 새로운 지평』(부산대학교 한국민족문화연구소 편), 혜안, 2009, 2장 참조.

라간다고 말해야 할까, 내려간다고 말해야 할까. 언어사용에 이러한 갈등을 겪고 있다면 로컬에 담긴 문제점을 인식할 준비가 되었다는 뜻이다.

로컬의 문제성을 인식하는 근저에는 탈근대성의 기획이 깔려있다. 앞서 말했듯 로컬의 문제가 전체와의 관계에서 발생한 것이라면 근대 국가의 경계는 로컬 문제의 최전선인 셈이다. 근대 국가는 세계 전체와의 관계는 물론, 내부에서도 중심과 주변의 문제가 발생하는 공간이기 때문이다. 근대의 국민 국가nation-state는 근대가 만든 성과로서, 근대성의 핵심적 기제이다. 20세기 후반의 탈근대 논의는 국민 국가라의 공간 내에서 부정적인 근대성에 대해 성찰하고 반성함으로써 새로운 공간단위의 변화를 이끌어 낸다. 근대에 대한 반성은 세계화의 상황에서도 유효하다. 근대성은 자본주의적 인간 관계를 확립하며 세계를 새롭게 재편함으로써 이전 시기와는 전혀 다른 전체 세계를 만들어 놓았다.

이에 대한 비판으로서의 탈근대성이란 무엇인가. 포스트모더니즘으로도 불린 탈근대의 사상적 흐름은 국민 국가의 경계는 물론 이성에 근거한 계몽의 근대적 기제들을 재구성하는 논의로 이해할 수 있다.[6] 그러나 탈근대 논의는 근대의 전면적 해체를 의미하는 것이 아니라 근대에 대한 반성적 성찰로 파악하는 것이 타당할 것이다.

---

[6] 푸코의 반인간주의, 바르트 이후의 포스트구조주의, 리오타르의 반계몽주의 등이 여기에 해당한다. 푸코의 말을 빌자면 인간이라는 개념 역시 근대가 만들어놓은 발명품에 불과하다. 그는 근대에 대한 비판이 근대성을 해체하고 새로운 인식체계를 열게 된다면, 이성을 바탕으로 구축된 근대의 인간상 역시 해체되고 새로운 개념의 주체가 생길 것이라고 말한 바 있다. 이에 관해서는, 미셸 푸코, 『말과 사물』(이광래 역), 민음사, 1987의 논의를 참조.

탈근대성은 근대성의 급진화로 이해활 수 있으며, 근대성이 보유한 신뢰, 성찰, 장소귀속성 탈피 등의 성격이 보다 심화된 것일 뿐이다.7) 이런 입장에서 탈근대의 논의는 근대의 부정성에 대한 반성으로서, 근대성이 배제한 로컬의 다양성을 대안으로서 부각시키는 시도로 이어질 수 있다.8) 현재의 국경이 근대의 산물이라면, 탈근대는 이 국경에 갇힌 사고를 넘어서 새로운 전체와 로컬의 사고로 확장해 가는 것이다. 탈근대의 공간은 전지구적 경제질서 속에서 주변화되어 있던 로컬의 다원성과 다양성을 증식시키고, 다수의 목소리를 확대한다. 로컬의 특수성이 부각될수록 세계화는 통합과 분열, 균질화와 이질화, 그리고 자본의 지배와 노동력 재편이 불균등하게 뒤얽혀 있는 모순을 드러내게 될 것이다.

2) 새로운 공간으로서의 로컬

현재의 세계화는 로컬을 균질하게 통합한 초국가적 전체를 의미하지 않는다. 세계화는 개별국가를 넘어서는 동시에 하위의 로컬들이 새롭게 재편되는 현상을 낳기 때문이다. 세계가 자본주의의 질서로 재편되면서 국경의 의미가 무화되는 듯이 보이지만 엄밀히 들여다보면 국가단위의 하위 지역에도 공간의 재영역화는 끊임없이 일어난다. 따라서 로컬의 의미는 세계화의 사태 속에서 새롭게 이해, 분석되어야 한다. 로컬의 입장에서 보면 현재의 세계화는 각 로

---

7) A. Giddens, *The Consequences of Modernity*, Stanford University Press, 1990, 51-53쪽. 이상봉, 「탈근대, 공간의 재영역화와 로컬·로컬리티」, 『로컬리티, 인문학의 새로운 지평』(부산대학교 한국민족문화연구소 편), 혜안, 2009, 45쪽에서 재인용.
8) 이상봉, 위의 논문, 46쪽.

컬의 특수성과 차이를 말살시킬 위험을 안고 있다. 그와 동시에 국경을 지워버린 세계화로 인해 이전과는 다른 로컬이 탄생하는 계기가 되기도 한다. 즉 전지구적 공간 재편으로서의 세계화는 새로운 로컬리티 등장의 충분조건이 된 셈이다.

로컬의 차이를 위협하는 세계화는 흔히 목격할 수 있다. 우리의 일상에서 20세기적인 국경의 의미는 이전과는 상상할 수 없을 정도로 약화되었다. 자본의 이동을 따라 사람의 이동 역시 자유로워졌으며, 문화의 발생과 전파는 정보통신 기술의 발달에 따라서 공간의 제약을 없애버렸다. 그에 따라 자본의 힘과 지배적인 문화현상들은 전지구적인 동질화를 가능하게 만들고 있다. 바야흐로 지구는 하나의 패러다임으로 통합되어가는 중이다. 이러한 현상이 심화될 경우 경제적 불균등과 문화적 획일화, 그리고 국민 국가의 통치성의 약화로 이어질 가능성이 있다.

그러나 세계화는 로컬의 긍정적 가능성을 담보하기도 한다. 국가의 배타적 통치성이 약화되면서, 그동안 획일화를 강요받았던 국가 내 로컬들이 고유한 차이를 인정받고 공존의 계기를 마련할 수 있기 때문이다. 자본의 논리에 따른 억압적 세계화가 아니라 로컬의 정체성과 특수성에 바탕을 둔 "아래로부터의 세계화"는 그래서 헛된 상상이 아니다. 이는 세계화 시대에는 로컬의 발전 잠재력이 중요하며, 로컬이 세계화의 기본단위가 된다는 것을 의미한다.[9] 세계화와 동시에 로컬의 정체성이 강조되는 것은 바로 이 때문이다. 로

---

9) 이상봉, 위의 논문, 65쪽.

컬의 가능성은 현재 국가가 아닌 다양한 주체들에 의해서 증명된다. 국가의 행정력과 차원을 달리하는 자율성을 지닌 NGO집단은 이미 일상의 곳곳에서 실질적인 영향력을 발휘하고 있다. 이들의 활동공간은 로컬이며, 이들의 활동을 통해서 새로운 사회적 공간이 생성되고 있다.

로컬의 긍정적 가능성은 새로운 통치성의 바탕이 된다는 사실에서 찾을 수 있다. 과거, 근대적 국민 국가의 권력이 관료제와 간접 민주주의의 제도를 바탕으로 구성된 통치government였다면, 로컬 공간에서는 해로운 통치방식으로서 협치governance : 거버넌스라는 운영방식을 주목한다.10) 협치는 탈근대적 민주주의의 방식으로, 직접 민주주의의 참여방식과 공공영역에 대한 새로운 인식을 바탕으로 운영되는데, 이는 자발적 참여로 구성된 로컬의 공간에서만 가능하다. 뿐만 아니라 로컬의 공간에서 근대의 국민 국가와는 차원이 다른 문화양식과 삶의 태도들이 생겨날 수 있다. 근대 국가의 통치성이 강요한 중심의 획일성 대신 각 로컬의 소수성과 다양성이 인정받고 그에 따른 일상의 질서가 생겨날 수 있다. 이와 같이 새로운 의미망을 만들어 낼 수 있는 로컬 공간의 정체성이 곧 로컬리티라 말할 수 있다.

로컬리티의 가능성을 타진하는 일은 자칫 세계화의 균질화라는

---

10) 협치(Governance)는 정부나 시장, 혹은 네트워크에 의한 가족, 부족 혹은 공식적, 비공식적 영역과 기구에 대한 통치 과정을 뜻하는 포괄적인 용어로, 법이나 규범 외에도 언어적 권위에 의해서도 시행될 수 있다. Mark Bevir, *Governance : A very short introduction*, Oxford University Press, 2013 참조. 여기에는 정부기관의 수직적 통치방식은 물론 공공과 개인간의 네트워크은 물론 시장 질서에 의한 자율적인 조정도 포함된다. http://en.wikipedia.org/wiki/Governance(2014. 5. 28) 참조.

함정에 빠질 수 있다. 세계화는 초국가적인 보편성의 외형을 가지고서 전세계로 퍼져간다. 특히 대중문화 현상은 남다른 파급력을 보인다. 과거에는 기술적인 한계와 국가의 통제로 인해 외국의 문화를 자유롭게 수용할 수 없었지만, 현재는 인터넷이 이 제약을 사실상 무화시켰다. 전세계적으로 단일한 문화상품이 소비되면서, 문화상품은 국가의 경계를 지워나간다.[11] 한국의 대중음악이 세계적으로 인기를 끈다는 사실은 한국적 콘텐츠가 세계에서 소비되는 것이 아니라 한국에서 세계보편적인 취향의 콘텐츠를 생산했음을 의미한다. 동시에 강력한 흡인력을 가진 미국의 방송 드라마가 우리 안방에서 재현되는 것을 보는 일도 낯설지 않게 되었다. 이러한 현상은 문화상품을 넘어 일상의 영역에서도 실천되고 있다.[12]

세계화가 로컬의 정체성과 차이를 인정할 것으로 기대했지만, 문화적 동질화가 지속된다면 로컬리티는 자기모순에 빠질 가능성이 크다. 로컬리티의 정체성이 국가와 같은 강력한 체제의 의해 억압된 것의 복귀의 기획에서 출발한 것이었지만, 그 결과로서 생겨난 세계화가 오히려 로컬리티를 무의미하게 만들 수 있기 때문이다. 따라서 로컬리티에 관한 논의는 로컬이 억압적 전체, 혹은 중심이 가진 획일화의 자장으로부터 자유로워지는 것에서 시작해야 한다.[13]

---

11) 이같은 전세계적인 문화적 동질화 현상을 맥도널드화(McDonaldization)라 부를 수 있다. 조지 리츠, 『맥도날드 그리고 맥도날드화—유토피아인가, 디스토피아인가』(김종덕 역), 시유시, 1999 참조.
12) 이탈로 칼비노는 낯선 외국에서도 일상의 풍경은 지역의 격차 없이 서로 비슷하다는 것을 경험한다. 세계적으로 동질화된 도로표지판과 상점은 물론, 사람들의 대화소재까지 서로 유사하다. 이탈로 칼비노, 『보이지 않는 도시들』(이현경 역), 민음사, 2007, 163-164쪽.

세계화, 혹은 로컬이라는 용어의 공통의 반대말은 실질적으로 '국가'이다. 현재 세계의 구역은 국가의 경계로 빈틈없이 정리되어 있다. 중세의 보편적 가치를 깨고 나온 근대의 국가는 흔히 국민 국가라 불린다. 동질적인 민족의 공통분모를 바탕으로 하나의 권력체로서의 국가가 구성된 것이다. 한국 사회에서 통용되는 단일민족국가의 신화에서 보듯, 통념상 민족은 국가의 개념과 분리되어 있다. 그러나 근대성의 테두리 내에서 민족의 개념은 국가로 통합된 국민 국가의 틀 속에서만 존재한다. 단일민족을 강조하는 동아시아적 상상력에도 불구하고, 국가의 틀을 벗어난 절대적 가치를 지닌 민족, 국민의 개념은 역사적 상상력에 기인한 허구일 가능성이 크다. 근대성의 거대한 기획이 경계가 불분명하던 문화적 혼종적 상태를, 단일한 경제와 문화, 그리고 권력의 구획으로 갈무리한 것이 현재의 국민 국가이다. 이때 하나의 국가라는 동일성은 강제적인 것이다. 단일성에 대한 의심이나, 그 허구성을 증명할 사례가 제시되더라도 국가는 그마저도 하나의 동일성으로 포섭하려 한다. 베네딕트 앤더슨의 말을 빌자면 민족국가란 '상상의 공동체'에 불과하다.[14]

---

13) 세계화가 가진 획일화의 자장으로부터 완전히 자유로울 수 없다면 로컬리티의 정체성 논의의 핵심은 로컬이 글로벌 자본의 지배를 비교적 덜 받는 방안을 강구해 내는 것이고, 그 해결책 중 하나가 로컬 간의 연대일 것이다. 가령 한국의 한 로컬이 필리핀이나 일본, 중국의 특정 로컬과 연대하는 방식처럼 구체적이고 지리적인 실체로서의 로컬들끼리 서로 연대하는 것은 물론이고, 각국의 로컬리티 연구자들 간의 학문적 연대도 같이 포함된다. 이것은 곧 트랜스로컬리티(translocality)연구로서, 국가의 경계를 넘어서는 복잡한 관계성들이 생겨난 현실에서 제3세계지역들을 서로 엮어주고 이를 통해 상호연대를 가능케 하는 새로운 시각을 확보하자는 데 그 의의가 있다. 장희권, 「문화연구와 로컬리티 : 실천과 소통의 지역인문학 모색」, 『로컬리티, 인문학의 새로운 지평』(부산대학교 한국민족문화연구소 편), 혜안, 2009 참조.
14) 상상의 공동체에 관해서는 베네딕트 앤더슨, 『민족주의의 기원과 전파』(윤형숙 역), 사회비평사, 1991의 논의를 참조할 것.

근대성에 대한 반성이 생겨나면서 국민 국가에 대한 의심과 회의도 커져간다. 국민 국가는 세계화에 의해 새로운 전환을 눈앞에 맞닥뜨리고 있다. 이제 국민 국가는 사라지게 되는 것일까. 당장 그렇게 되지는 않을 것이다. 국경을 허무는 세계화의 흐름에도 불구하고 국가의 기능과 권력은 사라지지 않았다. 경우에 따라서는 그 힘은 더욱 강화되기도 한다. 국가의 중앙통제가 약화된다고 하더라도 국방과 치안, 복지, 고용 등의 고유한 국가 권력의 기제와 기능은 현실에서 여전히 절대적인 힘을 발휘하고 있다. 국가의 기능이 완전히 해체되어 사라지는 것을 상상하기는 힘들 것이다. 그러나 앞서 논의한 것과 같이 새로운 통치성의 형식인 협치의 제도가 국가 기능의 일부를 담당하는 일은 실현가능한 미래로 받아들여진다. 시민사회와 자율 기구 등의 여러 형태의 협치 기구들은 국가가 독점해온 지위를 물려받으면서 국가 권력은 점차 수평적으로 분산될 가능성이 크다. 결과적으로 현재 경제적인 층위에서만 기존의 국민 국가의 개념이 세계화 또는 로컬에 의해 대체되고 있는 것일 수 있다.15)

국민 국가의 자율성이 상대적으로 약화되면서 국민 국가와 다른 차원의 공간, 즉 로컬 공간이 대두된 것은 사실이다. 다원화된 로컬은 분산과 병존에 그치지 않고 중층적인 상호관계를 형성하기도 한다. 세계화는 국가, 혹은 로컬 공간의 통합을 강제하기도 하지만, 다양한 하위 로컬을 생성시켜 중심의 억압을 내부에서 무너뜨리는 결

---

15) 이상봉, 앞의 논문, 54-59쪽.

과를 낳기도 할 것이다. 이때 로컬은 세계화에 대한 거점의 공간이 된다. 따라서 우리의 로컬은 전지구적 로컬화glocalization를 지향해야 한다. 수평적으로 네트워크화된 로컬의 연합은 보편적인 전지구 공간과 국가에 대응하면서 '복수의 경합하는 (공공) 공간의 장'으로 바뀌지 않으면 안 된다.

3. 한국문학의 중심과 로컬의 변증법

1) 식민지 국민의 우울

공간에 대한 인식과 새로운 공간의 가능성을 실천하는 장으로서의 로컬은 우리 사회를 실천적으로 이해하기 위한 필요불가결한 요소이다. 지배 권력의 공간적 실천에서 벗어나 새로운 공간을 향한 공간 재현과 재현 공간의 인식 활동은 '지금—이곳'을 이해하기 위한 인문학적 활동의 핵심 중 하나이다. 공간의 관점에서 19세기 말 한국으로 눈을 돌려보자. 외부 세계와 차단되었던 조선이 강제적으로 국경을 열었을 때 조선에는 새로운 공간이 눈앞에 박두하기 시작했다. 그 이전에는 상상하지 못했던 세계라는 공간, 그 중에서도 치열한 적자생존의 각축이 벌어지던 제국주의적 세계가 펼쳐지면서 조선은 그 한 귀퉁이로 떨어져 나앉게 되었다. 그에 따라 조선왕조가 지배해온 이곳의 공간도 새롭게 생산될 처지에 놓이게 된다. 조선의 수도 서울은 왕의 절대권력과 유교적 국가관의 재현에서, 열강의 지배와 억압이 실천되는 공간으로 순식간에 바뀌어 버린다.

덕수궁 앞 오랜 역사적 배경을 가진 소공동小公洞 역시 그 운명에서 벗어날 수 없었다. 소공동이라는 이름에서 알 수 있듯, 이곳은 공주가 살던 곳이었다. 그러나 임진왜란 이후 이곳의 주인공은 외세의 차지가 되었다. 전란기에는 일본장수 우키타 히데이에宇喜多秀家가 소공동의 경정공주의 집에 머물렀고, 그가 물러난 후에는 명나라 장수 이여송이 머물렀다. 외세에 의한 질곡을 뒤로하고 대한제국이 수립되었을 때 환구단을 세운 곳도 소공동이었다. 그만큼 소공동은 조선의 상황을 보여주는 청사진과 같은 공간이었다.

그러나 20세기에 들어서도 질곡은 변하지 않았다. 일제는 환구단을 헐고 그곳에 제국의 상징인 총독부 철도호텔을 지었다. 이후 20세기 초반 소공동에는 여러 외세와 외래 문물들이 집결한다. 일제의 도시 계획에 의해 현재의 도로 형태를 갖춘 소공동 일대는 조선총독부 관료들의 출근로였으며, 외래의 신문물을 받아들이기 좋은 공간이 되었다 이곳에 양복점이 들어선 것도 이와 같은 역사적 배경을 가지고 있다. 1970년대까지 소공동 112번지 일대는 고급 맞춤 양복점이 즐비한 거리였다. 특히 1960-70년대 소공동에는 한국의 월가로 불릴 만큼 각급 금융기관 건물이 들어섰으니, 이곳의 고급 양복점은 절정에 이르게 된다. 그러나 서울의 중심이 강남으로 팽창하기 시작하면서 소공동의 중심지로서의 역할은 점차 약해졌고, 어느 순간 서울 도심 내 낙후지역으로 떨어져버렸다.

르페브르의 공간 개념에 따르면 20세기 초반의 소공동은 공간 재현의 양상으로 분류된다. 지배자와 기술관료의 이상과 기술로 만들어진 새로운 공간이기 때문이다. 그러나 현재 특별정화계획지역이 되어 버린 소공동은 예전의 위상을 상실해 버렸다. 최근 있었던 예술가들의 프로젝트는 소공동을 역사가 중첩된 공간으로 되살리려는 시도였다.16) 소공동에는 1903년 지어진 '조선토지경영주식회사' 건물이 1970년대 증축 이후에도 굳건하게 서 있다. 이곳은 예술가들의 활동으로 인해 과거의 기억과 현재의 예술이 융합되는 창조의 공간으로 변모한다. 예술가들은 공간 창조의 가능성을 공공미술에서 찾고자 했으며, 프로젝트로 재발굴된 소공동은 현재의 도시개발을 되돌아보게 하는 의미 있는 공간으로 새롭게 태어난 것이다. 소공동은 근대적 개발의 공간 재현에서, 역사의 기억과 반성을 가능케 하는 재현 공간으로 탈바꿈할 수 있게 된 것이다.

이처럼 20세기 역사의 급변과 함께 한국의 공간은 성격이 변화해 갔다. 전근대적 국가의 통치공간에서 근대화와 식민지화를 겪으며, 새로운 공간이 만들어지고 사라지기를 반복한 것이다. 한국의 문학은 이러한 공간의 변화를 체감하고 이를 문학적 상상력 속에서 재현하고 있다. 조선에 당도한 근대성의 위세를 절감한 이들은 모더니즘이라는 사조로써 표현하기 시작한다. 모더니즘의 선구자 이상李箱과 산보객散步客 박태원, 이들은 식민지 수도 경성의 모더니티에 관심을 가지고 있었던 근대 작가였다. 이상은 전근대의 문학과 사상의 관습을 탈피하고 새로운 정신세계를 경성에서 실현하고자 했다. 그는 경성에서 뉴욕, 파리, 혹은 동경과 같은 제국의 수도 못지않은 모더니티의 중심도시를 경험하고 싶어 했는지 모른다. 문학적으로 최첨단을 앞서갔거니와, 일상의 문화에서도 이상은 새로운 것을 시

---

16) 「공간발굴 프로젝트1 : 시간의 주소, 소공동 112번지」(2010)는 공간발굴 프로젝트 팀 'PLAN B'가 주최한 문화 기획이다. 이 프로젝트와 관련한 논문으로 이재은 「틈 : 지금, 여기 소공동 112 번지」, 『현대미술학 논문집』 제14호, 2010. 12 참조.

도했다. 그는 당시로서는 선진 문물이라고 할 수 있는 '제비', '쓰루鶴', '69' 등의 다방을 직접 운영하면서 20세기 최첨단의 물질문명과 모던한 문화를 생산 소비하기를 열망했다. 연작시 「오감도」와 「날개」를 비롯한 소설에 등장한 낯선 조형미는 실상 그가 꿈꾸던 근대의 한 형식이기도 했다.

그러나 그는 조선의 경성에 만족하지 못했다. 식민지 조선에서는 근대의 취미, 취향도 발견하기 어려울뿐더러, 그의 모더니티를 충분히 충족시켜줄만한 물질적 토대도 마련되어 있지 않았다. 회의와 우울에 빠진 그는 병든 몸을 이끌고 제국의 수도 동경으로 향한다. 그러나 동경에서 보낸 처음 보낸 편지에는, 동경도 별 수 없다는 실망감이 잔뜩 묻어나 있다. 이상은 동경에서 보낸 첫 편지에서 "기림起林 형 기어코 동경 왔오. 와보니 실망이오. 실로 동경이라는 데는 치사스런 데로구려!"1936년 11월 14일 편지라고 쓴다. 자신의 기대와 다른 동경에 실망을 감출 수 없었다. 경성에 대한 아쉬움과 모더니즘의 열망에 비한다면 동경은 이보다는 몇 곱절이나 더 커야만 했었다. 그러나 현실은 그의 상상력에 미치지 못했다. 그는 수필 「동경東京」에서 상상과 현실의 괴리를 여실히 드러낸다.

> 내가 생각하던 마루노우찌빌딩, 속칭 마루비루는 적어도 이 마루비루의 네 갑절은 되는 굉장한 것이었다. 뉴육(紐育) 브로드웨이에 가서도 나는 똑같은 환멸을 당할는지− 어쨌든 이 도시는 몹시 가솔린 내가 나는구나!가 동경의 첫 인상이다.
> (중략)
> 신주쿠(新宿)는 신주쿠다운 성격이 있다. 박빙(薄氷)을 밟는 듯한

사치. 우리는 「후란스야시키」에서 미리 우유를 섞어 가져온 커피를 한 잔 먹고 그리고 10전씩을 치를 때 어쩐지 9전 5리보다 5리가 더 많은 것 같다는 느낌이었다. 「에루테루」, 동경 시민은 불란서(佛蘭西)를 HURANSU라고 쓴다. ERUTERU는 세계에서 제일 맛있는 연애를 한 사람의 이름이라고 나는 기억하는데 「에루테루」는 조곰도 슬프지 않다. 신주쿠―귀화(鬼火)같은 이 번영 삼정목―저편에는 판장(板墻)과 팔리지 않는 지대(地垈)와 오줌 누지 말라는 게시가 있고 또 집들도 물론 있겠지요.

(중략)

긴자(銀座)는 그냥 한 개 허영 독본(讀本)이다. 여기를 걷지 않으면 투표권을 잃어버리는 것 같다. 여자들이 새 구두를 사면 자동차를 타기 전에 먼저 긴자의 포도(鋪道)를 디디고 와야 한다. 낮의 긴자는 밤의 긴자를 위해 해골이기 때문에 적잖이 추하다. 「살롱 하루」 굽이치는 네온사인을 구성하는 부지깽이 같은 철골들의 얼그러진 모양은 밤새고 난 여급의 퍼머넌트 웨이브처럼 남루하다. 그러나 경시청에서 「길바닥에 담(痰)을 뱉지 말라.」고 광고판을 써 늘어놓았으므로 나는 침을 뱉을 수는 없다. (이상, 「동경」 중에서)

동경이란 겉으로는 동아시아 제국의 수도로 포장되었지만 막상 그 속의 휘황찬란한 물질문명은 허약하기 그지없는 것이란 사실을 이상은 단박에 알아차린다. "박빙을 밟는 듯한 사치"처럼 위태로운 도쿄의 외양은 사실상, 서양을 흉내 낸 것에 불과하다. 'France'를 'HURANSU'로 읽을 수밖에 없는 일본 특유의 흉내 내기는[17] 동양에서 재현된 서양 근대성의 왜곡된 풍경, 혹은 도깨비불鬼火같은 것

---

17) 권영민, 『이상 문학의 비밀 13』, 민음사, 2012, 38쪽.

이었다. 껍데기에 불과한 동경의 외양은 이상 개인의 삶은 물론, 전통으로 불린 과거 모든 것을 포기하고 꿈꾸었던 근대성의 낙원과는 너무나 다른 차원의 것이었다.[18] 그가 지향한 문학이란 개인과 조선 모두를 포기한 새로운 마법의 세계였으며, 그 마법의 근원을 찾아 당도한 동경에서 맞닥뜨린 비루함에 이상은 망연자실할 수밖에 없었다.

촌스럽고 누추하기 그지없는 경성을 떠나 찾아간 동경에서도 실망한 이상이 가야할 곳은 어디일까. 동경에 실망한 이상이 더 큰 세계의 수도, 즉 브로드웨이가 있는 '뉴욕'紐育: 뉴욕이나, 파리, 런던 같은 제국의 진짜 핵심부로 갔다면 이상의 절망은 채워질 수 있었을까. 아마 그렇지 못했을 것이다. 이상이 동경에서 실망한 이유는 동경의 상태가 생각만큼 화려하지 않아서가 아니다. 실제로 동경 정도면 대단한 것이라고 말해서 될 일은 아니다. 이상이 뉴욕의 브로드웨이를 실제로 보았다고 하더라도, 그는 '상상 속 뉴욕'은 이보다는 열갑절은 더 컸다고 고백했을지 모를 일이다.

문제는 이상이 발견하려고 한 동경의 화려함, 혹은 제국의 중심이라는 것이 애초에 상상에 불과하다는 사실이 아닐까. 20세기 초반은 제국주의적 질서와 자본주의의 생산체제가 팽창을 거듭하여 폭발직전에 이른 시기이다. 중심과 주변의 관계를 벗어나지 않는 이상 식민지 청년에게 중심의 아름다움을 보여 줄 수 있는 공간은 어디에도 존재하지 않는다. 이상이 설령 제국의 엘리트 지식인이

---

18) 김윤식, 『이상 연구』, 문학사상사, 1987, 299-342쪽 참조.

될 수 있다고 하더라도, 그의 삶이 추구해온 모더니즘이 가진 콤플렉스는 감추어지지 않을 것이다. 그는 반드시 존재할 것이라 믿고 찾아간 모더니티의 중심은 사실 '텅 빈 것'에 불과함을, 식민지 지식인으로서 누구보다 더 먼저 깨달았던 것은 아닌가. 텅 빈 주체로서의 질서, 그 속에 아무것도 존재하지 않음을 감추고 존재하는 대타자로서의 식민지 체제의 질서 속에서 하나의 주체 이상은 그렇게 존재한다. 그에게 제국주의로 점철된 공간의 빛나는 중심이란 환상일 뿐이며 그 너머에 존재하는—혹은 존재하지 않는 실재로서의 진리는 결코 발견되어서는 안 되는 것이다.[19] 이상이 목숨을 걸고 그 실재로 도약해나갔을 때, 바야흐로 그의 삶도 마감되지 않을 수 없었다. 식민지 경성에서 중심에 종속된 하위공간을 살아가는 이상 그의 존재론적 우울은 결코 사라지지 않을 증상이다. 이상의 죽음과 함께 조선의 모더니즘도 시들어 갔다.

실상, 경성의 모습은 보잘 것 없다. 30년대 후반 인구 100만이 되지 않는 식민지도시 경성이 가진 의미는 생각보다 크지 않다. 조선인들에게 이 공간은 대단할지 모르겠지만, 정확히 따지자면 서구를 모방한 동경을 다시 모방한 이중의 모방도시가 경성이었다. 이 경성을 걷는 일은 상당히 우울한 일이다. 20세기 초 파리에서 시작된 아케이드는 오랜 역사를 지닌 도시를 단번에 근대적 화려한 소비—

---

19) 라캉의 말을 빌자면, 제국의 중심이란 '텅 빈 기호'일 가능성이 높다. 현실적으로 지배적인 힘을 가지고 있지만, 그 내면의 실재(the Real)를 들여다보면, 그 속에는 상징적인 질서의 틀을 깨는 사건들이 내재해있음을 알 수 있다. 이상은 동경이라는 상징적 질서를 향해 현해탄을 건넜지만, 막상 그 속에서 실망을 함으로써 중심의 질서를 전복적으로 드러낸다. 슬라보예 지젝, 『이데올로기라는 숭고한 대상』(이수련 역), 인간사랑, 2002, 3장 참조.

문화 도시로 바꾸어 버렸다. 아케이드는 도시를 하나로 엮으면서도 각 아케이드별로 각 주제를 가진 골목−상가로 만들어 간다. 20세기의 유럽의 도시들은 아케이드를 통해 공간의 통합과 분할을 이루었다. 산책자는 이러한 공간을 여유롭게 소비하는 자이다.[20] 그런데 경성의 산책자는 어떠했을까. 이상이 포함된 구인회 멤버 중 한 사람인 박태원은 지팡이와 중절모로 한껏 멋을 내고 경성시내를 산보한다. 그 중 「소설가 구보씨의 일일」은 인상 깊은 경성 산책기이다. 소설가 구보는 늦은 아침을 먹고 집을 나서 경성의 곳곳을 걸어 다니다 새벽녘에 집으로 돌아오는 여정을 소설에 담는다. 어머니의 걱정을 뒤로한 채 나선 경성의 거리는, 그러나 생각보다 크지 않았다. 경성 역 앞에서 가난한 이들의 비굴한 모습을 보고, 전차를 타고 종점까지 가기도 하며 백화점에 들렀다가 친구를 만나는 등의 하룻동안의 짧은 여정이면 충분히 둘러볼 수 있는 공간이 경성이었던 것이다.

애석하게 경성은 두고두고 산보할 만한 공간을 갖지 못했다. 파리, 뉴욕 등의 메트로폴리스에 비한다면, 식민지 수도 경성은 문화적, 역사적 축적 면에서 규모가 달랐다.[21] 소설가 구보씨는 동경을 모방한 도시의 구획을 보고, 이상의 우울과 유사한 정서를 가질 것

---

20) 20세기 파리를 비평가의 시선으로 산보한 이가 발터 벤야민이다. 벤야민은 스스로를 산책자(flaneur)로 부르며 근대도시의 인상을 총체적으로 집대성하려 했다. 벤야민은 산책를 통해 도시 공간을 체험하고 그곳에서 비롯되는 다양한 기억과 인상을 통해 공간의 근대성을 사유했다. 벤야민의 도시공간의 인상기는 발터 벤야민, 『아케이드 프로젝트1, 2』(조형준 역), 새물결, 2006에서 확인할 수 있다.

21) 장희권, 「근대의 도시공간과 사유방식」, 『로컬의 문화지형』(부산대학교 한국민족문화연구소 편), 혜안, 2010, 157쪽.

이다. 그리하여 그는 하루의 산책으로 경성을 모두 구경하고 집으로 돌아와 소설을 쓴다. 소설은 산책보다는 조금 더 현실적인 공간 인식의 방식일 것이다. 이를 통해 식민지의 공간 속에서도 역사는 중첩되고, 그곳 사람들의 삶에 의해서 공간의 의미가 생성되는 것을 알게 될지도 모른다.

2) 산업화 도시의 안과 밖

식민지 통치로 인해 단절된 전통적 공간 생산은 한국전쟁을 통해 전면적으로 파괴된다. 폐허의 공간에서 새로운 공간 생산이 가능해진 것은 1960년대 이후이다. 한국사회가 산업화로 진입하면서, 공간의 구조 또한 산업화의 논리에 맞게 재편된다. 이촌향도에 의한 인구이동으로 각 도시는 급격하게 비대해졌고, 늘어난 인구를 수용하기 위해 도시는 팽창해 갔다. 이미 1960년대 '서울은 만원'이었다. 60년대 300만을 돌파한 서울 인구는 20년 만에 그 세 배로 늘어난다. 언제나 서울은 만원이었던 셈이다. 이에 따라 도시 외곽은 서민층, 정확히 말해 빈민층의 차지가 되었고, 그보다 인구가 더 늘어나면 빈민가는 신흥주택단지로 변모하고 거기서 더 먼 곳에 빈민촌이 다시 생긴다. '단장의 미아리 고개'는 점집이 생기기 전엔 공동묘지였다. 그곳의 무연고 묘지를 파내고 만든 주택단지는 급격히 불어난 '서울시민'을 수용하기 위한 공간이 된다. 박완서의 「엄마의 말뚝」에 따르면 '대문안'이 아닌 그곳은 사람 살 곳도 못되었지만, 이제는 그마저도 사기 힘든 땅값의 최전선이 펼쳐지며 서울은 커져갔다. 그러고도 늘어나는 인구를 감당하지 못하자 서울은 한강을 건

너서까지 그 경계를 확장해 나간다. 신림, 봉천 등지에 주택지를 개발했지만 그것으로도 부족했다. 도심을 재개발할 때마다 생겨난 '도시난민'은 점점 더 변두리로 쫓겨난다. 서울의 경계 확장은 멈추었지만 경계너머에는 위성도시라고 부르는 차별화된 공간이 만들어지고 가난한 이들은 그곳에 남겨진다. 그렇게 도시가 확장하고 재분할되어 만들어진 공간이 지금의 서울이다.

이문구는 1960-70년대 공간의 재편되는 상황을 소설 속에 그려낸 작가이다. 『관촌수필』에서 보듯이 시골은 더 이상 능동적인 생산성을 갖지 못한 공간으로 전락하고 말았다. 작자 자신이 서울에 올라와 공사장을 전전하며 외곽으로 전진하는 서울의 확장을 목격한 바있거니와, 그의 체험은 『장한몽』, 「몽금포 타령」 등의 작품에 충실히 재현되어 있다. 『장한몽』에서 작가는 산 사람의 삶을 위해 죽은 이의 흔적을 지워가는 이장移葬 공사의 현실을 통해 주체의 삶이 어떻게 변화하는지를 보여준다. 시골에서 올라온 이들에게 맡겨진 일이란 단순 육체노동이 전부일 터인데, 이들의 노동은 대개 도시의 확장을 위해 쓰인다. 이 속에서 전통적인 생활방식은 비생산적이며 저열한 것으로 폄하되고, 곧 도시 공간이 요구하는 가치를 실천할 것을 강요당한다. 팽창하는 도시의 공간성은 하층민을 폭력적으로 계몽하려는 기획을 드러내려고 있으며, 이 속에서 주체는 혼란을 겪을 수밖에 없다.[22]

비인간적인 도시에서의 삶은 어떠할 것인가. 윤흥길의 『아홉 켤

---

22) 오창은, 「1960년대 도시 하위주체의 저항적 성격에 관한 연구 : 이문구의 도시 소설을 중심으로」, 『상허학보』 12집, 2004. 2, 90쪽.

레의 구두로 남은 사내』를 보자. 이 소설의 주인공 권씨는 서울의 변두리에 세 들어 살면서 남은 것이라고는 자존심뿐이다. 그가 경찰의 요주의 인물이 된 것은 광주 대단지 사건의 주동자로 몰렸기 때문이다. 광주 대단지 사건이란, 광주 허허 벌판으로 강제 이주된 시민들의 봉기이다.[23] 천막의 뼈대에 얼기설기 판자를 덧댄 광주 대단지의 삶은 전쟁지역의 난민과 다를 바 없다. 변두리로 밀려났으면서도 매일 서울로 출근해야 하는 주변부의 삶은 비참하기 이를 데 없다. 광주 시민의 요구조건은 화장실, 수도와 함께 적당한 일자리를 만들어 달라는 것이었다. 권씨는 그 소요 속에서 징그러운 삶의 생명력을 확인한다. 그의 시선에는 삶의 공간을 구성하는 것이 단순한 경계가 아니라 그곳에서 살아가는 사람들의 생명력이라는 것이 포착된 것이다.

하지만 권씨가 가진 생명력에 대한 요구는 실현되기 어려웠다. 서울이라는 중심과, 그 중심을 떠받드는 억압된 주변이 존재하는 한 그곳은 창살 없는 감옥과 다르지 않기 때문이다. 서울이라는 거대한 감옥은 중심과 주변의 경계를 통해 이루어진다. 중심을 위해 만들어진 변두리－주변에는 거대하고 견고한 경계가 쳐져 있다. 조세희의 『난장이가 쏘아 올린 작은 공』에 등장하는 난장이 일가는

---

23) 1971년 8월 10일의 광주대단지사건은 경기도 광주군(지금의 성남시) 이주 주민들이 비인간적인 이주정책에 저항하여 일으킨 사건이다. 서울시는 광주군에 대규모 이주단지를 조성하고 10만여 명의 서민들을 반강제적으로 이주시켰다. 그러나 광주 대단지에는 부동산 투기가 만연한 것은 물론, 제대로 된 도시 기반시설이 없어 수용소를 방불케하는 곳이었다. 이에 주민들은 기본적인 생계 대책을 요구했고, 이 과정에서 대규모의 물리적 저항으로까지 발전하게 되었다. 이 사건은 1960년대의 산업화와 도시화와 도시 빈민 문제의 본질을 드러낸 사건이었다.

'행복구 낙원동' 방죽 근처의 판자집에서 산다. 그리고 길 건너에는
부자들. 이들은 철저히 분리되고 격리되어 있다. 이 공간의 구획을
넘어서는 일이 가능할 것인가. 소설에서 난장이와 그의 아들들은
이를 해결하지 못한 듯 보인다. 난장이는 저 먼 달나라로 가버렸고,
아들은 감옥으로 간다. 서울과 같은 대도시 공간에서도 절대 넘을
수 없는 감옥과 같은 경계는 선명하다. 조선작의 「성벽」에서 보듯
뚝방을 경계로 이쪽과 저쪽은 목숨을 걸지 않고서는 건너갈 수 없
으며, 높고 검은 성벽 너머의 존재에 대해 의문을 제기할 때 그 목
숨은 위험에 처한다.[24] 김승옥의 「무진기행」에서는 좀 더 현실적인
상황이 드러난다. 서울과 시골, 서울과 지방의 격차는 단순히 경제,
문화 수준에 머무는 것이 아님을 주인공의 환상적 여행이 잘 보여
준다. 서울은 항시 시골의 선망의 대상이다. 그렇다면 시골은 서울
에게 어떤 의미일까. 마음의 고향으로서 위로와 안식의 공간이라면
그나마 대등한 관계일 듯 보인다. 그러나 실은 그렇지 않다. 표면적
으로 아름다워 보일지라도 서울과 시골은 억압과 위계의 관계로 연
결되어 있다. 주인공이 내려간 시골 '무진'은 아름답지도 행복하지
도 않으며, 위안을 주지도 않는다. 오히려 악몽을 떠올리며, 지리멸
렬한 인간관계를 반복하는 곳이다. 그러나 그것이 서울과 대립할
때 시골은 서울을 위해 희생되고 버려지는 공간이 될 수밖에 없다.
실제의 경우 경제적인 격차가 존재한다. 경제적으로 착취되는 곳이
지방, 시골이다. 문제는 이러한 물질적인 수준뿐만 아니라 정신적

---

24) 김성환, 「1970년대 대중소설에 나타난 욕망 구조 연구」, 서울대학교 박사학위논문, 2009,
    60-65쪽.

수준에서도 시골은 서울에 의해 서열화된다는 점이다. 서울은 올라 가야 하는 곳이며, 시골은 내려가는 곳이다. 콤플렉스는 이때 발생 한다. '촌놈 콤플렉스'는 위계질서로 서열화된 공간구조가 낳은 증 상이다.

3) 국경 넘기

서울과 지방의 위계질서는 비단 한국만의 문제는 아니다. 이미 세계화에 의해 지구 전체가 중심과 주변으로 계층화되었다. 경제적 수준에서뿐만 아니라 정체, 문화의 측면에서도 하나의 질서, 하나의 구조만이 존재하는 듯이 보인다. 지구 혹은 로컬의 주체에게 국경 이란 의미 없는 구획선이 되기도 하고, 때로는 엄격한 통제와 억압 의 실체가 되기도 한다.

강영숙의 『리나』를 보자. 기아에 허덕이는 고국을 떠나 같은 언 어를 쓰는 'P국'으로의 가기위한 여정을 시작한 리나는 대륙의 국경 을 넘고 인접한 국가를 넘나들며 어느 관광도시에 머물며 비참하게 살아간다. 그러나 그녀의 최종 선택은 애초에 원했던 P국이 아니다. 리나가 떠돌기 시작한 이유는 고국의 이념이나 독재정치 탓만은 아 닐 것이다. 그녀의 모국 역시 세계화의 과정에서 소외되고 고립된 중심의 변두리였을 뿐이다. 그녀가 국경을 넘는다고 해서 이 세계 화의 질서에서 벗어날 수는 없다. 어느 곳으로 가든 매춘과 마약, 착취와 폭력이 이들의 삶을 지배한다. "너희들에게 안전한 곳이 도 대체 어딘데?"[25]라는 물음은 이미 세계화된 자본주의 질서가 일상 의 곳곳을 지배하며, 그것으로부터 자유로운 곳은 없다는 것을 대변한다. 이는 P국으로 간다고 해도 다르지 않다.

리나는 떠돌면서 이 진실을 발견한다. 매춘과 사랑이 구분되지 않은 채 남자를 만나고 사랑을 나눈다. 그러고는 P국이 아닌 대륙 북쪽의 국경을 향해 떠남으로써 소설은 끝이 난다. 중심과 주변의 질서를 반복하는 것이 아니라 새로운 공간으로의 이주를 꿈꾸는 것이다. 물론 이 여정이 성공할 것이란 기대는 금물이다. 다만 여정이 지속되는 한 리나가 국경의 흔적을 지우고 새로운 공간을 구축해가는 모험은 지속될 것이다. 그녀의 정체성은 이미 국경을 넘어섰다.

황석영 역시 이러한 중심과 주변의 공간을 인식한다.『심청, 연꽃의 길』에서 심청은 바야흐로 전지구적인 힘을 발휘하는 자본주의의 거대한 힘을 경험한다. 중국에서 동남아로 팔려 다니며 동양을 침해하는 서구의 세력을 경험한다. 아버지의 눈을 뜨기 위해 팔려온 심청은 용궁은커녕 세계화의 굴레 속에서 창녀의 처지로 떨어져 국경을 넘는다. 그녀가 고향으로 돌아가지 못하는 것은 돌아갈 고향이 없어서가 아니라, 고향에 돌아가서도 이와 같은 중심과 주변의 수직적 관계를 극복할 수 없기 때문이다. 결국 그녀는 오키나와, 제국의 침략에 두 번 꺾여버린 변방의 섬으로 가 새로운 삶을 시작한다.

사내들, 양물밖엔 믿을 것이 없는 것들이야. 저것들도 무서워하고 있다고. 나는 기루에서 화지아를 해보아서 잘 알아. 제대로 힘을 쓰지 못하면 얼마나 두려워하는지 아니? 호기 있게 힘을 쓰고 큰소리를 치다가도 단둘이 되면 녀석들은 더욱 움츠러들지.[26]

25) 강영숙,『리나』, 랜덤하우스코리아, 2006, 20쪽.
26) 황석영,『심청』상, 문학동네, 2003, 194쪽.

심청은 팔린 몸으로 동아시아의 곳곳을 돌며 세계화의 질서를 몸소 확인한다. 그리고 기나긴 모험이 끝나갈 때 그녀는 억압적이며 남성중심적인 근대 질서의 허구성을 발견한다. 그리고 그녀는 기존의 질서와는 다른 삶, 가부장적 위계질서로서의 가족이 아니라, 믿음과 연대로서 구성된 가족을 꿈꾼다. 이 지점에 이르러 심청은 창녀가 아니라 마치 관음보살觀音菩薩과 같은 주체로 거듭난다.『심청』이 보여준 비가부장－탈근대적 상상력은 21세기 문학 작품에서 자주 등장한다. 이는 정상적인 가족의 해체를 뜻한다기보다는 세계화된 자본주의의 가부장적 권위를 해체하고 로컬 주체의 연대를 재구성하려는 의도가 숨어 있는 것이다.

III. 한국 문학의 대중성과 매체

1. 미디어는 메시지다

"미디어는 메시지다."[27] 맥루언의 이 유명한 명제는 현대사회의 매체 환경을 극명하게 드러내고 있다. 새로운 매체가 발명되면서 인류의 삶은 이전 시기에 경험해보지 못한 전혀 새로운 우주Galaxy 와 마주치게 된다. 구텐베르크가 만든 활자 인쇄기로 책을 대량생산 했을 때 1천여 년 간 지속된 중세는 드디어 막을 내리게 된다.

---

27) "전깃불의 문제로 되돌아가 보자. 그 빛이 뇌 수술을 위해 사용되느냐 아니면 야간의 야구경기를 위해 사용되느냐는 중요하지 않다. 전깃불이 없으면 뇌수술이나 야간경기를 할 수 없다는 점에서, 뇌 수술이나 야간 경기가가 전깃불의 내용이라는 주장을 할 수도 있다. 그러나 이같은 사실은 미디어가 메시지다라는 점을 강조해 줄 뿐이다. 왜냐하면 인간관계와 행위의 규모와 형태를 형성하고 제어하는 것이 바로 미디어이기 때문이다." 마셜 맥루언,『미디어의 이해』(김상호 역), 커뮤니케이션북스, 2012, 32-33쪽.

그리고 현대에 들어서는 각종 전자·전기 매체가 시간과 공간을 압축하면 이 세계를 더 작고 편리하게 만든다. 새로운 매체는 곧 새로운 세상인 것이다.

그런데 미디어, 즉 매체가 곧 메시지라는 뜻은 무엇인가. 매체가 중요하다는 것은 자명한데, 그것이 내용과 형식, 그리고 매체로 이루어져 있는 기본적인 커뮤니케이션 구조를 왜, 어떻게 허문다는 것인가. 그가 말한 매체란 무엇인지 살펴보자. 매체는 내용과 불가분의 관계이다. 그러나 그것을 구분하기는 쉽지 않다. 흔히 말하듯 내용과 형식은 구분되지 않는다고 한다. 매체 역시 이와 같다. 매체는 전달 도구이며 내용은 메시지, 콘텐츠를 의미하는 것 같다. 맥루언은 내용콘텐츠은 우리에게 정보와 지식을 제공하지만 매체는 어떤 것이 콘텐츠가 될 수 있는지를 결정해준다고 말한다. 그래서 매체가 콘텐츠보다 이론적으로 더 우선하며, 현실에서도 더 큰 영향을 미칠 수 있다. 우리는 거의 모든 일상을 매체를 통해 접한다. 매체 없이 전달받은 정보와 메시지는 없다. 그런데 이렇게 전달받은 것 중에서 어떤 것이 더 현실적일까. 뉴스가 더 현실적일까, 영화나 광고가 더 현실적일까. 맥루언은 그 현실이 무엇인지 중요한 것이 아니라 어떻게 전달되었는지가, 즉 매체가 더 중요하다고 생각한다.[28]

우리의 생각과 행동을 추동하는 가장 중요한 원리가 매체이다. 다만 우리는 그것을 제대로 인식하지 못할 뿐이다. 오늘 인터넷 포털사이트에서 전해들은 정보와 종이 신문에서 읽은 기사는 다른 행

---

28) 김균, 정연규, 『맥루언을 읽는다』, 궁리, 2006, 1장 참조.

제2부 주변의 공간과 탈중심의 주체

동과 다른 결과를 추동한다. 어느 것이 더 승한가에 따라서 우리 사회의 전반적인 변화 방향이 결정되기도 한다. 그러나 우리는 이 과정을 정확히 알지 못한다. 매체는 그 자신의 존재와 영향력을 감지할 수 없도록 하기 때문이다. 부지불식간에 내용을 규정함으로써 우리의 사고와 행위를 통제하는 것이 매체이다.

맥루언이 말한 '매체'라는 용어는 매우 광범위한 대상을 포함한다. 우리가 접하는 거의 모든 것은 매체이다. 신문과 방송, 출판, 언론 등의 미디어는 물론, 옷과 집, 자동차, 철도, 심지어는 숫자와 자동화까지 포함되어 있다. 인간의 거의 모든 것이 매체인 셈이다. 너무나 광범위하기 때문에 그 속성을 알기 어려운 것, 그것이 매체의 본성 중 하나라고 맥루언은 말한다. 그렇다면 숨은 본성이란 어떤 것인가. 매체를 커뮤니케이션 테크놀로지 일반, 즉 일반적인 의사소통수단으로 이해하면 어떨까. 여기에는 의사소통을 가능하게 하는 전화, 편지 등의 테크놀로지 모두가 포함된다. 이런 정의에서도 매체는 여전히 광범위하다.

전통적인 커뮤니케이션 상황에서는 발신자와 수신자, 내용, 그리고 그것을 전달하는 매체가 필요하다. 매체는 내용을 전달할 뿐 내용에 대해 변환을 가져 올 수 없다. 즉 전달하고자 하는 내용은 외부의 영향을 받지 않는다. 그러나 근대로 이어지면서 매체의 성격이 점차 변한다. 고정불변일 것 같은 내용은 사람에 따라, 전달 상황에 따라 참이 될 수도 있고, 거짓이 될 수도 있다. 상황이라는 변수에 따라지는 것이 내용/메시지이다. 맥루언은 그 변화의 조건이 테크놀로지라고 말한다. 앞서 말한 활자 인쇄가 그러하며, 최근의 정보통신 기술이 그 역할을 맡는다. 인쇄를 통해 자본주의가 꽃피었으며, 정보통신 기술은 급격한 세계화를 현실로 만들었다. 자본주의, 세계화 등의 결과는 인쇄와 정보통신 기술이라는 매체가 만든 것이다. 우리 사회를 이끌어 가고 있는 많은 담론, 이데올로기가 절대적인 진리임을 보증하는 것은 없다. 사람들은 매체가 전해주는 것을 진리로 믿고 있을 뿐이다. 따라서 매체의 영향력을 이해하기 위해 매체가 만들어 내는 메시지-내용 그리고 그 매체 전략과 사회적 의의를 고찰하는 것이 매체 연구의 한 방향이다.

2. 매체와 대중매체, 그리고 언론

인쇄 기술의 혁신적인 발전은 독서 대중을 만들었다. 고대의 인쇄술이 소수의 귀족을 위한 매체였다는 점은 인쇄매체가 지배계층을 통치성을 강화하는 데 기여했다는 것을 의미한다. 한국의 금속활자가 근대화를 추동하지 못한 것은 그것이 대중 독자를 생성하지 못하고 왕권, 혹은 귀족층의 정보 교류를 목적으로 했기 때문이다. 그에 비해 서구의 인쇄기술은 책을 통해 지식의 대중화로 이어졌다는 점에서 분명한 차이를 보인다. 근대의 대중매체의 등장으로 인해 정보의 대중화, 그리고 대중문화의 보급이 논의되기에 이른다. 기술 혁신이 가져온 대중문화, 그리고 대중성이란 무엇일까.

엘리트주의적 입장에서 문화는 상류계층의 예술 활동으로 한정되지만, 좀 더 포괄적인 입장에서는 다수 대중의 사회적 삶의 구성체로서의 문화로 정의될 수 있다. 이때 문화란, 삶의 "복합적인 전체"이며, 따라서 존재의 조건이 된다.[29] 나아가 확장된 문화인류학적인 문화의 개념에서 실천이라는 의미를 포착할 경우, 문화의 개념은 정치적인 영역으로 확장된다. 윌리엄즈는 대중문화라는 말 대신 '공통의 문화'culture in common 또는 common culture라는 개념을 통해 구성원들의 집단적인 실천에 의해 재정의되고 재구성되는 특징을 포착한다. 이로써 문화는 적극적인 참여의 결과로서 평가받게 되어 혁명성을 내포한 '집단적 활동agent'이라는 포괄적인 의미를 얻는다.30) 따라서 대중문화, 혹은 문화의 대중성은 저급한 것으로만 볼 수 없다. 상업성과 통속성이라는 저급성의 지표를 통해 대중의 다층적인 감수성을 형성할 수 있기 때문이다. 이념의 형태로 나타나는 이데올로기와는 달리 대중성은 이데올로기로 환원되지 않는 일상의 특이성을 드러낸다는 점에 주목해야 한다. 대중성의 구조는 그런 점에서 대중의 '정서의 구조'structure of feeling로 이해하는 것이 필요한 것이다.31)

이와 같은 대중성을 만든 근본 원인 중 하나가 대중매체이다. 성서를 대중에게 보급하기 위해 만들어진 새로운 인쇄기술은 이후 지식을 대중화하는 선봉장이 되었으며, 이를 통해 근대 세계의 주체로서의 대중들이 탄생하기 시작한 것이다. 누구나 값싸게 취할 수 있는 정보의 원천으로서의 책이 지난 천년 동안 가장 의미심장한 매체 변화로 인식되는 것은 당연한 일이다. 그리고 근대의 정체성을 형성한 매체로서 신문을 들 수 있다. 우리가 일상에서 그 형식과 제도에서 실체로서 접하는 매체는 중 하나는 언론-신문이다. 언론

---

29) Terry Eagleton, *The idea of Culture*, blackwell, 2000, 34쪽.
30) R. Williams, *Culture and Society 1780-1950*, Columbia University Press, 1983, 334-335쪽, Eagleton, 위의 책, 119-121에서 재인용.
31) Eagleton, 앞의 책, 165-169쪽 참조.

은 사회의 공기公器로서 권력의 일부를 담당한다고까지 말한다. 중
세사회가 해체되면서 근대적 대중들이 생겨나자 대중을 심상과 정
서의 구심점 역할을 한 것이 언론이다. 언론을 근거로 정치 세력의
정당성이 확보되고, 이로써 대중 정치의 시대를 맞이하게 된다.

　고대사회의 공적 영역과 사적 영역의 조화는 근대사회로 접어들
면서 부르주아적 상황을 맞이한다. 자본주의 사회 내에서 부르주
아 내면과 사생활의 영역은 비록 자본주의 질서 속에 예속되어 있
으면서도, 철저히 사회와 분리된 고결한 것으로 여겨진다. 그 밖의
사회적인 것에 대해서 사람들이 말하기 시작하면서 이른바 근대적
공론장public sphere이 형성되기 시작한다. 이 공론장은 애초에 개인의
심적인 상태나 내면의 만족을 충족시키기 위한 소통의 방식으로 전
개되었다. 그러나 사적 개인들이 행하는 두 가지 역할, 즉 소유자의
역할과 인간 자체라는 역할이 분리되면서 공론장은 정치 사회적인
논의를 전개하는 공간이 되었다. 자본주의가 심화함에 따라 사적
영역은 고립되고 상품 시장의 영역이 공적인 영역이 된 것이다. 하
버마스는 다음과 같이 분석한다.

　　상품교환과 사회적 노동의 분야는 경제적 기능으로부터 직접 벗
　　어난 가정과 마찬가지로 사적 영역이었다. 동일한 종류로 구조화
　　되었던 이 두 영역은 이제 각기 반대방향으로 발전한다. 보다 정확
　　히 말하면 가족은 점점 사적으로 되고, 노동세계와 조직세계는 점
　　점 공적으로 된다고 말할 수 있다.32)

---

32) 위르겐 하버마스, 『공론장의 구조변동』(한승완 역), 나남, 2001, 258쪽. 이 글에서 공론장에
　　관한 정의와 역사적 변천과정에 관한 논의는 하버마스의 책을 중심으로 전개하였음을 밝힌다.

하버마스에 따르면 근대 초기까지 공론장은 의심스러운 것이었다. 부르주아 계층이 사적 취미를 위한 의견교환의 장을 활용하는 것과 달리, 일반 대중은 일방적으로 매개된 문화소비를 할 뿐이다. 대중문화가 수준이 낮은 이유는 상대적으로 낮은 교육수준의 소비자 집단의 휴식과 오락의 수요에 순응함으로서 문화소비재의 판매확대를 달성했지만, 역으로 확장된 공중을 그 실체에 있어서 온전한 문화로 향상시킴으로써 문화소비재의 판매확대가 이루어진 것이 아니기 때문이다. 이후 공중은 비공공적으로 논의 하는 소수전문가들과 공공적으로 수용하는 소비대중으로 분열된다. 고전적 의미의 공중이 사라진 것이다.

19세기 이후 공론장의 기능을 담당한 것이 언론 매체이다. 언론은 사적영역과 분리된 상태에서 사회 전반의 정치 경제 구조에 대한 견해를 제시하고, 지식인을 포함한 대중을 공론의 장에서의 의견교환으로 이끈다. 물론 언론이란 절대적인 진실을 담보하는 것이 아니라 그 체제와 계급적 이해관계에 따라 이익을 대변하는 기관의 한계는 분명하다. 이에 따라 편집권이 중요해지고 기업으로서의 언론이 특정한 이익과 연관되는 것이다. 여기에는 기사는 물론, 논평, 사설, 연재소설, 광고까지가 모두 포함된다. 언론은 그 자체로 권력기관이 된 것이다. 언론이 권력기관이라는 말을 사적 이익을 위한 도구로 확대해석하는 것은 자제할 필요가 있다. 부르주아 사회가 붕괴하고 민주주의가 발전함에 따라 공론장으로서의 언론은 민주적 의견과 의사형성이라는 공공의 성격을 담보하게 되었기 때문이다.

3. 상상의 공동체와 공론장

공론장에 대한 이해를 바탕으로 다시 근대사의 한 장면으로 돌아와 보자. 20세기 공론장의 대표였던 신문은 국가와 사회의 형성에 어떤 역할을 했는가. 우리는 신문을 읽으면서 크게 반응해야 할 기사와 그렇지 않은 기사를 구분한다. 우리나라와 상관없는 저 먼 나라의 해외토픽들은 사안의 경중과 상관없이 가볍게 여긴다. 보도 역시 이를 심각하게 다루지 않는다. 그러나 '우리'라고 여겨지는 일에 대해서는 심층적으로 반응한다. '우리'라는 것을 만든 것은 과연 무엇일까. 베네딕트 앤더슨은 이를 실천한 기제로서 언론, 그 중에서도 신문이라는 활자매체를 지목한다. 한 국가의 영역 내에서 생산·유통되는 신문의 모든 콘텐츠는 그것을 읽는 이로 하여금 우리, 우리나라, 혹은 민족이라는 영역을 상상하게 만든다.[33] 실제로 가본적 없는 먼 곳의 이야기를 지금, 우리의 일로 여긴다. 아무리 지역적으로 가깝다고 하더라도 상상적 영역 밖이라면 남의 일처럼 무관심해질 수 있다. 신문기사, 논평 등이 독자를 하나로 묶은 것이다.

언론이라는 공론장의 특성상 신문의 내용은 곧 대중들의 논의의 중심에 서게 되고 그 논의들이 여론이라는 이름으로 다시 순환하여 기사에 실린다. 이런 역할을 하는 것은 비단 기사만은 아니다. 신문에 연재된 소설 역시 그에 복무한다. 소설의 깊이 있는 주제는 물론, 문학예술로서의 감성과 정서의 문제까지도 하나로 통일한다. 부지불식간에 우리는 신문 매체가 기획한 하나의 주제로 포섭되는 것

---

33) 베네딕트 앤더슨, 앞의 책, 2장 참조.

이다. 전혀 다른 기원을 가진 사람들을 하나로 묶어 내는 국민 국가는 상상의 공동체였으며, 이 상상의 메커니즘을 추동한 것이 언론—매체였다. 민족이란 애초에 동질성을 확인하기 어려운 존재이다. 그러나 하나의 경제—정치 영토로서 국가 권력이 수립되면서 그 영역 내의 사람들은 국민으로 호명된다. 이 호명된 국민은 동아시아의 식민지 백성들도 포함된다. 그들에게 독립 기념 연설을 전달하고 민족의 영광에 대해 기뻐할 것을 강요하는 일은 명백한 아이러니지만, 누구도 그에 대항하지 못할 만큼 상상의 공동체는 막강했다.

동아시아에서 신문은 그 역할을 가장 극명하게 보여준다. 메이지 유신 이후 일본의 '천황'은 국토를 순례했으며, 순례 소식은 재빨리 신문에 실려 '국민'들이 읽는다.[34] 일본의 메이지 초기 신문소설은 흥미를 위한 것이라기보다는, 그 자체로 정치 연설을 싣는 도구가 되었다. 이른바 '정치소설'은 신국가 '일본'을 만들어 가는 공기公器였다. 한국도 이와 유사했음은 주지의 사실이다. 물론 일본만큼 성공적인 근대 국가를 만들지는 못했지만 말이다. 한국은 여기에 식민지라는 특수한 조건이 부여되었다. 서구의 언론은 국민 국가 만들기에 나서면서 국민을 호명했다. 연재소설도 이런 국민을 위한 것이었다. 신문은 각종 이벤트와 문화사업, 영리 수익사업 등의 활동을 펼치지만 모든 활동의 귀결점은 국민 국가를 만들기 위한 총화로 이어진다.

그러나 한국은 국민 국가 만들기가 불가능한 상황이었다. 나라가

---

34) 다카시 후지타니, 『화려한 군주 : 근대 일본의 권력과 국가의례』(한석정 역), 이상, 2003, 5장 참조

이미 사라졌기 때문이었다. 대한제국의 주권이 소멸하면서 사설은 사라지고, 정치연설을 담은 연설체 소설, 토론체 소설, 풍자소설 등의 다양한 양식적 실험도 더 이상 진행되지 않는다. 최초의 신소설 『혈의 누』1906가 청군의 만행과 일본군의 선행을 대비시켜 민족이 어디로 나아가야 할지를 보여준 뒤, 신소설도 급격히 연애소설로 전환된다.35) 이러한 절망은 해방 이후, 해방공간에서 '나라 만들기'에서 다시 한 번 재현되지만, 그 사이 한국의 공론장은 제 역할을 하지 못했다. 남는 것은 개인적인 차원의 노력과 성실, 그리고 조선 민족의 풍속의 개량 등과 같은 식민지적 담론만을 재생할 뿐이었다.

식민지 시기 한국의 공론장은 철저히 식민지 구조 속에 놓인다. 한국의 공론장은 하버마스가 말한 이상적 의사소통의 공간으로서의 해방공론장36) 대신, 지배권력의 담론을 재생산하는 데 그친다. 그러나 이에 대한 반대급부로 신문은 새로운 문화적 양식의 생산의 모체가 되기도 한다. 신문연재소설을 통해 다양한 개화기 소설이 탄생한 것과 같이, 신소설의 거쳐 근대 소설이 신문연재라는 매체를 활용하여 등장했기 때문이다. 이광수의 『무정』이 신문에 연재될 때 그 열의는 상상 이상이었다. 주인공 형식의 선택에 독자들의 가슴 졸였고, 형식, 병욱, 영채, 선영이 만나 민족을 위해 공부할 것을 다짐하는 장면은 조선인들의 심금을 울렸다. 이런 열기는 독자 투고에서도 볼 수 있거니와, 이후 한국의 근대문학의 양식을 수립하는

---

35) 김윤식·정호웅, 『한국소설사』, 문학동네, 2000, 1장 참조.
36) 손석춘, 『한국 공론장의 구조변동』, 커뮤니케이션북스, 2005에서 저자는 하버마스가 말한 민주적인 의사소통과 의결이 가능하게 하는 이상적인 공론장을 '해방공론장'이라는 개념으로 설명하고 있다.

데 결정적인 역할을 한다. 『무정』이 제시한 대중 계몽은 한국적 문학 양식의 일부가 된 것은 당연한 사실이다.

그리고 해방을 맞이하자 신문 매체는 새로운 국가가 요구하는 새로운 문화적 기능을 담당했다. 신문이 등장한 이래 한국에서 신문은 영향력이 매우 큰 매체였다. 한국의 신문은 언론 매체 이상의 기능을 가지고 언론보도와 더불어 애국계몽의 기구로서 오랫동안 그 지위를 잃지 않았다. 식민지 지배가 종결된 후에도 그 역할은 변함이 없었는데, 특히 문화적인 측면에서 한국 신문의 역할을 절대적이었다. 1920년대 등장한 한국의 민간신문은 문단을 구성하며 문학장을 형성하는 데 중요한 역할을 한 것이다. 해방 이후 지금까지 신문을 중심으로 한 문예사업은 신문에 부여된 공기公器로서의 역할을 잘 보여주는 사례이다. 신문연재 소설은 물론이며, 신춘문예라는 특유의 양식을 통해 문학가들을 배출하는 문학적 제도로 자리 잡은 것이다.

물론 그 과정에서 문제점 또한 불거진다. 한국의 언론이 해방 이후 공론장으로서의 역할에 충실하지 못한 사이, 신문의 문학적 기능도 왜곡된다. 언론으로서 가져야할 신문의 정론성이 약화되는 반면 상업성이 강화되는 것이 그 사례이다.[37] 문학의 대중성을 확대한다는 순기능과 함께 신문의 문학장은 공론장에 부정적인 영향을 끼치기 시작한다. 1950년대의 특수한 상황에서 신문 권력과 문단의 결탁은 한국문단을 더욱 보수화시키는 결과를 낳는다. 문단권력이

---

37) 이에 관한 논의는 이봉범 「8 · 15 해방 후 신문의 문화적 기능과 신문소설」, 『한국문학연구』 42, 2012. 6를 참조할 것.

라는 말도 이 시기에서 생겨난다. 매체를 독점한 상황에서 자유로 운 의사소통과 문학논의의 심도 있는 토론 공간은 점차 사라지기 시작한다. 이로 인해 문학인은 문학상품 공급자의 위치로 전락할 수밖에 없었다. 여기에 검열의 잣대를 들이댄 정치권력이 개입되면 서 신문매체가 보유한 문학장은 왜곡되거나 협소화될 위험에 처할 것이다.

4. 잡지 매체 속의 인정투쟁

신문이 한국 사회의 공론장으로서 자리를 잡았지만 해방 이후의 모습은 바람직하지 못했다. 권력과의 유착으로 인해 비정상적인 공 공성은 크게 훼손되어 있었다. 해방이후의 신문은 보수적 이데올로 기를 실천하는 국가 기구로서의 역할이 컸다. 그러한 신문을 읽는 다는 것은 매체가 마련해 놓은 '프레임'을 반복한다는 것을 의미한 다. 오랜 시간동안 한국의 공론장은 왜곡된 형태를 유지할 수밖에 없는 형편이었다.[38] 주류의 매체가 이데올로기화 하는 사이 젊은 세대는 자신의 목소리를 낼 수 있는 새로운 매체를 원했다. 이로 인 해 매체간의 갈등이 벌어지면서 매체는 일종의 투쟁의 장이 된다. 1960년대 이후 식민지 경험이 없는 젊은 세대들은 앞 세대와의 대 립을 통해 새로운 담론 지형을 만들려고 노력했다. 이들에게 우호

---

38) 한국의 공론장의 역사적 전개과정에 관한 연구는 손석춘, 앞의 책을 참조할 것. 저자는 하버 마스의 의사소통 및 공론장 이론을 바탕으로 20세기 한국의 공론장의 내적 구조를 분석한 다. 그에 따르면 한국의 공론장의 식민지 공론장에서 분단 공론장으로의 왜곡을 거듭한 역 사를 가지고 있다. 이를 타개하기 위한 노력으로 80년대 민주화 시기 이후 한국 공론장은 해 방공론장의 성격이 강해지고 있다고 분석한다.

적인 매체는 드물었기에 한국의 공론장은 새로운 형태의 활자매체를 만드는 데로 나아간다.

해방 이후 『사상계』, 『청맥』 등의 진보적 잡지의 등장은 필연적인 결과였다. 신생잡지를 중심으로 합리적인 사상이 펼쳐지기 시작했고, 공론장에 대한 기대를 가진 논자들이 그곳에 합류했다. 그리고 세대적 차이를 보이고 있는 해방이후 세대들이 쉽게 교합할 수 있는 잡지가 등장한 것이 1960년대였다. 해방 전 세대와는 달리 1940년대 이후에 출생한 신세대들은 자신만의 언어와 논리로 담론을 전개할 매체가 필요했던 것이다. 그리고 이는 일간지나 월간지 수준의 논의로는 부족하다고 느낄 때 비로소 한국에도 계간지의 시대가 열린다. 『창작과비평』과 『문학과지성』이하 『창비』와 『문지』로 약칭함으로 대별되는 젊은 세대의 비평계간지는 문학 잡지의 한계를 뛰어넘어 1960년대 이후 한국 사회의 사상을 이끄는 물질적, 정신적 토대를 마련한 것이다. 신세대 문학평론가들은 앞 세대와의 인정투쟁을 벌이면서도[39] 한편으로는 자유주의 문학과 민족주의 문학이라는 내적인 대립 분화과정을 거치며 한국의 문학, 사상 운동을 새롭게 전개해 나간다. 이때 계간지라는 새로운 매체는 이들의 활동은 물론, 소설과 평론의 새로운 지평을 열어나가게 된다. 『창비』, 『문지』는

---

39) 인정투쟁이란 타자와의 관계에서 자기 자신에 대한 인식을 바탕으로 자신의 존재를 타자로부터 인정받고 싶어하는 단계의 인식을 가리키는 말이다. 1960년대 한국문학의 신세대 논쟁도 이같은 인정투쟁의 양상으로 전개된다. 1960년대 초반까지 한국문학을 주도한 구세대와는 달리 1940년대 이후 출생한 20대 신예 작가, 비평가들은 자신들만의 문학론을 전개하고 선배세대들로부터 문학사적인 주체로서 인정받기 위한 논쟁에 참여한다. 이 과정에서 『창비』와 『문지』와 같은 매체들이 생겨난 것은 물론이며, 이 매체를 중심으로 세대논쟁을 전개해 나간다. 권성우, 「60년대 비평 문학의 세대론적 전략과 새로운 목소리」, 『1960년대 문학연구』(문학사와비평연구회 편), 예하, 1993, 13쪽.

시대의 아이콘이었다.

1966년 『창비』 창간 이후, 한국 문학의 논의는 『문지』, 『상황』 등의 계간지를 중심으로 전개된다. 계간지 시스템의 등장은 단순히 잡지의 외형 변화를 의미하는 것이 아니라, 문학 담론 내부의 본질적인 변화를 의미하는 사건이었다. 1960년대 문단이 월간 문예지를 중심으로 권력화되어 가고 있다는 비판이 제기되면서 젊은 문인들을 중심으로 새로운 문학논의를 담보할 수 있는 매체를 요구했다. 『창비』는 이에 응한 첫 번째 잡지이다. 이어 등장한 『문지』 와 『상황』도 같은 기대 속에서 발간된다. 계간지 동인들은 1960년대 문학논쟁에서 벗어나 자신들의 정체성을 확립하고 이에 걸맞은 문학론을 생산하기 위해 계간지를 중심으로 새로운 담론 공간을 형성한다. 비평가가 중심이 된 계간지 동인은 기성문단의 폐해를 비판하고 새로운 문학논의를 전개해가는 과정에서 각각 대립과 협력의 관계를 맺으며 1970년대의 문학지형도를 만들어 나간다. 이 과정의 대립과 분화는 기성문단과 길항하는 인정투쟁의 양상이 아니라 새로운 문학담론을 만들어 가는 과정으로 평가할 수 있다.

기성문단과 다른 공간을 구축한 계간지 동인은 문학담론의 생산에서도 이전과는 다른 양상을 보인다. 먼저 편집동인의 구성과 신인 발굴 시스템이 차별화된다. 기성문단이 등단과 작품게재를 권력화의 수단으로 삼은 것에 비해, 계간지 동인은 동인체제를 유지하고, 동인의 성격에 맞는 신인을 선택한다. 이 과정에서 폐쇄적이라는 비판이 붙지만 이는 동인의 정체성을 유지하고 담론의 생산성을 높이기 위한 전략이었다. 동인의 문학적 태도에 부합하는 필자와 작품을 선별하는 전략은 재수록이라는 편집방침에서도 발견된다. 그리고 계간지 동인은 다양한 출판사업을 통해 문학 담론의 영역을 확대해 간다. 계간지를 통해 소개된 작가의 글을 출판하고 이를 계간지에서 평가함으로써 문학담론의 재생산 체제를 갖추게 된다. 『문지』는 최인훈, 조세희 등의 작품집을 발간하면서 신세대 문학의 성과를 정전화하는 작업을 진행한다. 이들은 작품집을 통해 『문지』의 문학론을 재확인하고 강화시켜 나간다. 『창비』는 계간지에 소개된 번역서와 작품집을 발간하며 『창비』의 민족문학론을 강화해 간다. 특히 『창비』는 아동문학을 민족문학의 일부로 재발견하고 이슈화함으로써 민족문학론의 외연을 확대할 수 있었다. 또한 계간지는 평론 중심의 체제를 강화했다. 동인은 작품에 대한 평론의 우위를 인정하고 평론의 선도성을 강조한다. 이러한 특징은 다양한 평론을 흡수하여 문학담론의 생산성을 높이는 결과를 낳는다. 사회학, 경제학, 역사학 등 다양한 주변학문의 논의가 계간지 속에 들어옴으로써 문학 논의는 폭과 깊이에서 확장되어가는 양상으로 전개된다.[40]

1970년대의 지성계를 이끈 『창비』와 『문지』 그룹은 1980년대 강제 폐간의 시련을 견딘 후 오랫동안 한국 문학의 두 흐름으로 자리잡는다. 자유주의와 민족주의, 혹은 모더니즘과 리얼리즘의 길항의 드라마를 보여주는 『창비』와 『문지』의 존재는 한국의 지성사의 축이기도 했다. 이것이 가능했던 것은 이 담론을 이끈 주체들의 역량이 있었다는 것이 전제되어야 하지만, 그 이전에 이들이 충분히 힘

---

40) 이에 관한 논의는 김성환, 「1960-70년대 계간지의 형성과정과 특성 연구」, 『한국현대문학연구』30, 2010. 4를 참조할 것.

을 발휘할 수 있는 공간으로서 매체가 있었기에 가능했다는 점을 무시할 수 없다. 계간지는 단순한 잡지가 아니라 사상을 이끈 원동력이자 메시지 자체였던 것이다.[41]

5. 대중과 대중매체의 문학양식

1960년대 이후 한국 사회가 산업화에 접어들면서 대중의 존재가 구체적인 실체로서 드러난다. 문맹률이 떨어지고 많은 사람이 도시로 몰려들어 한국 사회 전체가 급격하게 재편되는 시기가 1960년대 후반이다. 이촌향도로 서울은 비대해지고 공장마다 값싼 노동력을 제공하는 '공돌이', '공순이'들이 넘쳐났다. 이들은 20세기 초 서구의 대중의 탄생과 유사하게 낮은 교육수준에서 소비할 수 있는 문화를 요구하게 되고, 이에 따라 그들의 요구에 맞는 문화상품들이 생겨난다. 문화 전반에서 1970년대는 한국 현대사회의 대중문화의 기원으로서 평가할 수 있다.

고향을 등지고 와서 닭장 같은 하숙집에서 지내며 공장에서 대부분의 시간을 보내는 이들에게 일요일의 여가거리는 유일한 문화적 혜택이었다. 그들에게 주어진 문화란 영화, 트로트 음악, 그리고 값싼 주간지가 있었다. 그리고 대학생이 늘어나면서 대학생에 대한 기대치가 낮아지고 수준 낮은 대학생들이 생겨난다. 이들 역시 주간지의 주된 소비층이었다. 주간지 『선데이서울』은 1970-80년대 대

---

41) 1970년대 이후 오랫동안 『창비』와 『문지』가 주도한 한국문학계는 비판에 직면한다. 황종연 외, 『『문학과지성』 비판』, 지평, 1987에서 보듯 어느 순간 『창비』와 『문지』가 문학적 카르텔을 구성하여 거대한 문단권력으로 자리잡은 것처럼 보였기 때문이다.

중문화의 대명사로 자리 잡는다. 주간지의 내용은 주지하다시피 매우 선정적이며, 불손하다. 특히 성의 문제에 있어서는 여성을 남성의 욕망의 대상으로 타자화하며 가부장적 이데올로기를 생산하는 부정적인 면모를 여지없이 드러낸다. 그럼에도 불구하고 주간지는 대중의 솔직한 욕망을 드러내는 매개체였다. 주간지는 지배 담론과 대중의 현실적 욕망이 충돌하는 가장 역동적인 매체 중 하나이다. 권력에 순응해야 하는 대중주체와 그 와중에서 권력의 외부에 존재하는 욕망을 분출하는 양상이 하나의 매체 속에서 생산된 것이다.

대중매체를 통해서 우리는 그 시대가 담고 있는 욕망의 충돌을 읽어낼 필요가 있다. 『선데이서울』이 한국 주간지의 시초는 아니지만 한국 주간지를 대표하는 것은 분명하다. 대중 주간지는 처음부터 논란의 대상이었다. 대중오락 잡지를 표방한 주간지는 곧장 음란, 외설 논란에 시달렸다. 대학생들은 주간지를 불태우면서 불매운동을 펼쳤고, 국가의 검열제도는 실질적으로 위협을 가했다. 1969년 월간지 『아리랑』과 『인기』가 검찰에 기소되는 상황에서 주간지의 선정성은 1970년대 내내 검열의 최대치를 시험해왔다. 창고라는 어원에서도 짐작 하듯이, 잡지magazine란 읽을거리가 가득 쌓여 있는 텍스트의 보고寶庫이다. 잡지는 신문에 비해 양과 깊이에서 훨씬 더 요긴한 읽을거리를 품고 있다. 월간지나 계간지의 수준 높은 정보는 지식인의 요구에 부응한 결과이다. 그런데 1970년대에 태동한 주간지는 어떠했을까. 『선데이서울』을 위시한 대중주간지는 고담준론은커녕 한번 읽고 버려도 무방한 기사, 사상의 아카이브가 될 수 없는 통속적 글로만 채워져 있다. 그래서 주간지에는 대중의 다양한 욕망들이 혼란스럽게 뒤섞여 있는 듯이 보인다. 대중은 주간지가 그려내는 값싼 판타지를 소비하며 일상 속에서 허름한 정체성을 확인하고 동질감에 안도한다. 주간지는 '선데이'의 가벼운 유흥 이상을 벗어나지 않았지만, 이것이 대중문화에서는 핵심적인 사건이 된다. 주간지보다 대중의 정체성을 더 잘 보여줄 수 있는 매체가 있을까. 이미 화보가 다 뜯겨 나간 『선데이서울』을 사료史料로서 넘겨보는 이유는 그 속에서 1970년대를 살아온 대중의 정체와 욕망을 짚을 수 있기 때문이다.

『선데이서울』, 『일간스포츠』 등의 대중매체에는 대중의 요구에 부합하는 문학양식을 생산한다. 만화소설로 명명된 만화 「임꺽정」과 장편소설掌篇小說 『바보들의 행진』이 그 예이다. 이들은 수준높은 소설의 양식과는 거리가 있는 서사양식이지만, 소설이 가진 의의를 자신의 양식 내에서 전유하고자 했다. 만화소설은 수준 높은 읽을거리로서 소설에 버금가는 질적인 성과를 이루어냈음을 자부했다. 장편소설掌篇小說 또한 장편長篇 못지않은 서사의 구성을 갖춤으로써 대중은 다양한 서사를 소비할 수 있게 되었다. 때로는 소설이라는 규범을 포기하고 형식적인 자유로움은 물론, 연재과정과 독자와의 소통에서 서사적 장치를 허무는 유사소설로서의 '유호시리즈'도 볼 수 있다.42)

---

42) '만화소설', '장편소설(掌篇小說)', '유호시리즈' 등의 장르는 1970년대 대중성을 가장 잘 보여주는 유사문학장르의 성격을 지닌다. 이는 대중성의 다층적인 성격을 드러내는 한편, 대중이 지배와 저항이라는 이분법적인 대립항에 놓인 것이 아니라, 자발적이고 생산적인 문화주체로서의 성격을 증명하는 사례이다. 김성환, 「1970년대 대중 서사의 전략적 변화」, 『현대문학의 연구』 51집, 2013. 10 참조.

유사소설을 표방한 대중서사에는 지배이데올로기의 힘과 대중의 통속적 열망이 한데 어우러져 있다. 대중서사에는 권력이 직접 작용한 흔적이 남아 있다. 그러나 그 사이로 통속적인 관음증적인 시선이 개입한다. 이 시선을 통해 여성을 대상화하고, 성애에 초점을 맞추면서 통속적인 흥미를 발생시킨다. 그리고 서술자가 독자와 직접소통하면서부터 대중서사는 대중의 리터러시literacy를 확인하고 유통시키는 역할을 맡기도 한다. 서술자가 돌출하여 발화하는 대중서사의 양식에는 지배적 권력의 힘과 관음적인 대중의 시선, 그리고 그를 통해 구성되는 대중의 감성과 지식 수준 등이 혼성적으로 내재해 있다.

대중서사가 실제 현실을 서사 속으로 들여올 때 그 효과는 독자와의 소통을 강화하고 흥미를 유발시킨다. 그 현실 속에는 1970년대의 시대적 상황이 포함된다. 대중서사의 고유한 서술방식을 활용하여 사회 현실의 문제점을 확인하고, 그에 대한 저항과 풍자를 드러냈던 것이다. 대중서사가 소설 장르의 반듯한 형식을 포기하고 유사소설로 일탈한 듯이 보이지만, 이를 통해 대중과 소통할 수 있는 형식을 만듦은 물론, 대중서사 고유한 의미화 체계를 구축할 수 있었다.

Ⅳ. 결론 : 현대사회의 문학의 조건과 역할

우리의 삶에서 문학이 차지하는 비중은 얼마나 될 것인가. 개인마다 다르겠지만, 갈수록 그 비중이 줄어드는 것은 어쩔 수 없는 현실이다. 예전처럼 문학을 통해 세상을 사유하고 진리를 탐구한다는 말은 허언처럼 들린다. 이는 탈근대성의 증거로 비쳐 문학의 종언을 말하는 근거가 되기도 한다. 하지만 문학의 종언은 근대문학의 종언일 뿐, 문학이 가진 고유한 인식의 기능은 사라지지 않는다. 시대가 변하면서 문학의 양상은 달라졌으며, 현재의 세계사적 변화 속에서 문학의 양식과 역할도 함께 변화하는 중이다. 그렇다면 문학의 무엇이 변하고 있는가.

이에 답하기 위해, 이 글에서는 문학의 조건으로 공간과 매체에 주목했다. 지난 세기 세계를 지배했던 근대성은 억압과 위계화라는 함정을 남겨놓았다. 이를 극복하는 일이 탈근대화라고 말하는 것이 가능하다. 단지 모든 것을 없애버리는 세기말적 종말이 아니라 과거의 부정성을 극복하고 새로운 인식의 지평을 여는 것, 그것이 우리가 직면한 역사적 과제이며, 동시에 문학이 지향해야 할 전망이다. 위계화된 질서를 평등하고 민주적인 연대로 만드는 일은 정치적인 것에만 머물지 않는다. 인간의 고유한 지적 활동의 하나인 문학 앞에도 이 엄중한 과제가 놓여 있다. 다양한 주체의 수평적 네트워크가 가능했던 중세에 비유하여 '신중세론'을 말하는 것도 이 때문이다.

새로운 세계를 만들기 위해서 로컬 공간의 이해는 필수적이다. 무엇이 우리의 공간을 재편했으며, 그 속의 억압과 모순이 무엇인지를 찾기 위한 여정은 문학에서 뚜렷이 드러난다. 식민지의 한계를 경험했던 작가 이상과 산업화의 문제점을 몸소 체험한 이문구, 조세희 등의 문학적 성취는 공간의 이해에서 출발한 것이다. 20세기 후반의 억압적 공간에 대해 심청과 리나의 상상력은 우리에게 시사하는 바가 크다. 소설 속 인물들의 모습은 멕시코의 작은 지역에서 일어난 사파티스타 민족해방군EZLN을 떠올리게 한다. 그들은 세계화로 황폐해진 고향에서 원주민 공동체의 사회를 꿈꾼다. 그곳에는 억압과 차별 대신 평등하고 자율성과 민주성이 동화되는 농촌 공동체의 정의가 있다. 이것이 공상에 그치지 않는 이유는 문학적 상상력이 끊임없이 현실성을 부여하기 때문이다.[43]

이같은 문학적 상상력을 실현하기 위해서 매체의 역할은 더욱 커지고 있다. 한국에 근대적 질서가 들이닥친 이후 매체는 새로운 담론의 모태가 되었다. 이상적인 의사소통이 가능한 해방 공론장을 위한 노력은 지금도 진행 중이다. 문학의 매체는 끊임없이 자기 갱신을 통해 새로운 문학장을 열어나갔다. 한때 저항의 매체였다가 저항성을 상실한 언론 매체, 그리고 인정투쟁의 위한 신세대 매체로서의 계간지는 변증법적인 발전을 거듭하며 현재의 문학적 공론장을 만들어 냈다. 그리고 대중성이 화두가 된 시기, 대중이 선택한 매체는 대중성을 증명할 문학적 실험에 돌입한다. 20세기의 테크놀로지가 만들어 놓은 새로운 매체가 항상 긍정적인 것만은 아니다 퇴행과 변질을 반복하며, 때로는 우리 사회의 어두운 면을 보여주는 것이 매체이기도 하다. 한창 사람들의 입에 오르내리는 인터넷 커뮤니티의 폭력성을 보면서 우리는 다시금 매체의 기능에 대해 생각하지 않을 수 없다. 중요한 것은 과도한 정보와 여과의 실패를 혼

---

43) 김미경, 「멕시코 치아파스주 사파티스타 봉기와 글로컬 대안 연대」, 『포섭과 저항의 로컬리티』(부산대학교 한국민족문화연구소 편), 2013 참조.

동해서는 안 된다는 점이다. 유효한 정보를 걸러내고 생산적인 기능을 회복할 때 긍정적인 대중성은 실현될 수 있다.

인문학은 현대사회의 문제를 푸는 키워드이다. 그 중 문학은 고유한 상상력으로 그 해결의 실마리를 제공하고 인식의 지평을 열어나간다. 한국문학사의 공간과 매체의 조건 속에서 이 과제에 도전해왔으며, 이는 지속될 것이다.

참고문헌

국내논저

강영숙, 『리나』, 랜덤하우스코리아, 2006.

권성우, 「60년대 비평 문학의 세대론적 전략과 새로운 목소리」, 『1960년대 문학연구』(문학사와비평연구회 편), 예하, 1993.

권영민, 『이상 문학의 비밀 13』, 민음사, 2012.

김균, 정연규, 『맥루언을 읽는다』, 궁리, 2006.

김미경, 「멕시코 치아파스주 사파티스타 봉기와 글로컬 대안 연대」, 『포섭과 저항의 로컬리티』(부산대학교 한국민족문화연구소 편), 2013.

김성환, 「1970년대 대중소설에 나타난 욕망 구조 연구」, 서울대학교 박사학위논문, 2009.

김성환, 「1960-70년대 계간지의 형성과정과 특성 연구」, 『한국현대문학연구』 30집, 2010. 4.

김성환, 「1970년대 대중 서사의 전략적 변화」, 『현대문학의 연구』51집, 2013. 10.

김윤식, 『이상 연구』, 문학사상사, 1987.

김윤식·정호웅, 『한국소설사』, 문학동네, 2000.

류지석, 「로컬리톨로지를 위한 시론 : 로컬, 로컬리티, 로컬리톨로지」, 『로컬리티, 인문학의 새로운 지평』(부산대학교 한국민족문화연구소 편), 혜안, 2009.

손석춘, 『한국 공론장의 구조변동』, 커뮤니케이션북스, 2005

오창은, 「1960년대 도시 하위주체의 저항적 성격에 관한 연구 : 이문구의 도시 소설을 중심으로」, 『상허학보』 12집, 2004. 2.

이상봉, 「탈근대, 공간의 재영역화와 로컬·로컬리티」, 『로컬리티, 인문학의 새로운 지평』(부산대학교 한국민족문화연구소 편), 혜안, 2009.

이봉범, 「8·15 해 방후 신문의 문화적 기능과 신문소설」, 『한국문학연구』 42집, 2012. 6.

이재은, 「틈 : 지금, 여기 소공동 112 번지」, 『현대미술학 논문집』 제14호, 2010. 12.

장희권, 「문화연구와 로컬리티 : 실천과 소통의 지역인문학 모색」, 『로컬리티, 인문학의
　　　새로운 지평』(부산대학교 한국민족문화연구소 편), 혜안, 2009.
장희권, 「근대의 도시공간과 사유방식」, 『로컬의 문화지형』(부산대학교 한국민족문화연
　　　구소 편), 혜안, 2010.
황국명 외, 『『문학과지성』 비판』, 지평, 1987.
황석영, 『심청』, 문학동네, 2003.

국외논저

베네딕트 앤더슨, 『민족주의의 기원과 전파』(윤형숙 역), 사회비평사, 1991.
발터 벤야민, 『아케이드 프로젝트1, 2』(조형준 역), 새물결, 2006.
미셸 푸코, 『말과 사물』(이광래 역), 민음사 1987.
위르겐 하버마스, 『공론장의 구조변동』(한승완 역), 나남, 2001.
앙리 르페브르, 『공간의 생산』(양영란 역), 에코리브르, 2011.
마셜 맥루언, 『미디어의 이해』(김상호 역), 커뮤니케이션북스, 2012.
다카시 후지타니, 『화려한 군주 : 근대 일본의 권력과 국가의례』(한석정 역), 이상, 2003.
조지 리츠, 『맥도날드 그리고 맥도날드화―유토피아인가, 디스토피아인가』(김종덕 역),
　　　시유시, 1999.
슬라보예 지젝, 『이데올로기라는 숭고한 대상』(이수련 역), 인간사랑, 2002.
Mark Bevir, *Governance : A very short introduction*, Oxford University Press, 2013.
Terry Eagleton, *The idea of Culture*, blackwell, 2000.

인터넷 자료

http://en.wikipedia.org/wiki/Governance (2014. 5. 28)

언어의 근대성과 식민성[1] ●●●
한국어를 통해

I. 들어가기

지금 사용하는 '한국어'와 100년 전의 한국어는 얼마나 다를까. 그리고 지금 우리가 언어를 바라보는 시각과 100년 전에 언어를 바라보는 시각에는 어떤 차이가 있을까. 만약 어떤 차이가 있다면 그러한 차이가 생기는 데는 어떤 요인들이 작용했을까.

지금 우리는 문자는 표음문자가 표의문자보다 더 우수하다는 의식이 내면에 들어있다. 또한 크게 의식하지 않고 글을 쓰는데 거기에는 서구적 언어 규범이 녹아 있다. 이를테면 100년 이전의 글쓰기에서는 띄어쓰기가 없었지만 지금 우리는 자연스럽게 띄어쓰기를 하면서 글을 쓴다든가, 가로로 글쓰기, 한글맞춤법과 같은 규범에 따라 글쓰기 등 다음의 예에서 볼 수 있듯이 약 100년 사이에 우리

---

[1] 이 글은 서민정의 「주변부 국어학의 재발견을 위한 이 극로 연구」(2009, 우리말 연구 25), 「한국어 문법 형성기에 반영된 서구 중심적 관점」(2010, 한글 288), 「훈민정음 서문의 두 가지 번역—15세기와 20세기」(2011, 『코기토』 69), 「"글자"에 대한 인식의 변화와 문화 번역—『훈민정음』(1446)과 『글자의 혁명』(1947)을 바탕으로—」(2011, 우리말글 29), 「20C전반기 한국어문 변화에 영향을 준 외부적 요인」(2013, 우리말연구33)의 예문과 논지를 책의 성격에 따라 부분적으로 인용되었음을 밝혀둔다.

는 글쓰기 방식이 많이 달라졌다.

(1)
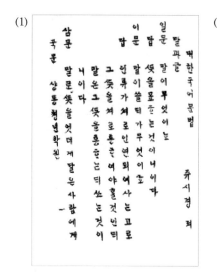

(2)

위의 (1)은 1906년 주시경 선생이 지은 『대한국어문법』이고, (2)는 1946년 정렬모 선생이 지은 『신편고등국어문법』 서문의 일부분이다. 이 둘은 시간상으로는 40여년 정도의 차이가 있는데 실제 글쓰기 방식에서 변화는 아주 크다. (2)의 정렬모 선생의 글의 글쓰기 방식은 세로쓰기에서 가로쓰기로 바뀌었고, 띄어쓰기를 하지 않던 것에서 띄어쓰기를 하게 되었다. 그리고 최근의 글쓰기와 비교했을 때 (1)은 차이가 많으나 (2)는 거의 일치한다. 이러한 변화를 통해 윗글 사이에 글쓰기 규범이 '한문'의 영향에서 '서구언어'의 영향으로 바뀌었음을 확인할 수 있다. 즉 봉건 질서의 몰락과 함께 '한자'의 언어적 지배력이 상실되고 '한문'에서의 독립을 천명한 19세기 말에는 나라의 '문자'로 어떤 '문자'를 선택할 것인가의 문제에서 서구적 언어 규범을 받아들인 것이다.

19세기 말 개화기와 20세기 전반기 식민기를 거치면서 한편으로는 '한국어와 한글'에 대한 강한 애착과 자부심을 느끼는 것으로, 다른 한편으로는 '서구 언어와 언어 규범'을 이상적으로 생각하게 되는 양면성을 가지게 되었다.

거칠게 말해서 세계 역사에서 서구가 주도권을 잡게 된 것은 이른바 '근대성'을 통한 것이라고 한다. 또한 근대 사회에 도달하는 방식 또한 달라서 서구의 근대화, 이슬람의 근대화, 일본의 근대화가 다르고, 한국의 근대화도 다르다. 가라타니 고진은 『일본 근대문학의 기원』이라는 책에서 이른바 '근대성'이 근대성이 먼저 발전한 유럽이라는 중심부가 아닌 일본이라는 주변부에서 받아들여지는 과정을 관찰함으로서 근대성이 무엇인지를 탐구하고 있다.

그렇다면 한국의 근대성은 어떻게 말하고 찾아볼 것인가. 한국의 근대성을 가장 명확히 보여주는 것은 '언어'이다. 독일 사학자인 코젤렉은 유럽의 전통사회로부터 근대사회로의 대전환기에 언어혁명이 있었고, 이 언어혁명을 통해 유럽사회가 더욱 빠른 속도로 근대화되었다고 지적한 바 있다. 한국어의 급변도 이러한 코젤렉의 지적과 맥이 닿아 있다고 할 수 있다. 그리고 이런 관점에서 언어를 들여다보면 근대성의 또 다른 측면인 '식민성'도 함께 볼 수 있을 것이다.

Ⅱ. 문자에 반영된 시대

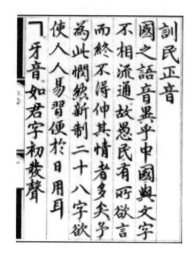 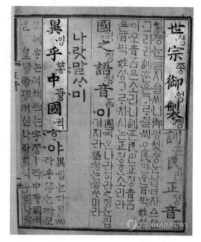

〈15세기 한자와 훈민정음〉

알려진 바와 같이, 1443년 창제된 훈민정음은 아래의 예에서 볼 수 있듯이, 한자의 기본 형태가 반영되어 한자와 어우러져 사용될 수 있게 제안되어 있다.

1947년 최현배 선생은 『글자의 혁명』에서 다음과 같은 글자를 제안했다. 이 글자는 훈민정음과 달리 널리 사용되지는 않았지만, 이 시기에 모델이 되는 글자가 로마자라는 사실은 충분히 확인할 수 있다.

〈20세기 알파벳과 새로 제안된 글자〉

조금 비약적이기는 하지만, 위의 〈15세기의 문자〉와 〈20세기의 문자〉를 통해서 '문자'와 당대의 언어문화적 요소와의 관계를 고려할 수 있음을 확인할 수 있다. 표음문자였던 한글이 한문에 비해 선호되었던 것은 서양의 알파벳 문자라는 모델이 있었기에 가능한 일이었다. 그리고 띄어쓰기와 구두점 등도 영어와 일본어에 영향을 받았음은 주지의 사실이다.

이러한 변화는 이 시기의 글쓰기 규범에서 '한문'의 영향에서 '서구 언어적'인 모습으로 바뀌었음을 확인할 수 있는 부분이다. 즉 봉건 질서의 몰락과 함께 '한자'의 언어적 지배력이 상실되고 '한문'에서의 독립을 천명한 19세기 말에는 나라의 '문자'로 어떤 '문자'를 선택할 것인가의 문제에서 서구적 언어 규범을 받아들인 것이다.

훈민정음 창제 당시의 세종실록과 여러 문헌 자료를 검토하여 '훈민정음' 창제 당시, 훈민정음이 '글자'로서 대접받지 못했음은 알려져 있는데, 그것은 그 시대가 요구하는 '글자'의 기준에 따른 것이었다. 그리고 20C에 들어오면서 '훈민정음'이 새롭게 조명받은 것은 새로운 시대의 가치 기준에 의한 것이었다. 즉 19C 말~20C 중엽을 거치면서 '언어'에 대한 인식은 한편으로는 '우리말/글'에 대한 강한 애착과 자부심으로, 다른 한편으로는 '서구적 언어 규범'을 이상적으로 생각하게 되는 양면성을 가지게 되었는데, 그러한 인식에 따라 '훈민정음'이 새롭게 조명받게 되었다.

이와 같이 '음성의 보조적 수단'으로서의 가치로서만 파악해온 글자에 시대적 가치나 문화적 영향 관계가 들어있다는 점을 확인할 수 있다. 최근에 문자메시지나 이메일과 같이 문자에 대한 요구가 많아지면서 이모티콘의 사용과 같이 문자에 의미를 담기 위한 노력들이 많아지는 것은, 다시 문자의 기능에 '의미' 전달이 좀더 주목받는 것은 아닐까?

III. 일제강점기의 '한국어'

근대 이후 '언어'는 소통의 수단이자 단절의 출발이라고 할 수 있다. 한글의 경우 공식문서에서 사용된 역사는 1백여 년 정도이다. 뿐만 아니라 우리가 지금 쓰고 있는 단어들은 어떤 면에서는 대개 1백년 안팎의 수명을 가지고 있을 따름이다. 더구나 불과 1백년 전의 한글로 된 문장을 이해하려면 따로 해석이 필요할 만큼 지금과는 다르다.

19C말 '언문'의 위치에서 '국문'의 위치에 이른 조선어는 '국문연

구소'의 설립과 같은 국가적 지원 속에서 조선어의 '어휘'나 '어문' 등이 연구의 대상이 되면서 '사전 편찬'이나 '어문 정리'의 필요성을 인식하기 시작했다. 그러나 1910년 국권의 상실은 겨우 '국문'의 자리에 오른 '조선어'를 다시 주변어의 위치로 몰아버렸고, 이러한 역사적 상황에서 식민지 조선의 지식인들 특히 어문학자들은 '사전 편찬'과 '조선어의 규범화'를 통해 '조선어'의 '국어 되기'를 이루려 하였다.

근대 제국주의의 언어 정책은 자국의 '국어'의 형성, 그와 관련하여 공용어 혹은 '표준어'의 확정 그리고 표준어를 규범화한 사전의 편찬과 관련된다. 이것은 식민지의 언어 정책에서도 비슷하게 적용되어 식민지 언어의 표준화와 사전 편찬을 시도하게 되는데, 그것은 식민지 통치의 편의성을 위한 것이었다.

이와 같이 지배국과 피지배국 관계라는 상반된 입장이었지만 '사전 편찬'과 '어문 정리'라는 영역에서 합의를 이루며 조선어의 국어 되기는 진행되었다. 즉 아이러니하게도 식민지였던 조선은 제국주의의 지배를 벗어나고자 하면서 제국주의의 언어 정책과 맥이 닿아 있기도 했다.

조선어에 대한 체계적인 연구 및 보급은 국권상실 이후 더 활발하였는데, 조선어의 정리와 규범화는 식민지를 통치하기 위해서는 식민지 언어에 대한 연구나 이해는 당연히 수반되어야 하는 것이었기 때문애 조선을 식민지로 만든 일본에서도 필요했다. 그러한 입장에서 조선총독부에서는 1912년 <보통학교용언문철자법>을 발표하였고, 식민지 지식인들이 조선어문의 연구와 통일, 그리고 강습회와 조선어 정리, 조선어사전 편찬 등에 많은 관심과 노력을 보였는데 대표적인 것이 조선어학회였다. 1929년 10월 조선어학회에서는 사전편찬회를 조직하고 사전 편찬을 위해 철자법, 표준어, 그리고 외래어 표기법을 제정하고자 했다.

조선어학회에서 주도한 <한글마춤법 통일안>1933은 그 후 조선어 표기법의 중심이 되면서 몇 차례의 수정이 있었다. 국권을 회복한 이후에도 몇 차례의 수정을 거쳐 오늘날 '국어'의 위치에서 사용되고 있는 <한글맞춤법>1988의 모태가 된 표기법으로 어문규범의 역사이자 중요한 규정으로 자리를 잡았다. 이러한 통일안의 제정과 함께 1935년 1월에 사정하기 시작하여 1936년 10월에 완성하여 공표된 <사정한 조선어 표준말 모음>이 채택되기에 이르렀고, 1931년 1월에 시작하여 1938년 원안이 작성되고, 1940년 6월에 결정이 이루어진 후, 1941년 1월에 간행하여 공표된 <외래어표기법통일안>이 만들어짐으로써 어문 규정의 작업은 종료가 되었다.

조선총독부의 '조선관보'의 기사 가운데 1920년에 출판된 '朝鮮語辭典'에 관련된 항목을 중심으로 보면 이 사전을 기획하고 준비하는 단계에서 조선인의 참여가 눈에 띈다. 아래는 '조선관보'에서 조선어사전 편찬에 임명된 직원을 보여주는 것인데, (1)은 1911년으로 조선어 사전 편찬을 위한 초기 단계로 조선어에 관한 조사를 위한 인적 구성을 보여준다. 그리고 (2)는 1914년, (3)은 1918년으로 조사된 어휘항목 등에 대한 심사를 위한 인적 구성을 보여준다. 여기서 (1)에서는 玄櫶, 兪吉濬, 姜華錫, 朴彝陽, 金敦熙, 鄭萬朝 등이, (2)에서는 魚允廸, 森爲三, 宋榮大 등이, (3)에서는 1918년에는 玄櫶, 李完應, 魚允

妲, 鄭丙朝, 鄭萬朝, 玄檃, 金漢睦, 朴宗烈, 尹喜求, 韓永源 등이 조선어 사전 편찬에 관련된 조선인이다.

(1) 제2목 조선어사전 편찬 직원 조선어에 관한 조사

임명	임명 연월일	해임 연월일	관명	씨명
조선어에 관한 조사를 명함	明治 44년(1911) 7월 5일		인사국장	國分象太郎
조선어에 관한 조사를 촉탁함	明治 44년(1911) 7월 5일		取調局 사무관	鹽川一太郎
조선어에 관한 조사를 촉탁함	明治 44년(1911) 7월 5일		取調局 위원	玄檃
조선어에 관한 조사를 촉탁함	明治 44년(1911) 7월 5일		京城府 참사	俞吉濬
조선어에 관한 조사를 촉탁함	明治 44년(1911) 7월 5일			姜華錫
사서편찬	임명 연월일 미상 明治 44년(1911) 11월 현재		取調局 屬	西村洪治
사서편찬 위원	임명 연월일 미상 明治 44년(1911) 11월 현재	大正 9년(1920) 3월31일		朴彛陽
사서편찬 위원	임명 연월일 미상 明治 44년(1911) 11월 현재			金敦熙
사서편찬 위원	임명 연월일 미상 明治 44년(1911) 11월 현재			鄭萬朝

(2) 朝鮮辭書 심사위원

임명	임명 연월일	해임 연월일	관명	씨명
위원장으로 명함	大正 3년(1914) 6월 23일		조선총독부 참사관, 법학박사	秋山雅之竹
위원으로 명함	大正 3년(1914) 6월 23일		구관사무촉탁	國分象太郎
위원으로 명함	大正 3년(1914) 6월 23일		조선총독부 사무관	小田幹治郎
위원으로 명함	大正 3년(1914) 6월 23일		조선총독부 醫院醫官	神岡一亨
위원으로 명함	大正 3년(1914) 6월 23일		경성여자고등보통학교 教諭	西澤勇志智

임명	임명 연월일	해임 연월일	관명	씨명
위원으로 명함	大正 3년(1914) 6월 23일		경성중학교 教諭	佐佐木憲護
위원으로 명함	大正 3년(1914) 6월 23일		경성고등보통학교 教諭	小倉進平
위원으로 명함	大正 3년(1914) 6월 23일		구관조사사무 촉탁	川上立一郎
위원으로 명함	大正 3년(1914) 6월 23일		구관조사사무 촉탁	魚允迪
위원으로 명함	大正 3년(1914) 6월 23일		경성고등보통학교 教諭	森爲三
委員附를 명함	大正 3년(1914) 6월 25일		견습	渡邊兼志
조선어사전편찬 사무담임을 명함	大正 6년(1914) 10월 11일		촉탁	宋榮大

(3) 조선어사전 심사위원

임명	임명 연월일	해임 연월일	관명	씨명
위원을 명함	大正 7년(1918) 1월 7일	大正 9년(1920) 3월 31일 완결까지	조선총독부 사무관	小田幹治郞
위원을 명함	大正 7년(1918) 1월 7일		조선총독부 통역관	新庄順貞
위원을 명함	大正 7년(1918) 1월 7일		조선총독부 통역관	陶山武二郎
위원을 촉탁함	大正 7년(1918) 1월 7일		조선총독부 재판소 통역관	高島五八
위원을 촉탁함	大正 7년(1918) 1월 7일		조선총독부 재판소 통역관	淸水三男
위원을 촉탁함	大正 7년(1918) 1월 7일		경성의학전문학교 교수	小倉進平
위원을 촉탁함	大正 7년(1918) 1월 7일		경성여자고등보통학교 교유	玄櫶
위원을 촉탁함	大正 7년(1918) 1월 7일		경성고등보통학교 교유	李完應
위원을 촉탁함	大正 7년(1918) 1월 7일		조선총독부 中樞院 부찬의	魚允迪
위원을 촉탁함	大正 7년(1918) 1월 7일	大正 7년(1918) 12월 31일	조선총독부 中樞院 부찬의	鄭丙朝
위원을 촉탁함	大正 7년(1918) 1월 7일			鄭萬朝
위원을 촉탁함	大正 7년(1918) 1월 7일	大正 7년(1918) 12월 31일		玄檃

임명	임명 연월일	해임 연월일	관명	씨명
위원을 촉탁함	大正 7년(1918) 1월 7일	大正 7년(1918) 12월 31일		金漢睦
위원을 촉탁함	大正 7년(1918) 1월 7일	大正 7년(1918) 12월 31일		朴宗烈
위원을 촉탁함	大正 7년(1918) 1월 7일			尹喜求
위원을 촉탁함	大正 7년(1918) 1월 7일	大正 7년(1918) 12월 31일		韓永源

한편 <1933. 1. 23. 동광40호>의 논설로 실린 김윤경의 「最近의
한글運動, 朝鮮文字의 歷史的 考察(18)」에서 보면 총독부의 철자개정에
참여한 학자들을 확인할 수 있다.

(4)²⁾(밑줄은 글쓴이가 표시한 것임)

… 啓明俱樂部(京城)에서는 同年(丁卯) 6月 붙어 朝鮮語辭典 編纂을
시작하게 되엇습니다. 이는 10數年前에 崔南善氏가 『朝鮮光文會』(古
書刊行事業)를 이르키어 經營하던 때에 <u>周時經, 金枓奉, 權悳奎, 李奎榮
諸氏가 『말모이』(辭典)를 編纂하기 시작하엿던</u> 바 啓明俱樂部에서 그
원안을 받아다가 그것에 토대하여 다시 계속하기로 된 것입니다.
(중략) 爾來 李克魯氏가 중심이 되어 朝鮮語學會는 물론, 기타 各 方
面 專門家의 분담 집필로 편찬이 계속되는 중입니다. 朝鮮語에 관한
外語 對譯의 사전은 이미 70여 년전에 그 기원을 찾게 됩니다. 즉 佛
人宣教師 포데이유氏는 10年間 연구로 西曆 1860年에 韓語文典과 래틴
漢韓字彙를 저술한 바 래틴語 3萬, 韓語 10萬을 모앗고 佛人 캐쓰트
(Cast)氏는 西曆 1881年에 佛文韓文典과 佛韓字典을 出版하엿고 (巴里에
서) 又 佛人 안主教는 淸韓佛字典을 저술하엿고 佛人 權主教는 佛韓字
典을 著述하엿고 英人 宣教師 언더움氏는 西曆 1890年에 橫濱에서 韓

---

2) http://db.history.go.kr(국사편찬위원회 한국사데이터베이스)

英字典을 출판하엿고 英人 宣敎師 께일 博士는 辭課指南을 짓고 또 西曆 1897年에 橫濱에서 韓英字典을 출판하엿으며 總督府에서는<14> 大正 9年(西曆1920) 3月에 朝鮮語辭典(日本文繙譯)을 출판하엿습니다. 그러하나 조선말로 해석된 朝鮮語辭典은 아직까지 나지 못한 것입니다.

(중략)

그러하나 敎科書는 여전히 明治 45年(西曆 1912) 4月에 總督府에서 규정한 철자법 그대로 잇기 때문에 불편이 막심하엿습니다. 그리하여 己巳年(西曆 1929) 2月初에 京城內 中等漢文及朝鮮語敎員會에서『新編朝鮮語及漢文讀本改編要望件』이란 長書를 總督府 編輯課에 제출하고 그 改定을 교섭하엿습니다. 또한 그 다음해(庚午) 6月 28日에는 女子中等學校 朝鮮語敎員會에서도 『女子高等朝鮮語讀本改編要望件』을 결의하여 가지고 市內 中等學校長會議를 통하여 男女中等學校 朝鮮語敎員會의 決議案을 합하여 가지고 다시 學務當局에 청원한 일이 잇습니다.

(중략)

그리하여 昭和 3年(西曆 1928) 9月初에 學務局에서는 視學官 玄櫶 編輯課의 田島, 李元圭 諸氏도 하여금 在來의 普通學校 讀本을 개정할 기초안을 만들게 하고 그 뒤 다시 京城師範學校 敎師 沈宜麟 第二高等普通學校 敎師 朴永斌 京城壽松洞普通學校 訓導 朴勝斗, 京城進明女子高等普通學校 敎師 李世楨 諸氏를 모아 그 기초안에 대한 의견을 들어 그 의견대로 원안을 만들게 하엿습니다. 그리하고 다시 민간의 권위잇는 학자들을 모아 審議委員會를 조직하여 그 원안을 다시 토의하게 하고 그 결의대로 채용하기로 하엿습니다. 그리하여 그 다음해 (昭和4年 西曆 1929) 5月 22日에 다음과 같이 민간학자를 섞은 審議委員을 발표하엿습니다.

　西村眞太郎 (總督府 通譯官)

　張志映 (朝鮮日報社 地方部長)

李完應 (朝鮮語研究會長)

李世楨 (進明女子高等普通學校 敎員)

小倉進平 (京城帝國大學 敎授)

高橋亨 (右同)＜15＞

田中德太郎 (總督府 通譯官)

藤波義貫 (右同)

權悳奎 (中央高等普通學校 敎員)

鄭烈模 (中東學校 敎員)

崔鉉培 (延禧專門學校 敎授)

金尙會 (每日申報 編輯局長)

申明均 (朝鮮敎育協會 理事)

沈宜麟 (京城師範學校附屬普通學校 訓導)

이 위원회에서는 여러번 모이어 討議한 結果 同年(西曆 1929) 6月에야 확정하게 되엇습니다. 그리하여 그 이듬해 (昭和 5年, 西曆 1930) 2月에 다음과 같이 신철자법을 발표하여 그 해 4月부터 普通學校 第1學年 교과서를 그대로 개정하여 쓰기 시작하엿습니다. 그리고 그 다음 해마다 한 학년치씩 개정하여 나아가기로 되엇습니다.

위의 김윤경의 글을 바탕으로 보면, 1929년 조선총독부 학무국에서 민간의 학자들을 모아 '심의위원회'를 구성하였다는 것을 알 수 있으며, 그 심의위원회의 위원이 1914년 '말모이'의 편찬에 참여하기도 하였고, 언문철자법 구성에 관여하였거나, 조선어 연구에 깊이 관련된 인물 중심이라는 것을 알 수 있다. 따라서 『조선어사전』1920의 편찬이나 조선총독부의 언문철자법 개정에서 참여 비중은 정확히 알 수는 없다고 하더라도 조선인이 어느 정도는 참여했음을 확인할 수 있다. 그리고 여기에 참여한 조선인이 한국어 규범이나 연구에 영향력이 있었음을 전제한다면, 식민정책이 한국어 변화에 미친 영향에 대해서도 배제하기 힘들다.

이와 같이 '지배'와 '피지배'의 관계에서 지배와 피지배 당사자들의 의식과 상관없이 일단 피지배 언어의 사용이나 활성화는 지배에 대해 '저항'이 되는 것이며, 지배 당사자 입장에서 피지배 언어에 대한 조사나 연구는 지배 당사자의 이데올로기와 배치되는 것이다.

한편 지배 언어로 피지배 언어를 동화시키거나, 지배자의 입장에서 피지배자를 통치하기 위해서는 결국 언어의 '통일'이 선행될 수밖에 없다. 그러면 지배 언어로 바로 통일한다는 것이 무리가 따른다면, 결국 피지배언어의 '통일' 혹은 규범화는 결국 지배 언어로의 동화를 위한 선행작업이라는 해석이 가능하다. 결국 이 시기의 '조선어'의 규범화와 연구는, 피지배자 입장에서는 피지배언어의 보호 혹은 옹호를 위하여, 지배자 입장에서는 궁극적인 지배언어로의 동화를 위한 선행 작업으로서의 작업이라는 양 극단의 목적에 따른 불편한 '협력'과 '저항'의 결과로 설명할 수 있다.

이러한 어문 규정들은 조선어의 국어 되기를 위한 과정에서 나온 것으로 조선어의 국어 되기에 바탕이 되었다고 하더라도 서울말을 중심언어로, 지방의 말은 주변언어로 인식하게 하는 출발이 되었다는 점에서 근대 '국어' 형성에 수반된 언어적 이데올로기 문제가 다른 양상으로 여전히 남아 있게 되었다.

Ⅳ. 언어에 반영된 이데올로기

알려진 바와 같이, 언어의 가장 기본적인 기능은 '의사소통의 기능'이다. 그리고 야콥슨R.Jacobson, 1896~1982이 말하는 언어의 여섯 가지 기능은 '지시적, 표출적, 시적, 정보적, 친교적, 메타언어적' 기능이다. 이런 것들만 보면 언어는 들을이를 전제로 자신의 생각을 표현하고 들을이와 정보를 교환하는 수단이다. 그래서 언어 자체만 두고는 '권력'이나 '이데올로기'를 생각할 수는 없을 것 같다.

그러나 언어는 의사소통의 도구이면서 '사고'의 도구이기도 하다. 그리고 사회를 구성하는 말할이들의 생각이나 정신의 반영이 언어이다. 여기서 문제는 사회를 '구성하는 말할이'가 사회에서 어떤 위치를 가지고 있는가 혹은 누구인가에 따라 언어가 확연히 달라지는 것이다. 그래서 언어는 사고의 도구라는 측면에서는 '이데올로기'와, 언어의 사회성의 측면에서는 '권력'과 맞닿아 있다. 언어가 대중이 사용하는 것임에는 틀림이 없지만 언어 스스로가 제약을 가지고 그 제약에 이데올로기나 권력이 개입되면, 언어가 결국 이데올로기를, 그리고 권력을 가지게 되는 것이다. 미국의 사회언어학자인 델 하임즈는 언어 그 자체의 속성을 탐구하는 자율적인 문법구조의 개념 역시 이데올로기적인 것이라고 말한다.

현대사회에서 권력관계는 다양하고 복잡하고 촘촘하게 형성되며, 언어관계에 있어서도 예외는 아니다. 권력의 문제에 대해 독창적인 연구를 한 프랑스의 철학자 미셀 푸코는 권력을, "국가권력뿐 아니라 사회 속에서 다양한 경로와 형태와 제도들을 통해 작동하는 권력까지 모두 포함하는 것"[3])으로 이해한다. 요컨대 권력의 편재성이라 할 수 있는데, 특히 푸코는 권력은 소유되는 것이 아니라 행사되는 것임을 밝힌다. 이는 언어에서 분명해진다. 언어의 사용 없이 권력은 행사되기 어렵다. 언어는 권력 행사의 수단일뿐만 아니라 권력이 행사되는 공간이기도 하다. 그것은 언어의 자연적 속성 자체를 통해서라기보다 권력관계로 의도되는 언어프레임의 의미효과를 통해서이다.(고길섶, 2011, 『민족의 언어와 이데올로기』 (박이정)에서)

근대 이후 '언어'가 추구해 온 것은 '소통'과 '표준보편'이었다. 이것은 국제화, 세계화되는 이 시기에 아주 중요한 것이고, 반드시 이루어야 할 것인 것으로 인식되어 왔다. 근대의 언어 변화 가운데서 가장 큰 변화 중의 하나는 자국어 내지는 민족어에 대한 인식이었다. 조선의 경우는 '식민지'라는 특수한 상황 때문에 언어민족주의를 바탕에 두면서 제국 특히 일본의 제도와 언어규범[4])에 어느 정도 영향을 받아 근대어로 변화되어 갔다.

특히 식민지 시기 조선어를 근대어로 만드는 데 많은 역할을 했던 이극로의 생각을 통해서 이 당시 식민지 지식인들의 의식을 엿볼 수 있을 것이다.

독일에서 박사 학위를 받고 서구의 경험과 민족주의적 사상을 가지고 귀국한 이극로는 국어에 대한 갈망이 강하였다. 특히 '규범화, 통일화, 표준화'에 대한 이극로의 생각은 <조선일보>1935. 7. 8에 투

---

3) 미셸 푸코, 이승철 옮김, 『푸코의 맑스』, 갈무리, 2004, 139쪽.
4) 근대 일본의 언어 제도와 근대화에 대해서는 이연숙(1996) 참조.

고한 그의 글을 통해서 알 수 있다.

> (1) 현대 문명은 모든 것이 다 표준화한다. 철도 궤도의 폭은 세
> 계적으로 공통화하였으며, 작은 쇠못으로부터 큰 기계에 이
> 르기까지 어느 것이나 대소의 호수가 있어 국제적으로 공통
> 된 표준이 없는 것이 없다… 더욱이 한 민족사회 안에서 생
> 각을 서로 통하는 언어에 있어야 통일된 표준이 없지 못할
> 것은 환한 일이다. 그러므로 각 민족은 제 각각 표준어 통일
> 에 노력하였고 또 노력하고 있다.(조선일보, 1936.11.1, 3면,
> ‘표준어 발표에 제하야’)

실제 이극로는 ‘한글맞춤법의 통일안, 표준어 규정’과 같은 어문
규범의 확립과 ‘우리말사전’ 편찬 등에 실질적이고 핵심적인 일을
맡았다. 그리고 이러한 식민지 시기 이루어진 표준어와 국어 규범
화 작업은 식민지 이후에도 계속 강화되고 언어 규범이 법률로 규
정되는데까지 이르게 되었다.

근대적 의미의 ‘국어’라는 개념이 근대 국가에 적합한 언어 규범
을 필요로 하는 어떤 의지들이 만들어낸 가치 대상이라는 논의[5]를
받아들인다면, 우리의 경우 규범화되고 사상화된 ‘국어’라는 개념은
개화기와 일제강점기를 거치면서 형성되었다. 그러나 지금의 우리
가 일제강점기에 그러한 ‘국어’의 형성에 대해 추측하거나 고찰하
는 것은 어려운 부분이 있다. 우리 자신이 그 속에 이미 매몰되어
있기 때문이다. 그러나 북한에서 국어와 국어학의 발전 과정을 통

---

5) 이와 관련하여 이연숙의 『국어라는 사상』을 참조할 수 있다.

해 조금은 객관적인 위치에서 '국어'의 형성을 확인해 볼 수 있다. 즉 '국어'의 형성에 대해서는 권력이나 사상과의 관련성에 대해 생각하지 않는 대부분의 국어학자나 언중들도 북한의 문화어 형성에 대해서는 입장이 달라진다. 그러나 정도의 차이는 있을지 모르겠으나 문화어의 형성과 관련 이론서들의 발전이 근대적 의미의 '국어'가 형성되었던 상황과 크게 다르지 않다. 따라서 북한 국어와 국어학은 근대적 의미의 '국어' 형성에 대해 다른 관점에서 인식하게 하는 좋은 자료가 된다.

1930년대 이후 일제 강점기 국어학 관련 저서의 서문과 북한 국어학 저서의 서문과 비교를 통해 그러한 양상을 확인해 보자.6)

---

6) 아래 제시한 서문이 '국가', '민족', '사상'의 문제를 언급하지 않았다는 점에서 위에서 제시한 서문과 비교된다.
  (1) 안확(1886~1946) 『朝鮮文法』(1917)
     하나. 근일 각 학교에서 교수하는 문법은 개인의 의견에 있거나 지금 널리 쓰지 않는 것을 설명한 것이니 이는 호기적(好奇的) 또는 독단적인 것에 해당할 뿐 아니라 문법의 원리에 반하는 것이라. 본서는 종래의 오류를 비판하고 공중적이고 보편적인 원리에 의하여 지은 것이라.
     하나. 본서는 평이하고 실제적일 것을 주장하며 이론적으로 흐르는 것을 피하여 학자로 하여금 조선어의 일반 지식을 이회(理會)하게 함이라.
     하나. 몇몇 문전에는 사투리를 사용하여 결렬(決裂)되게 하는 경우가 많은지라. 그러나 본서는 경성말의 발음 및 그 아언(雅言)을 표준으로 삼아 그 법칙을 서술하고 동시에 언어 통일을 목적으로 함이라.
     하나. 지식과 진리는 천하의 공유물이라. 근래 혹자는 천하의 공인하는 원리를 사(舍)하고 벽론곡창(僻論曲唱)으로 흐르니 즉, 조선의 특색을 표시한다 하여 비진리 비원칙(非眞理非原則)의 일을 부회(附會)함이 많은지라. 본서는 그러한 곡견궤설(曲見詭說)을 배척하고 문법학, 음성학, 문자학 또는 언어학 등의 원리 원칙을 취하며, 또한 술어에 대하여도 아무쪼록 세상 사람들이 모두 아는 것을 취하노라.
     하나. (재판의 표제) 초판에 있어서는 다소 불충분한 점이 있음을 영오(領悟)함이 있는지라. 고로 합번(合番) 재판(再版)을 할 때는 이를 증정수보(增訂修補)하여 완전함을 취함이라.
  (2) 최현배(1894~1970) 『우리말본(1937)』
     내가 조선말본을 한힌샘스승님께 배호기 비롯은지는 이제로부터 수무해쯤 전이다. 맘껏하시는 한힌샘스승님의 가르침에 숫 되고 시골서자라난 어린맘이 깊은 늣김많과 은 깨침을 받아서 꾸준히 일요강습에 나가아 배호기를 개을리하지 아니하더니; (하략)

(2) 심의린(1894~1951)『중등학교조선어문법』(1936)

진실한 애국자로서 국어를 경시할 자가 없으며, 국어애를 가진 자로 국가애나 민족애를 아니 가진 자는 없을 것이다.

이는 국어란 우리 배달민족 사이에서 우리 국토 안에서 悠久한 역사를 가지고 발달하여 우리 문화의 골육과 혈육이 되고 국민의 생명과 정신이 된 까닭이다.

따라서 글 한구 글자 한자 말 한마디 발음하나 語套 語調가 다 우리 민족 선조 여러분 현철들로부터 유전하여 온 성령이며 遺寶의 모습이다.

(2)에서 보는 바와 같이 1930년대 이후로 나온 문법서들에는 '민족', '국어관', '국가관'을 드러내는 내용이 좀더 많이 포함된다. 한편 북한의 문법서인 『조선어리론문법』1986의 총론에는 김일성과 김정일의 교시를 담고 있다.

(3) 언어학에서도 주체를 세워 우리말을 체계적으로 발전시키며 사람들이 그것을 쓰는데서 민족적 자부심과 긍지를 가지도록 하여야 하겠습니다.(『김일성저작집』 20권, 347쪽)

(4) 우리는 주체사상을 사상리론적, 방법론적 기초로 하여 과학 연구사업을 끊임없이 심화발전시킴으로써 사회과학의 모든 부문을 새로운 연구성과들로 풍부히 하여 나가야 합니다.(『주체사상에 대하여』, 84쪽)

북한에서 나오는 문법서들은 대부분 이러한 모습을 담고 있는데 김동찬의 『조선어실용문법』의 머리말(1~4)에서도 우리 민족은 예로부터 고유한 말과 글을 가지고 있었기 때문에 훌륭한 민족문화를 창조할 수 있었고 민족적 자부심이 높으며 단결력이 강하다는 김일성의 어록을 인용하고 우리말과 같이 훌륭하고 자랑스러운 언어는 달리 찾아보기 어려우며 우리말이 오늘과 같이 자신의 지위를 부각시킨 때는 일찍이 없었다고 강조하였다.

"수령이 위대하고 민족이 위대하여 민족어가 빛난다."라고 할 만큼 우리말에 대해 절대적 가치를 부여하고 있다. 사람들의 언어생활이 민족어의 주체적 발전에 이바지하려면 언어 규범, 특히 문법 규범을 잘 지켜야 한다고 하였는데 그것은 규범을 언어의 생명으로 보기 때문이다. 규범을 지키지 않으면 문장 하나도 제대로 표현할 수 없고 의사소통도 원만하게 수행할 수 없다고 보았다.

그리고 예문 또한 객관적인 자료라기보다는 이념적인 내용을 담고 있는데 이것은 조선총독부에서 발간한 교과서의 예와 다르지 않다. 다음은 북한에서 발간한 문법서에서 제시하고 있는 예이다. 이것과 총독부에서 발간한 교과서의 예와 비교해 보자.

(5) 당의 품속에서 고이 자라는 우리 어린이들(『조선어 실용문법』, 63~110쪽)

(6) 오늘도 남조선에서는 피를 흘리고 있겠지요?(『조선어리론문법』, 33쪽)

(7) 통일하자, 우리 조국을(『조선어리론문법』, 181쪽)

(8) 김동무는 매일 과제를 넘쳐 수행한다.(『조선어학개론』(1983), 384쪽)

다음은 일제 강점기 총독부에서 발간한 교과서인 『간이학교 조선어독본』의 예이다.

(9) 『간이학교 조선어독본 2』(1936)
빨간 것은 떠오르는 朝日의 빛
흰 것은 거품지는 바다의 빛
넓고넓은 천하를 다 비치면서
나라위엄보이는 國旗의 빛

물론 남한에서도 아래의 예에서와 같이 초기에는 이러한 경향이 없지 않았으나 북한의 경우는 지금까지 지속되었다면 남한의 경우는 이러한 양상이 달라졌다는 면에서 구분된다.

(10) 문교부, 『국문독본』(1953)
같은 옷을 입고, 같은 말을 하며 같은 역사를 가진 같은 겨레가 같은 땅터 안에 모이어서 커다란 살림살이를 함께 하고 사는 것을 '나라'라고 합니다.
우리나라는 대한민국입니다.
우리나라는 산도 좋고 물도 좋고, 또 좋은 물건도 많이 나며 사람들도 참 많이 좋습니다.
우리나라는 참 좋은 나라입니다.
우리는 이 좋은 나라의 살림살이를 아무쪼록 잘 하여서 더 좋은 나라를 만들어야 합니다.

북한은 1960년대 후반에 주체적 언어이론이 등장하면서 이론적 성향이 짙은 구조 중심의 문법 연구는 가급적 자제하고 국어교육과 실제의 언어생활에 도움이 되는 방향의 문법 연구를 지향하여 왔다.

북한의 국어학 연구에는 문법의 문제와 문법외적 문제가 꽤 자주 복합적으로 나타나는 점을 볼 수 있다. 예를 들어 존대법의 문제가 예절이나 인간적 풍모와 함께 설명되기도 하고, 어휘 구성 문제가 민족 주체성과 토씨 문제와 다양한 표현 방법 등이 서로 한데 묶여 언급되는 것이 눈에 띈다. 따라서 북한의 국어학은 순수한 학문이 아니라 정치적 목적과 이해관계에 의한 것일 가능성을 배제할 수 없다.

이러한 시각으로 북한의 학문적 수준을 과소평가하겠다는 것이 아니라, 북한에서 '언어'의 역할과 관점을 통해 일제강점기 근대적 의미의 '국어' 형성에 대해 간접적으로 확인할 수 있는 계기가 된다는 것이다.

V. 디아스포라의 관점에서 '국어' 읽기 : 민족과 언어

다음은 『경계에서 만나다』2013, 현암사 중에서 일부를 발췌한 것이다. 인용한 글들은 이른바 디아스포라의 입장에서 '언어', 혹은 '국어'에 대한 경험과 고민을 담고 있다. 이 글들을 통해 우리는 지금까지 언어에 대해 가지고 있던 근대적 관점의 고정관념들이 해체되고, 언어에 대해 열린 시각을 가지기를 기대한다.

서경식(일본, 에세이스트) : 김하일 씨가 한센병 때문에 실명했어요. 1952년에 혀로 점자 읽는 법을 배우기 시작했어요. 그렇게 해서 김하일씨가 열심히 혀로 책을 읽으니까 피가 났지요. 피가 날 정도로 열심히 읽었죠. 이 퍼포먼스를 보면서 그 모습이 생각났던 거죠. '그리고 혀를 피투성이로 만들면서 김하일이 익힌 것은 일본 점자뿐이 아니었다. 그 후 그는 조선어 점자도 같은 방법으로 배웠

다.' 그러니까 재일조선인으로서, 일제시대니까 일본어 밖에 못 배웠고 일본어 밖에 못 읽었죠. 그런데 혀로 일본어 점자를 배운 다음에 혀로 조선어 점자도 배웠다는 거죠. '점자역의 내 나라 조선의 민족사를 오늘도 혀끝이 뜨거워질 때까지 읽었다.' 이것이 김하일 시인의 시입니다. 한센병 재일조선인 환자들은 일본 정부의 강제수용 정책에 대한 저항운동에 앞장서 싸웠습니다. 김하일 선생은 2,3년 전까지 살아계셨고 안타깝게도 군마현 요양소에서 세상을 떠나셨습니다. 그렇듯 재일조선인 한센병 환자가 꽤 많습니다. 그런데 여기서 한센병 환자나 일본의 복지정책이나 식민지 지배 등 그런 이야기를 하고 싶은 것이 아니라 여기에 나타나는 문제는 우리에게 있어서 언어, 문화, 그리고 표현 이런 문제라는 것입니다. 한센병 환자 김하일 선생을 사례를 예로 들어서 말씀을 드렸는데 이 데이비드 강의 퍼포먼스도 문화, 언어문화하고 다른 언어문화가 오가면서 하는 언어행위, 문화행위의 어려움과 고통스러움을 온 몸으로 표현하고 있다고 저는 생각하고 있어요. 그것이 디아스포라가

오늘날 겪어야만 하는 경험 중에 중요한 것 하나다 이렇게 생각하고 있고요. 그래서 소장님도 지적하셨듯이, 재일조선인뿐만 아니라 조선민족이라는 게 뭐냐 할 때 우리는 쉽게 국가나 민족이나 이런 단위로 얘기하지요. 국적이 다르니까. 그러면 우리는 일본인인가, 국적이나 사는 지역으로 나누어 구별해서 분단하는 것이 우리의 삶에 합치된 사고방식이 아닌 것 아닌가 하는 거죠. 우리의 삶을 중심으로 해서, 우리의 삶의 실정으로부터 출발을 해서 새로운 우리란 뭐냐 하는 사고를 여기서부터 시작해야 한다는 것이 그 당시 저의 생각이었습니다.

흔히 저 같은 경우에는 국내에서도 재일조선인인데 왜 그렇게 민족에 구애받느냐 하는 말을 듣게 됩니다. 일본에서는 항상 '저 조선놈이……' 하는 적대감을 느낍니다. 요즘 일본은 미국과의 관계가 안 좋아 적대관계에 놓여 있고요. 또 한국과도 독도문제 뿐만 아니라 역사문제로 항상 대립상태에 있어서 우리에 대한 배척감정을 피부로 느껴요. 그런 역설상황에 있으면서 그러면 우리는 누구냐 기왕 갖고 있는 개념인 국가나 국적이라는 개념으로만 이야기할 수는 없다, 그런 것으로만 이야기하면 안 된다하는 것이 저의 문제의식입니다. 특히나 오늘 언어나 변방에 대해서 이야기 할 때는 국가, 인종, 민족 그런 개념뿐만 아니라 문화에 대해서도 문제 삼아야 한다는 것입니다. 문화라는 것은 언어죠. 어떤 언어로 이야기 하니까 국민이다, 어떤 언어를 못하니까 국민이 아니라는 언어 내셔널리즘, 문화내셔널리즘, 문화본질주의 그런 것을 다시 우리가 비판적으로 공부해야만 우리가 이런 20세기부터 21세기에 이어진 식민지배, 냉전, 대립, 국가분단, 이산의 역사 등을 넘어설 전망을 열 수 있다고 그렇게 제가 생각하는 바입니다.

송현숙(독일, 화가) : 그러니까 '언어와 그림은 어떤 차이가 있을까요?'라는 질문에 대해 말하자면, 여기에 와서 느꼈는데 제가 생각하기에 가만히 보니까 언어는, 아니 그림은 원래 원초적이거든요. 사실은 인간이 언어가 서로 표현을 주고받지 못할 때에 그림으로 표현하는 그 부분을 표시를 해서 의사소통 했다는 것이지요. 그리고 또 러시아 혁명을 할 때도 글 못 읽는 사람이 많이 있어서 마야콥스키 이 사람이 벽에다 표시를 해놓고 어디로 모이라고 벽에다 신호를 해 놓으면 모든 사람이 다 알아들을 수 있었지요. 그렇지 않으면 글 쓰는 사람만 알아듣고 그렇지 않은 사람은 못 알아듣고 그런 경우도 생기지요. 제가 생각하기에는 언어에는 그림보다 다른 사람에게 주입시킬 수 있고, 단점으로 말하면, 언어로 억누를 수도 있고, 그리고 강요할 수 있고 그런 점이 있어요. 그런데 또 긍정적으로 언어는 쉽게 배울 수 있고, 다른 사람과 소통하는 데에 언어가 가장 빠르기 때문에 소통하는 데 편리하여 대중적일 수 있어요. 자기 발전을 하는 데에 언어를 통해 많은 것을 배운다든가 하는 좋은 면이 작용하기도 하고요. 그런 차이가 저는 있다고 보고, 아무튼 애들도 보면 자기가 아직 말로 확실히 표현을 못할 때 그림을 많이 그려요. 말하자면 심적으로 표현하는 것도 있고. 정신병 환자 같은 경우도 보면, 저도 일 년 동안 브레멘에서 일을 해봤지만은 그 사람들은 보면 누가 하루 종일 방문을 해도 말을 잘 안하고 친척들에게도 반응을 잘 안하고 거의 입을 닫고 있는데 동의를 종이에다 표현하는 걸 보면 나름대로 그려요.

저는 독일에서 딱 한번 전혀 그림하고 관계되지 않은 여성 스물다섯 명과 워크샵을 한 적이 있는데, 제가 그랬어요. 우리는 오늘 거의 말을 못하는 사람이라 생각하고, 말을 전혀 하지 않고 종이와 물감 등을 주고서 오전 두세 시간 동안 자기 삶을 그림으로 그려보라 그렇게 했어요. 다들 '나는 초등학교 이후로 그림을 그려보지도 않았다'고 그래요. 한국사람 세 명인가 들어 있었는데 스물다섯명이 못한다고 하는데 어떤 사람이 자기 일생을 그림으로 그려놓은 거예요. 누구를 어떻게 만나서 결혼을 하고 한국 애를 양자로 받았고 하는 것들이었어요. 그런데 그렇게 하면서 그 전에는 그 사람이 자기 삶에 대해서 이야기를 안 하는데 그림을 통해 이야기를 했다고 해요. 그 사람은 만약 그 시간에 자기 삶에 대해서 바이오그라피를 한번 써 보시오 그랬으면 그렇게 안 나왔을 수도 있다고 말해요. 처음엔 그 사람이 그렇게 이야기를 안 하려고 했는데 그림을 그려가지고 오후에는 한 사람씩 자기가 그린 것에 대해서 발표를 하고 그랬어요.

허련순(중국, 소설가) : 제가 말씀드릴 것은 디아스포라로서의 이중의 고민인데요. 조선인은 한반도에서 경제적, 정치적, 정책적 후예입니다. 중국에서 조선인들이 항일운동도 하고 교육도 하고 삶을 살았고 다른 종족과 구별하여 조선족이라고 불리었어요. 우리가 합법적으로 중국인의 국적을 가지고 살지만 한국과 북한과 늘 연관되어 있어요. 문화대혁명을 겪으면서 남한과 북한을 두고 고심을 많이 했어요. 우리는 한국을 그리워하지만 한국은 냉담하더라고요. 친척이라고 조국이라고 한국에 찾아오지만 남이구나 하는 생각을 자주 하지요. 특히 같은 민족이지만 언어가 달랐어요. 동아일보에서 책을 낼 때 언어를 너무 몰라서 각주를 많이 달았어요. 우리는 책장을 번지라고 하는데 한국에서는 책장을 넘기라고 하죠. 여기는 괜찮다고 하는데 우리는 일없다고 하고. 숙박할 때도 자는 걸 쉰다고 하는데 여기서는 자는 것과 쉬는 것에 따라 금액하고 시간이 다르더라고요. 그때는 한국을 모르니까 외국 같았어요. 같은 말이지만 전혀 못 알아듣겠는거예요. 영어도 많이 쓰고. 그때 저는 사실 정체성 위기를 처음으로 느꼈을 때에요. '아, 우리는 중국에서도 적응이 어렵고 여기 와서도 어렵구나.' 그래서 제가 사실은 여기 한국을 통해서 '우리는 도대체 누구냐?' 하는 것을 처음으로 느꼈어요. 그전에는 이것을 몰랐어요. 그냥 한국을 다니지 않을 때는 한 중국 사람으로서 중국인으로서 그냥 그렇거니 하고 살았고, 그리고 민족에 대해서도 그런 큰 의식이 없었어요. 왜냐하면 한국과 북한은 그 때 당시에 저한테는 어두운 하나의 동굴이었을 뿐이에요. 겪어보지도 못했지만 그냥 우리의 가정을 다 깨버린 이런 두 개의 어두운 동굴 같은 그런 기억이었는데, 한국을 와 보니까 발전도 하고 참 아름다운 나라인데, 새롭게 부딪힌 것이 그 문화적인 언어적인 차이였죠. 그러면서 정말 국제적인 고아 같은 그런 느낌이 들었어요. 그래서 처음으로 한국을 통해서 낯가림을 보게 되었고, 이 조국이라는 것이 도대체 어떤 것인가 이런 고민을 집요하게 했어요.

수키김(미국, 소설가) : 언어 질문이 저한테는 굉장히 크게 다가오는 면이 있는데 저는 열세 살 때 이민갔기 때문에 중학교 일학년을 다 마치고 갔어요. 그때는 영어를 정말 못했거든요. 그래서 영어를 배워서, 소설가가 될 때까지 그 장벽이라는 게 심했어요. 소설가라는 것은 영어를 그냥 한다고 되는 게 아니니까요. 한국말과 영어는 사고 방식이 굉장히 다른 언어거든요.

어저께 선생님이 저한테 물어보더라구요. 왜 모국어로 글을 안쓰냐. 한국말을 잘하는데. 그러니까 저는 모국어를 잃어버리는 거거든요. 영어를 가슴에 받아들여서 내 예술의 도구로 쓰려면, 저는 소설가가 되려면 소설을 쓰려면 저는 하나를 버려야 된다고 생각했어요. 가슴에만 둔 모국어라고 할까요. 지금도 저는 비가 오면 '비'라고 생각해요, rain이라고 생각 안해요. 그리고 한 번도 엄마를 마미라고 불러본 적이 없어요. 그런 감수성, 내가 지금 갖고 싶은 내 고향은 제 생각엔 한국어로 가슴 속에 담아놓은 것 같아요. 그리고 소설가가 된다는 건, 영어로 소설 쓴다는 것 자체가 솔직히

전쟁 같았어요. 싸움이잖아요. 내 모국어가 아니고 배운 단어인데, 그것도 중학교 1학년 마치고 나서 시작한 단언데, 걔네들이랑 전쟁을 해서 소설을, 그러니까 누구랑 싸우는지는 모르겠지만 싸움이었던 것 같아요 어떻게 보면 지금도 그렇고 이 시간에도 그래요. 그래서 굉장히 스트레스 받았어요. 그러니까 내가 영어가 편해졌는데도 스트레스인 거예요. 그래서 분리 시켜야 했던 거예요. 하나는 가슴 속에 넣고 하나는 내 직장으로요.

르무완, 미희-나탈리(벨기에, 영화감독) : 저는 한국전쟁이 일어난 지 15년 후, 이곳 부산에서 태어났습니다. 전쟁 있은 후 한국은 누구도 원치 않으며 바람직하지 못한, 잉여의 고아들을 해외로 보내는 매우 효율적인 제도를 확립했습니다. 1953년 이래로 220,000여 명의 한국 어린이들이 서구의 백인 입양가정으로 보내졌습니다. 저는 "이른바" 그 고아들 중 한 명입니다.

이중언어 국가(프랑스어와 플라망어, 독일어)인 벨기에에 입양되었기 때문에 저는 언어가 자아정체성을 형성하는 한 부분임을 이해할 수 있었습니다. 저는 한 번도 한국어를 사용한 적이 없었고 (아마 아주 어린 시절에는 수동적으로 이해했을지도 모릅니다) 그러므로 제 모국어는 프랑스어입니다. 제 외모가 제 언어나 제가 자라온 환경과 맞지 않는다는 것을 의식한 것이지요. 저는 종종 낯선 사람들의 호기심과 거슬리는 말, 질문들과 맞닥뜨리곤 했습니다. 저는 젊은 시절 한국으로 돌아왔습니다. 그곳에서 저는 한국어를 잘 하지 못한다는 것 때문에 불공평한 대우를 받았습니다. 한국인들은 지금만큼은 아니지만 자주, 제가 한국에서 태어났다면 한국어를 할 수 있어야 하는 것 아니냐고 생각했습니다. 저도 그게 그렇게 간단하고 자명한 것이면 좋겠습니다. 그래서 저는 결심했습니다. 한국에서 13년을 살고 난 후 또 다른 이중언어 국가인 캐나다

퀘벡으로 이주했습니다. 퀘벡에서는 언어들은 여러 공동체 사이의 긴장과 적대의 문제입니다. 심지어 프랑스어 사용자인 저는 속물적인, 고상한 체하는 퀘벡 프랑스인으로 여겨졌습니다. 제 "진짜" 정체성을 두드러지게 하는 유럽식 억양 때문이었지요. 그림, 영상, 시 등의 작품에서 저는 언어적 게임을 바탕으로 하는 시각적 개념을 전달하기 위해서 한국어와 프랑스어, 영어 사운드를 사용합니다.

문화(자아/공동체) 정체성을 탐색하는 예술을 통해 디아스포라적 문화를 만들어나간다는 것은 예술 활동의 중요한 주제입니다. 한 공동체의 힘은 그 공동체의 역사와 문화를 기록보관(archive)하는 것이라고 생각합니다. 공동체의 역사와 문화를 증진시키고 가시화하는 것 그리고 공동체의 구성원들이 무엇을 했고 지금 무엇을 하고 있는지 가르치는 것은 학문적 영역에서도 중요합니다. 그러나 디아스포라 공동체 — 잘 알려진 유대인공동체와 흑인공동체 — 에 말 건네고 물음을 던지는 작품을 증진하고 지원하는 것 또한 중요합니다.

참고문헌

가라타니 고진(2011), 『문자와 국가(조영일 역)』, 도서출판 비.
고영근(1998), 『한국어문운동과 근대화』, 탑출판사.
미우라 고부타카 외 저/ 이연숙 외 역(2005), 『언어제국주의란 무엇인가』, 돌베게.
나인호(2011), 『개념사란 무엇인가』, 역사비평사.
서경식 외(2013), 『경계에서 만나다』, 현암사.
송기한 역(2005) 『언어와 이데올로기』(바흐찐 볼로쉬노프 저), 푸른사상.
이기문(1963/93), 『국어 표기법의 역사적 연구』, 한국연구원.
이연숙(2006), 『국어라는 사상』(임경화, 고영진 옮김), 소명출판사.

오리엔탈리즘과 제국주의 문화 ●●●

19세기 영국문학의 경우

Ⅰ. 오리엔탈리즘의 개념

오리엔탈리즘Orientalism이라는 용어는 예술, 문학 및 문화연구 분야의 학자들이 서구의 작가나 예술가들이 중동, 동아시아, 아프리카 등을 묘사한 태도와 방식을 연구할 때 사용하는 개념이다. 이 용어는 팔레스타인 출신의 세계적 대학자인 에드워드 사이드Edward Said가 『오리엔탈리즘』Orientalism에서 이에 대해 상세히 다룬 이후, 서구인의 동양관을 지칭하는 보통명사가 되었다. 이 용어는 유럽중심주의와 깊은 관계가 있는 것으로서, 여기에서 말하는 오리엔트는 좁게는 동양Orient이며 넓게는 아시아, 아프리카, 남미를 포함하는 비유럽 지역을 가리킨다. 동양은 서양Occident에 대비되는 지역을 가리키는 통칭으로 인식되고 있으며 오리엔탈리즘은 비서구적인 것에 대한 서구(인)의 관점을 말하는 것이다. 사이드의 말에 따르면, "동양"은 "멀리 떨어져 가까이 다가갈 수 없는 세계, 즉 서구사회가 스스로를 그 반대편에 존재하고 있다고 정의내리도록 한 그 세계"(『도전 받는 오리엔탈리즘』237)이다. 그런 의미에서 동양은 서구에 의해 정의되고 그에 따라 '만들어진' 인위적인 가공의 세계이다. 따라서 유럽중심주의의 이면에는 그것에 의해 파생되었으며 그것을 가능하게 하는 비서구에 대한 왜곡된 상image이 존재하며 이에 대한 연구와 이해는 필수적인 일이 된다.

동양은 사실 서양의 중세까지는 낭만적이고 이국적인 대상, 상상을 자극하는 풍경, 진지한 체험담, 아련한 기억의 장소였다. 그러나 동양이 근대 서구의 제국주의를 거치면서 착취와 지배의 식민지가 되면서 그 위상이, 거칠게 말해, 매력적인 연모의 존재에서 별 것 아닌 하찮은 대상으로 변모하게 된 것이다. 사이드가 볼 때, 동양은 유럽의 언어와 문명의 연원에서 유럽문화의 호적수로, 다시 유럽의 식민지로 변화하는 과정 중에 서구인의 마음속에 반복되어 나타나는 타자the Other의 이미지이다. 동양은 서양이 스스로를 동양과 대조되는 이미지, 관념, 성격, 경험을 갖는 것으로 정의하는 데 도움이 되었으며, 그런 의미에서 동양은 유럽의 문명과 문화를 구성하는 핵심이 되었다. 왜냐하면 유럽이 동양의 이미지를 만들고 가공하는 가운데 자신을 구성해왔기 때문이다. 동양에 대한 이미지, 그리고 서양에 대한 자기규정은 여러 가지 담론을 통해 제도, 학문, 사상으로 나타났으며, 심지어 식민지의 관료의 생각과 입을 통해 식민지 통치의 하나의 스타일로 드러나기도 했다(『오리엔탈리즘』15).

서양이 동양을 보는 관점인 오리엔탈리즘은 사실상 서양이 동양을 지배하고 재구성하며 위압하기 위한 서양의 스타일이다. 속되게 표현하자면, 오리엔탈리즘은 비서구에 대해 서구의 정치, 학자, 사상가들이 보이는 마치 비서구인의 선배인양, 먼저 만물의 이치를 깨달은 자인양 젠체하는 태도를 비판하는 말이다. 사이드가 볼 때, 오리엔탈리즘에서 서구는 비서구 사회를 '정적이고 미개발'의 사회로 규정하고 서구 자신은 '발전되고 합리적이며 유연하며 우월한' 사회로 상정한다. 근대 이후 서양이 동양을 제국주의와 인종주의를 통해 부정적으로 묘사하면서 만든 동양의 이미지는 유럽문화의 "일종의 대리물이자 은폐된 자신"이다. 그것은 유럽의 역사가 자신의 내부와 외부에 대해 무수한 오류와 부정과 한계를 드러내었기 때문이다. 유럽에서 벌어진 그리고 지금도 벌어지고 있는 성과 계급, 종교와 사상, 문화와 민족의 차이 때문에 서로에게 가한 폭력과 착취와 야만의 역사를 알고 있는 인류에게 비서구를 야만과 비이성, 반문명과 미개발의 땅으로 규정하는 것은 심리학적으로 말해, 자기 허물을 남에게 전가해서 보려는 투사projection에 지나지 않는다.

그러나 사이드의 말대로, "동양과 서양이라고 하는 장소, 지역 또는 지리적 구분은 인간에 의해 만들어진 것"이지만, "두 가지 지리적 실체는 서로 의존하며 어느 정도는 서로 상대를 반영"(『오리엔탈리즘』 21-2)이기 때문에 동서양의 구별이 무의미한 것은 아니다. 문제가 되는 것은 이러한 동서양이 서로를 규정하는 가운데 그 이면에 작동하는 "권력관계, 지배관계, 그리고 여러 가지 복잡한 헤게모니"(23)이다. 사이드는 오리엔탈리즘이 이러한 '관계들'이 실현되도록 만드는 데 기여한 중요한 예를 제국주의와 문화의 관계, 특히 문학예술작품들에서 찾는다. 그의 『문화와 제국주의』Culture and Imperialism

는 19세기 영국 문학을 중심으로 치열하게 분석해나간 역작이다. 그는 "문화가 제국의 확장과 갖는 관계를 보여 주는 것, 또 스스로의 독특한 특성을 유지하면서 동시에 정치적인 것과 연결되어 있는 예술을 관찰하는 것"(『문화와 제국주의』 52)이 오리엔탈리즘과 유럽중심주의를 비판하는 지식인의 의무라고 생각한다.

Ⅱ. 유럽중심주의와 오리엔탈리즘의 결합

앞에서도 언급했듯이, 유럽중심주의는 유럽 혹은 서구에 대비되는 비유럽 지역을 열등한 곳으로 간주하는 오리엔탈리즘과 밀접한 관계가 있다. 오리엔탈리즘이 비유럽(인)에 대한 유럽(인)의 편견이지만 이는 그렇게 간단하게 생각할 문제가 아니다. 유럽의 대표적인 제국주의 국가였던 영국은 식민주의라는 정치경제적 제도를 통해 예를 들어 인도를 통치했다. 이때 영국은 군사적인 물리적 강제력을 동원하기도 했지만 더욱 교묘한 것은 교육제도와 출판물을 통해 문화적으로 접근한 점이다. 한편으로는 폭력을 통해 육체를 억압하고 다른 한편으로는 문화를 통해 정신을 지배했기 때문이다.

에드워드 사이드는 그의 주저인 『오리엔탈리즘』과 『문화와 제국주의』를 통해 유럽 제국들의 교묘하고도 노골적인 문화적 책략들을 비판했다. 그가 볼 때 19세기 유럽의 뛰어난 학자와 예술가들 역시 그들이 살았던 당대의 편견으로부터 자유로운 사람은 별로 없다. 여성의 해방과 개인의 인권의 확대를 위해 평생을 살았던 진보적인 사상가로 알려진 존 스튜어트 밀John Stuart Mill조차 이러한 혐의로부터 자유롭지 못하다.

사이드는 유럽인이 가진 오리엔탈리즘을 중동, 동아시아, 아프리카에 대해 유럽인이 가진 우월주의로 보았다. 유럽은 비유럽 사회를 정적이고 미개발 상태의 사회로 보았으며 이러한 관점에서 비유럽 사회의 문화를 해석했던 것이다. 상대적으로 유럽은 발전과 이성, 합리성과 우월한 문화의 지역으로 간주되었다는 것이다. 문제는 이러한 관점을 비유럽 지역의 시민들이 은연중에 수용하고 있으며 자기 지역의 발전의 이상적인 모델을 서구에서 찾고 있다는 점에 있다.

오리엔탈리즘은 유럽중심주의와 마찬가지로 일종의 태도 혹은 세계관이기 때문에 의외로 유럽인의 말과 글을 통해 노골적으로 드러나기도 한다. 이 때문에 우리는 서구의 문학과 예술작품을 보다 비판적으로 읽을 필요성이 있다. 다음에서는 유럽이 그리스 로마의 고대 문화를 유럽의 정수精髓로 간주하고 이를 바탕으로 비유럽을 야만과 피지배의 대상으로 간주한 과정을 영국의 19세기 낭만주의 시대부터 현대에 이르기까지의 사례를 통해 살펴보고자 한다.

Ⅲ. 오리엔탈리즘의 허구성[1)]

1. 역사의 절도

고대 그리스의 도시국가를 정치, 사회 및 문화적으로 이상적인

---

1) 여기서는 필자의 졸고 「헬레니즘, 유럽중심주의, 영국성—19세기 영국사회와 고대 그리스의 전유」, 13-2, 19세기영어권문학, 2009을 요약하여 정리하였다.

시공간으로 간주하는 헬레니즘Hellenism은 유럽중심주의적 사고와 밀접한 관계를 가지고 있다. 유럽의 근대 역사와 문화의 특징을 유대기독교적 전통, 계몽주의와 인간주의 철학, 제국주의와 식민지의 착취, 자본주의와 시장경제, 민주주의 정치구조 등에서 찾을 수 있다. 그런데 이것이 고대 그리스의 철학, 과학, 정치 및 문화에 그 기원을 두고 있으며 이러한 가치들의 계승자는 바로 유럽이라는 시각이 바로 유럽중심주의적 헬레니즘이다. 서구는 자기이해와 자기규정을 위해 그리스의 유산을 활용하여 '그리스성Greekness'과 '그리스적인 것Being-Greek'을 완전한 문명을 함의하는 윤리적인 개념으로 확대하고 이를 식민 지배를 정당화하는 목적에도 활용하였다.[2]

영국의 역사학자 잭 구디Jack Goody는 『역사의 절도』*The Theft of History*에서, 유럽이 자신의 시간과 공간의 관점 및 역사의 시기별 구별법을 전 세계로 확대해서 적용하면서 소위 '역사의 절도'가 시작되었다고 말한다. 유럽은 자신을 동양과 구별되는 서구the Western로 만들기 위해 자신들의 기원을 고대 그리스 문명에서 찾았는데, 이것이 바로 역사의 왜곡 즉, 절도의 시작이라는 것이다. 이렇게 유럽이 자신의 관점에서 본 시간과 장소와 역사구별을 세계의 그것들로 간주하기 시작할 때 '고대 그리스'를 유럽의 시간과 공간으로 만들고자 했다. 그들은 고대 그리스를 '유럽적인' 가치를 구현한 공간으

---

2) 로버트 영(Robert Young)은 19세기 영국이 자신을 로마 제국에 비유하며 제국주의 정책을 합리화했다는 사실에 주목한다. 로마 제국은 영국에게 "미몽에 잠긴 야만적인 부족민들에게 문명을 자비롭게 전파한다"는 개념과 "야만주의와 야만성에 대한 문명화된 종족의 승리"(33)의 모범적인 사례를 제공했다는 것이다. 그런데 고대사에 대한 지식의 전유와 왜곡의 대상은 로마 제국의 역사와 문화적 생산물뿐만 아니라 그리스 제국과 그리스의 고전 예술로까지 확대되었다.

로, 또한 그로부터 비유럽 지역을 구별할 수 있는 유럽에 고유한 역사로 창안하기 시작했다. 사실 고대 그리스 정치의 민주주의, 경제의 자본주의, 예술의 고전주의는 근대의 유럽이 생각한 것과는 달리 지중해 연안과 아시아 및 아프리카 주변 지역들과의 관계 속에서 발생한 것이기 때문에 온전히 그리스의 독자적 산물이라고 할수 없다. 구디가 볼 때, "서유럽이 저지른 역사의 절도"(26)는 그들이 그리스 로마의 고대문명을 기술하기 시작할 때부터 시작된 것이다. 요컨대 유럽적 가치의 기원으로 간주되는 고대 그리스는 유럽의 "창안"이라는 주장이다.[3]

2. 헬레니즘과 유럽중심주의의 결속

그리스의 역사가 유럽에서 시대에 따라 어떻게 이해되고 정치적으로 어떻게 이용되어 왔는가의 문제는 마틴 버낼Martin Bernal의 『블랙 아테나』 Black Athena에서 자세히 다루어지고 있다. 버낼은 유럽이 그리스의 역사를 이해하는 방식을 크게 두 가지 모델 즉, '아리안 모델Aryan model'과 '고대 모델Ancient Model'로 나누어 설명한다. 전자는 그리스를 "유럽인 혹은 아리안"과 연결 짓는 역사관이고 후자는 그리스를 "이집트와 셈족 문화의 주변부라는 시각에서 레반트"와 연결 짓는 역사관이다. 고대 모델은 18세기까지 유럽인들조차 상당수가 동의한 역사이해방식이었지만 19세기 이후부터는 이집트와 페니

---

3) 토머스 패터슨(Thomas C. Patterson)은 고대 그리스의 문명이 여러 가지 억압과 한계 위에서 이루어진 문명이라고 비판하며 특히 인종주의에 기초한 문명과 야만의 개념, 여성에 대한 강한 가부장제적 편견을 지적한다. 90-94쪽 참조.

키아가 그리스에 끼친 영향을 부정하고 그리스가 이들 지역과 독립된 순수한 백인의 문화영토라고 주장하는 아리안 모델이 유포되기 시작했다.

버낼은 "아리안 모델이 가지고 있는 바로 이러한 조작성"(34)을 비판하면서 서유럽인의 "모든 역사 연구와 역사 철학이 인종주의와 '유럽 쇼비니즘'에 물들었음을 인정해야 한다"(35)고 주장한다. 중세를 넘어서며 유럽 이외의 지역에 대한 관심과 지배가 강화됨에 따라 "유럽의 축소판이자 순수한 유년기로 여겨진 그리스가 원주민(유럽인)과 식민자(아프리카인 및 셈족)의 혼합에서 비롯했다는 사실은 18, 9세기의 낭만주의자와 인종주의자로서는 도저히 참을 수 없는 일"이었기 때문에 그동안 역사적 사실로 뒷받침되던 고대 모델은 폐기되고 아리안 모델이 지배하게 되었다는 것이다. 그리스의 역사는 유럽의 자기이해와 비유럽에 대한 개념규정을 위해 왜곡되어온 것이다. 요컨대 그리스의 유산은 서구의 자기규정을 위해 이용되어왔다.

헬무트 하이트Helmut Heit에 따르면, "실제 역사 속 그리스와는 무관한 '그리스성'과 '그리스적인 것'의 윤리적 개념은 서구 스스로가 규정한 정체성 정치학의 핵심"(726)으로 기능해왔다. 유럽이 "민주주의, 자유시장, 인권, 과학적 이성"과 같은 가치를 고대 그리스 사회에서 찾는 한편 그러한 가치들을 성취한 "보편적이고 문화적으로 독립된"(728) 지역이 바로 유럽 자신이라고 규정하는 것은 이율배반적이다. 유럽을 제1세계로 규정하고 그것이 세계의 중심이라고 주장하는 유럽중심주의는 특정 지역과 그 지역의 지배적 인종을 중심으로 삼기 때문에 지역중심주의이며 인종중심주의이다. 하이트는 고대 그리스의 문명 자체가 문명과 야만의 이분법에 기초한 것은 아닌지 의심한다. 호머Homer와 아에스킬로스Aeschylus의 문학, 헤로도토스Herodotus, 투키디데스Thukydides의 역사, 그리고 플라톤Platon의 철학은 그리스를 '문명'과 '중심'으로 간주하고 다른 지역과 민족을 '야만'과 '주변'으로 간주하는 경향이 있기 때문이다(728-731). 이를 근거로 하이트는 고대 그리스와 그리스의 고전을 숭배한 유럽의 제국들이 식민지의 비서구적 가치를 폄훼하고 억압하는 한편 서구식 문명을 강요한 문화지배로 나아간 이유가 필연이었다고 보는 것이다.

유럽의 헬레니즘은 특히 영국과 독일에서 두드러진 문화운동으로서 로마의 양식을 숭배한 신고전주의와는 다른 지향점을 가지고 있었다. 독일 헬레니즘의 아버지로 간주되는 요한 빙켈만Johann Joachim Winckelmann은 그리스 조각에 나타난 그리스 예술의 본질은 격렬한 감정이나 고난의 순간에 포착된 고상한 단순성과 차분한 위엄이라고 보았다(Jenkyns 13). 1764년에 나온 『고대미술사』History of the Art of Antiquity는 "고대 그리스 전통의 미학사를 재정의"(Potts 11)하려는 야심찬 기획이었다. 빙켈만의 의도는 고대 그리스인의 정신을 재조명하여 유럽인을 보다 수준 높고 활기차게 만드는 것이었다. 빙켈만으로부터 시작한 독일 헬레니즘은 빌헬름 폰 훔볼트Wilhelm von Humboldt와 괴테Goethe에 이르러 그 정점에 이르렀다. 독일에서부터 시작된 그리스 연구는 괴테와 쉴러Schiller와 쉴레겔Schlegel의 저작이 영국에 소개되면서부터 특히 매슈 아널드에게 많은 영향을 주었다.

영국 역시 그리스에 대한 관심은 로마와 로마문화에 대한 관심보다 뒤늦은 것이었다. 청교도혁명 이후 영국사회는 로마의 문화를 모범으로 하는 고전적 공화주의의 정치학과 언어가 지배하였다. 왜냐하면 로마는 공화국과 제국, 왕조와 귀족체계를 정당화해주는 모델로 보였기 때문이었다. 그러나 1688년의 명예혁명을 계기로 사회를 운용하는 새로운 통치방식이 필요하다는 인식 즉, 공유된 감수성과 합의의 이데올로기를 통해 사회를 운용해나갈 필요성이 있다는 의견이 제기된 것이다.4) 바실리스 람브로폴로스Vassilis Lambropoulos가 볼 때, 이것은 곧 "취향의 배양과 훈련"을 통해 "문화의 헬레니즘화"(46)를 이루는 과정을 중요하게 생각하는 사회적 분위기를 낳았다.5)

독일의 계몽주의Aufklärung는 영국과 프랑스와 그 성격이 서로 달랐다는 것은 잘 알려져 있다. 영국과 프랑스가 지적 운동을 통해 정치사회적 변화를 기도한 것과 달리 독일은 처음부터 문화적이고 종교적인 변화를 추구했다. 독일의 계몽주의를 주도한 지식인들은 신분국가Ständestaat의 전통을 파괴하지 않는 선에서 국가를 개혁하고자

---

4) 19세기 초부터 시작된 그리스 제국에 대한 관심은 첫째, 그리스가 개인의 창의성과 천재성의 상징으로 간주되었고 둘째, 식민지를 지배하는 데 유용한 정치모델이었기 때문이었다. 그리스의 제국 통치는 로마의 그것과는 달리 식민지를 "강력한 정서적, 문화적 연대감을 '모국'과 유지하는 자치공동체"로 인정하는 방식이었다. 그러나 영국의 식민 통치는 19세기 후반으로 갈수록 다시 "국가의 통치수단과 경제적 이론에 따르는" 로마제국의 방식으로 회귀한다(Bell 214-5). 제국의 식민지 운영방식의 변화는 곧 그리스와 로마의 고전을 교육하는 방식에도 영향을 주었다. 고전교육의 변화에 대해서는 Christopher Stray, 10-12쪽을 볼 것.
5) 람브로폴로스는 그리스에 대한 관심이 유럽에서 본격적으로 일기 시작한 계기를 종교개혁에서 찾는다. 종교개혁의 분위기는 라틴어와 라틴 문화의 위력을 감소시키고 히브리어와 그리스어, 이스라엘 민족과 그리스 민족에 대한 관심을 촉발시켰다는 것이다. 성서를 개인이 직접 읽고 해석하는 과정을 중요하게 생각한 프로테스탄트 개혁가들은 "성서의 원초적인 언어인 히브리어와 그리스어"(29)에 관심을 갖기 시작했는데, 이때 히브리어는 성서해설과 도덕의 언어로 이해되었고 그리스어는 수사학과 웅변 및 교양의 언어로 받아들여졌다. 히브리어가 종교의 언어라면 그리스어는 세속의 언어였던 것이다. 바로 여기에서부터 서구의 문화를 유대 기독교적 전통과 그리스적 전통 즉, 즉, 헤브라이즘과 헬레니즘의 전통으로 구성되었다고 보는 입장들이 나타나기 시작했다.

했다. 이들은 정치적 분쟁과 소요에 따르는 사회의 무질서를 비판하고 물리적인 혁명이 아닌 이상적이고 관념적인 변혁을 통해 사회를 개선 즉, 신분국가를 교양국가Bildungsstaat로 전환시키고자 했다. 이들은 그리스를 "순수한 서구의 후손들의 땅"으로 규정하고 근대의 청교도적 금욕주의 즉, 헤브라이즘에 대비되는 덕목을 그리스 예술과 철학에서 찾았다. 이들은 그리스의 정신 즉, 헬레니즘이 "프로테스탄트 도덕에 부족한 여유"와 "귀족적 취향에 대비되는 민주주의적 쾌락"의 가치와 "민족문화의 기획"을 실현시킬 수 있을 것으로 기대했던 것이다(Lambropoulos 58). 그리스를 "찬란한 유기체적 일체, 도덕과 문화와 정치적 요소를 통합한 심미적 이상"으로 제시한 빙켈만이나 "문화 활동의 영역주로 문학에서 정치적, 민족적 재생에 영향을 줄 수 있는 가능성" 즉, "자기실현을 목적으로 하는 개인의 수양을 통해 공동체를 재활시킬 수 있는 가능성"(68)을 굳게 믿었던 요한 헤르더Johann Gottfried Herder는 문화의 사회적 통합의 기능을 믿은 대표적인 사상가들이다. 쉴레겔은 이 두 사람을 통합하듯, 심미적 취향이 개인을 순화하고 형성하며 교화한다고 믿으며 고대 그리스 사회와 같은 심미적 민주주의를 촉구했다.

3. 오리엔탈리즘과 헬레니즘, 그리고 유럽중심주의

다음에서는 유럽과 비유럽을 차별적으로 구별하는 유럽중심주의의 기저에는 고전기 그리스에 대한 애호 즉, 헬레니즘이 한 축을 담당하고 있으며 그것을 특히 유럽의 대표적 제국주의 국가인 영국을 대상으로 이야기하고자 한다. 마틴 버낼에 따르면, 헬레니즘은 프랑스 혁명이 사회를 분열시킬 수 있다고 염려한 주변국 특히, 독일의 위기의식에 따라 재발견되었다. 영국의 사상가 매슈 아널드Matthew Arnold는 독일의 헬레니스트들처럼 세계 역사를 움직이는 문화적 동력을 헬레니즘과 헤브라이즘Hebraism에서 찾으며 이를 사회통합의 문제에 적용하고자 했다. 그의 헬레니즘은 그리스 신화와 문화에 대해 낭만주의 시인들이 가졌던 소박한 관심과 맥을 같이하면서도 문화의 정치사회적 기능을 적극적으로 찾으려했다는 점에서 이전의 시인들과 달랐다. 한편 영국사회의 일부는 헬레니즘을 바로 영국인의 속성, 영국적인 본질 즉, 영국성Englishness으로 보았다는 점에서 헬레니즘을 영국인에게 결여된 속성으로 간주한 아널드와 구별된다.

제국주의 시대 영국은 그리스를 이용하여 영국인에게는 자국의 우월성을, 식민지 피지배민에게는 제국의 고상한 이미지를 창조하고 내면화시키고자 했다. 최근 영국의 보수주의자 신 갭Sean Gabb이 고대 그리스의 정신을 계승한 국가를 서유럽 일부와 영어권 국가에만 한정하고 현대 그리스를 오히려 '비 그리스적'인 국가라고 폄하하는 우스꽝스런 주장은 제국주의 문화정치학이 현재에도 지속되고 있다는 것을 말해준다. 그리스의 과거는 수용하고 그리스의 현재는 부정하는 이러한 헬레니즘적 편견은 동양의 과거에 대한 지식을 전유함으로써 유럽을 구성하고자 한 과거의 유럽중심주의와 크게 다르지 않기 때문이다.

독일 헬레니즘의 특징은 예술이 근대사회를 통합할 장이 될 것으로 보았다는 점이다. 그리고 이러한 신념은 영국의 경우 매슈 아널드를 통해 가장 분명하게 나타나게 된다. 정치제도의 직접적 변화가 아닌 정신의 혁명, 교양의 제도화를 통한 개혁을 지향한다는 점에서 독일의 계몽주의적 헬레니즘은 아널드의 교양의 정치학과 상당히 유사하다.

4. 헬레니즘의 절도 – 19세기 영국문화와 문학

존재가 외부의 사물과 현상을 자기와 구별하여 인식하고 자기를 중심으로 바라본다는 것은 어쩌면 지극히 자연스러운 일일지도 모른다. 그러나 이것이 인간과 인간, 인간과 세계를 문화적으로 그리고 정치적으로 규정하는 원리가 될 때는 문제의 차원이 달라진다. 유럽이 유럽 이외의 지역 혹은 유럽의 바깥에 대한 판단에 있어서 유럽적인 경험 혹은 유럽적인 문화의 귀결을 통해 그것이 절대적 기준이 된다고 생각하는 자기충족적인 판단은 모든 중심주의가 갖는 편견이다.

다음에서는 영국이 국가의 정체성을 고대 그리스와 연결시키며 스스로를 유럽의 중심으로 간주하기 시작한 사례를 19세기의 영국의 외교관이 일으킨 '엘긴의 대리석' 사건과 당시의 낭만주의 시인들의 작품을 통해 알아보도록 하겠다.

1) 헬레니즘과 영국의 정체성의 문제 – 엘긴의 대리석

영국이 헬레니즘을 수용한 문화적 차원은 세 가지 측면에서 이해할 필요가 있다. 첫째, 19세기 문학에서 고대 그리스는 하나의 이상화된 과거로 상상적으로 구성되었다. 키츠John Keats와 바이런Lord Byron과 셸리P. B. Shelley가 대표하는 낭만주의 시인들과 월터 페이터

Water Pater와 오스카 와일드Oscar Wilde와 같은 유미주의자들이 이러한 경향을 대표한다. 이들이 그리스를 예술, 민주주의, 남성적 미로 구성된 이상적 사회로 받아들이게 된 것은 빙켈만의 영향이 크다.6) 특히 18세기부터 집중적으로 발굴되기 시작한 고대 그리스의 유물들이 불러일으킨 그리스 열풍과 영향은 미술과 건축에서 두드러졌다. 특히 엘긴Thomas Bruce, 7th Earl of Elgin, 1766-1841이 그리스에서 영국으로 들여온 파르테논 신전의 대리석 조각Elgin's Marbles은 미술과 문학 분야에서 큰 반향을 불러일으켰다. 둘째, 영국이 그리스의 건축과 패션을 이해하고 그것들을 영국사회에 수용되는 과정을 거치면서 그리스적인 것은 영국사회에서 실현가능한 가치이며 궁극적으로 그리스적인 것이 영국적인 것과 동일시되었다. 이는 조각과 건축 및 의상, 박물관의 건립 나아가 여행의 문화와 밀접한 관계가 있다. 셋째, 밀과 매슈 아널드처럼 헬레니즘을 영국인에게 결여된 속성으로 간주하고 이를 영국사회에 이식해야할 덕목으로 간주했다. 예컨대 아널드는 『교양과 무질서』Culture and Anarchy에서, 19세기 영국을 움직이는 힘은 청교도적 엄격한 도덕관념과 실용주의적 정신인 헤브라이즘이지만 영국이 미래에 성취해야할 영국적 가치는 교양의 정신인 헬레니즘이라고 주장하며 이를 교육기관과 아카데미, 그리고 문

---

6) 유미주의자들은 낭만주의 시인들과 달리 그리스 문화의 개인주의적이고 심미적인 부분에 많은 관심을 기울였다. 그리스 조각과 회화에 나타난 남성의 육체를 미의 이상이 구현된 것으로 간주한 빙켈만의 이론은 유미주의와 동성애를 보는 새로운 시각을 영국 사회에 제공하였다. 그런 점에서 빙켈만의 미학은 근면과 성실, 실용주의와 합리주의, 이성과 논리, 도덕과 규율을 중시하는 영국 부르주아지에 정면으로 거스른다. 남성과 여성의 육체가 모두 아름다움과 숭고함의 이중적 대상으로 표상되는 것이 그리스 예술의 특징이라고 본 빙켈만의 미학은 숭고함을 남성성으로 아름다움을 여성성으로 구별한 에드먼드 버크(Edmond Burke)의 전통적 '부르주아지' 미학과 구별된다(Potts 114).

화적 시설을 통해 실현하려고 했다. 그러나 앞에서 든 세 가지 경향
은 모두 그리스적인 것을 영국적인 것으로 동화시키려는 욕망을 은
연중 드러내는 점에 있어서는 같다.

고대 그리스에 대한 대중의 관심이 영국에서 본격적으로 일기 시
작한 것은 1762년 제임스 스튜어트James Stewart와 니콜라스 레베트
Nicholas Revett가 『아테네의 고대유물』The Antiquities in Athens을 출판하면서
부터이다. "취향의 역사에 이정표"(Jenkyns 5)가 된 이 문화적 사건
은 18세기 영국이 "그리스식 스타일을 모방"하고 "이상적 기준을
향해 투쟁"(10)하는 운동의 계기가 되었다. 무엇보다도 엘긴의 대리
석7)은 대중에게 그리스 예술에 대한 관심을 대대적으로 불러일으키
는 기폭제가 되었다. 아크로폴리스의 파르테논 신전에서 떼어낸 이
조각들은 그리스의 예술과 가치를 증명하는 물신적 대상이 됨으로
써 초기 낭만주의 시인들에게는 시적 영감을 주고 일반 시민들에게
는 그리스의 생활양식을 흉내 내게 하는 자극이 되었던 것이다.

2) 낭만주의 시대의 문인들

19세기 초에 본격화되기 시작한 그리스 열풍은 일차적으로 바이

---

7) 엘긴의 대리석은 오토만 제국의 영국대사로 근무하던 엘긴 경이 파르테논 신전에서 끌과 망
   치를 이용하여 떼어낸 석조물들을 말한다. 엘긴 경은 1801년부터 1812년에 걸쳐 이것들을 영
   국으로 반입하였고 1816년 영국정부는 공식적으로 이를 엘긴 경으로부터 구입하여 대영박물
   관에 전시하게 되었다. 그리스 정부는 1975년부터 아테네의 아크로폴리스를 복원하고 파르테
   논신전의 예술품을 전시할 박물관을 건립하는 작업을 진행하여 2009년 마침내 준공식을 거행
   했다. 그리스 정부는 지금껏 영국정부에 엘긴 대리석의 반환을 요구하고 있는데, 이를 둘러싼
   찬반논쟁은 아직도 영국 내에서 계속되고 있다. BBC 라디오 대담프로에서 다문화주의를 노
   골적으로 반대한 적이 있는 대중적 보수주의자 신 갭이 유물을 반환해서는 안 된다고 주장한
   것은 자연스러워 보인다. 영국 정부 내의 비밀스러운 반환 반대 움직임과 그리스에 대한 지
   독한 그들의 반감과 편견에 대해서는 ≪텔레그라프≫(Telegraph)지에 실린 헤스팅스(Hastings)의
   기사를 참고할 것.

런과 셸리 및 키츠와 같은 낭만주의 시인들을 통해 잘 나타나고 있다. 이들은 그리스를 영국에는 부재한 이상이며, 그래서 소유하기 힘든 과거로 생각했다. 첫 번째 유형의 이 헬레니즘은 그리스를 현실에서는 발견할 수 없는 미적 이상이며 되돌리기 힘든 추억으로 동경한다. 예컨대 키츠는 1817년 「엘긴의 대리석을 보고」"On Seeing the Elgin Marbles"에서, 그리스 조각을 보고 받은 자신의 미적 충격을 "아찔한 통증"에 비유하며 예술의 불멸성에 비해 유한한 생명을 가진 시인 자신을 "하늘을 올려다보는 병든 독수리"(801)라고 한탄한다. 영국의 청년 시인 키츠 자신이 무기력한 '병든 독수리'라면 고대 그리스인이 만든 대리석 조각들은 병든 몸으로 결코 날아오를 수 없는 '하늘' 즉, 이상의 세계이다. 키츠가 볼 때, 그가 달성하고자 하는 미의 정수는 다만 바라볼 수 있을 뿐 다가갈 수 없는 영원한 그리움의 대상이다. 그가 「그리스 항아리에 부치는 노래」"Ode on a Grecian Urn"에서 항아리의 겉에 그려진 그림을 보고 "들려오는 노래도 아름답지만/ 들리지 않는 노래는 더욱 아름답다"(826)고 말한 것역시 '다가갈 수 없는' 대상으로서의 그리스를 가리키고 있다. 그에게 그리스의 세계는 오직 미적 감각으로만 느낄 수 있는 미스터리이며 엘긴의 조각이나 항아리처럼 골동품으로 물신화된 '이상'인것이다. 물론 키츠는 엘긴의 대리석에서 "옛 시간의 낭비"(801)가 있는 것은 아닌지 의심하고 또 그리스 항아리의 "침묵의 형식"이 내는 "차가운 목가Cold Pastoral"(827)를 부정하지 않는다. 키츠의 복합적인 태도는 그가 분명히 이상과 현실과의 괴리를 인식하고 있다는것을 말해준다. 그러나 그리스가 그에게 이상적 공간이자 대상인 것만은 분명하다.

셸리는 바이런과 더불어 1821년부터 시작된 그리스의 독립운동을 강력하게 지지한 대표적인 시인이었다. 그는 『헬라스』*Hellas*의 서문에서, "지금은 억압받는 자들이 억압하는 자들에 맞서 싸우는 시대"라고 선언하며 '억압하는' 터키로부터 '억압받는' 그리스가 독립하려는 투쟁에 정당성을 부여하고자 한다. 셸리는 유럽 내의 "군주라 불리는, 살인과 사기의 특권계층의 우두머리들"이 "터키의 독재자"와 한패라고 규정하며 "그리스의 봉기"를 프랑스 혁명 이래로 탄생한 "새로운 인종a new race"이 벌이는 해방운동으로 간주한다.

> 우리는 모두 그리스인이다. 우리의 법, 우리의 문학, 우리의 종교, 우리의 예술은 그리스에 뿌리를 두고 있다. 그리스가 없었다면 우리네 조상의 교사이자 지배자이며 수도였던 로마도 아무런 빛을 비추지 못했을 것이다. 우리는 아마도 여전히 야만인이자 우상숭배자로 남았을 지도 모른다. 아니, 최악의 경우, 중국과 일본이 가지고 있는 사회적 제도의 저 정체되고 비참한 상태에 빠져 있었을 것이다.[8]

여기에서 '우리'는 로마의 영향을 받아 그 문화를 이어받은 지역민 즉, 유럽인을 의미한다. 그리스와 영국, 나아가 유럽의 동질성에 대한 셸리의 강력한 주장은 그리스의 독립을 지원하자는 설득의 과정 중에 나온 말이기는 하다. 그러면서도 셸리는 "저 찬란한 존재들those glorious beings" 즉, 고대 그리스인들이 "[유럽인]과 같은 종족이라

---

8) Shelley, "Preface to Hellas," http://www.gutenberg.org/dirs/etext03/shlyc10.txt.

고 감히 상상조차 할 수 없다"고 머리를 수그림으로써 그들을 키츠처럼 '이상화'한다. 터키에 대한 그의 불만은 서양의 정신적 뿌리가 짓밟히고 있다는 분노와 결합하고 있다. 문제는 어느 시인보다 더 혁명적이고 억압으로부터의 해방을 갈망하였던 셸리조차도 동양에 대한 판단에 있어서는 우월과 열등, 문명과 야만, 발전과 정체라는 유럽중심적인 이분법의 한계를 극명하게 드러낸다는 점이다. 셸리의 관점에서 보자면, 그리스와 로마를 뿌리로 퍼져나간 유럽이 나무의 줄기이고, 완전과 문명의 기원에서 가장 멀리 떨어진 중국과 일본은 불완전과 야만의 잔가지에 해당하는 것이다.

그리스의 정신이 영국에 필요하다고 보는 두 번째 태도는 그리스 고전의 교육적 기능을 굳게 믿은 밀John Stuart Mill, 킹슬리Charles Kingsley, 아널드에게서 찾을 수 있다. 킹슬리는 그리스 신화나 로마의 영웅전이 일종의 "종교서적"과 같다고 주장하며 고전의 "영웅 이야기"를 "세계를 움직이는 신의 정신을 보여주는 예증"(Houghton 316)으로 간주하자고 주장한다. 한편 밀은 「문명」"Civilization"에서, 학생들은 "앞서 살다간 위인들의 사고와 행위와의 자유로운 소통을 통해" 진리에 다가갈 수 있고 이를 위해 노력해야 한다고 충고하면서 "고대문학ancient literature"이 그 수단이 될 수 있다고 말한다.

> 우리는 고대의 유산, 특히 그리스의 유산과 친숙해짐으로써 얻어지는 이익을 망각해서는 안 된다. 우리는 우리와 거리가 먼 생각들과 관습들, 그리고 제도들 속에 내재된 위대함을 이해하고 배워야한다. 그리하여 무관심이 아니라 이해에 토대를 둔 폭넓은 관용을, 정신의 힘과 인격의 고상함에…… 공감하는 습관을 훈련 받아

야한다.[9]

인간의 이성과 합리성을 통해 인간과 사회의 문제를 해결해나갈 수 있다고 믿는 계몽주의자요 자유주의자인 밀은 인간의 자유를 제한하고 있는 낡은 관습과 관례에 비판적이다. 그가 그리스 고전에 중요한 의미를 부과하는 이유도 그리스인들이 가진 "자기개발"의 능력 때문이다. 그는 국가가 개인의 자유를 무한히 보장할 때 자기개발이 결실을 이룰 수 있다고 주장함으로써 고대 그리스를 19세기의 영국이 모방해야할 모범으로 내세운다. 그런데 밀은 영국이 결코 따라하지 말아야할 타산지석의 경우를 "동양" 특히 "중국"에서 찾고 있는데, 이는 셸리의 오리엔탈리즘과 크게 다르지 않다.

또 밀은 「자유론」,"On Liberty"에서, "세계의 거의 대부분의 지역이 역사가 없다. 왜냐하면 관습의 독재가 최악이기 때문이다. 이는 동양 전체에 해당한다"(1071)고 주장한다. 따라서 만약 영국정부가 개인의 자유를 계속 규제하려든다면 종국에는 "또 하나의 중국"(1073)이 되고 말 것이라는 것이다. 사실 밀은 19세기 영국의 제국경영은 식민지와 제국 사이에 "강한 정서적, 문화적 연대를 구축한" 그리스를 본받아야한다고 주장했다. 그리스의 식민지들이 "자유와 질서와 진보"를 "너무나 빨리, 그리고 너무나 놀랍도록 이룩한" 것을 찬양하며 그리스 제국은 "영국의 식민지배의 훌륭한 모범"(Bell 215)이라고 주장했다. 이 지점에서 우리는 19세기 영국의 가장 지적이고 가장 진보적인 지식인의 역사의식이 오리엔탈리즘과 단단히 결속되어

---

9) http://www.laits.utexas.edu/poltheory/jsmill/diss-disc/civilization/civilization.s06.html

있는 한계를 목격하게 된다.

3) 19세기 사회사상가들의 경우

영국의 헬레니즘은 19세기 중반으로 넘어서면서 아널드에 의해
일종의 사회이론으로 수용되기 시작한다. 아널드는 고대 그리스의
아테네인을 이상적인 인간으로 규정하고 그들의 문학과 삶의 태도
를 영국에 이식해야한다고 생각한 가장 대표적인 헬레니스트이
다.10) 아널드는 「문학에 있어서의 현대적인 요소」"On the Modern Element
in Literature"에서, 그리스의 '5세기의 아테네'를 가장 완전한 인간사회
의 표본으로 제시한다.

> 이제 나는 고대 그리스의 삶에서 정점에 다다른 이 시기를 주저
> 없이 위대한 시대라고 부르겠다. 나는 우리 이전의 시대에서 5세기
> 아테네인의 삶이야말로 전 인류의 생활에서 고도로 발달하고 탁월
> 하며 현대적인 시기 중의 하나라고 부르고자 한다. …… 거기에서
> 는 공적, 사적인 영역에서 삶의 활력이 최고조였다. 가장 완전한
> 자유, 인간의 문제에 대해 가장 편견이 없는 지적인 관찰이 이루어
> 지고 있었던 것이다. (23)

그러나 그의 헬레니즘은 그것이 영국사회의 문제를 비판적으로

---

10) 그의 헬레니즘은 영국 사회에서 두 가지 중요한 의미를 지닌다. 첫째, 그는 헬레니즘으로 강
  화된 영국인의 교양이 사회의 분열을 방지하고 봉합하는 수단이 된다고 주장함으로써 문화
  의 통합적 가치를 정식화했다. 둘째, 고급예술과 교양과 고전의 가치를 강조함으로써 영문학
  과의 탄생과 같은 문학의 제도화를 선도했다. 그는 프랑스의 르낭으로부터 영국을 헤브라이
  즘의 사회로 보는 관점을, 그리스와 그리스 고전 그리고 문학의 사회적 기능에 대한 확신은
  독일 계몽주의자들의 사회사상과 미학이론에서 영향을 받은 것으로 보인다.

진단하기 위한 개념임에도 불구하고 제국주의적이고 영국중심적인 한계를 온전히 벗어난 것은 아니다. 그는 당시 국가 간의 교류가 빈번해진 19세기를 '확장의 시대'(*Culture and Anarchy* 62)라고 규정하며 이런 시대적 추세가 '완전'의 이상을 지향하는 인간내면의 확장으로도 나타나야 한다고 주장한다. 그러나 아널드가 말하는 확장의 시대는 제국주의 운동과 별개일 수 없다. 그리스를 '완전'의 이상으로 상정하고 개인과 국가에게 이를 따를 것을 역설하는 것은 제국의 '모범'을 따르라고 식민지에게 요구한 제국주의 문화정책의 궤적과 크게 다르지 않다.

또 아널드는 당대의 어느 국가도 완전한 사회적 성숙을 이루지 못했다고 비판하면서도 부분적인 발전의 예를 유럽과 미국에서만 찾음으로써 '세계'의 범주를 '유럽과 미국'에만 한정하고 있다는 혐의를 벗어날 수 없다. 예컨대 그는 이태리, 독일, 프랑스, 영국, 그리고 미국을 각각 예술, 지성, 예법, 품행, 평등의 미덕을 부분적으로만 성취한 국가로 규정한다(222-3). 그가 이러한 미덕들을 모두 성취한 사회를 이상적인 사회로 규정하고 이런 사회는 유럽과 미국 어디에도 존재하지 않는다고 말한다는 점에서 그의 견해는 수긍할 수 있지만, 미덕을 부분적으로 성취한 국가의 보기를 유럽과 미국 이외의 다른 지역에서는 찾지 않는다는 점에서 그의 헬레니즘은 유럽 중심주의와 교묘하게 얽히고 있는 것이다.

영국의 헬레니즘에서 나타나는 세 번째 경향은 고대 그리스를 바로 영국적인 것 즉, 영국성으로 보는 입장인데, 사실 이런 경향은 19세기 초부터 있어왔다. 인데르파 그레월Inderpal Grewal은 19세기 초에 발행되기 시작한 박물관 안내서가 이러한 기능을 효과적으로 담당했다고 생각한다. 박물관 안내서는 독자 혹은 박물관 관람객들의 "자아의 열등성"을 전제하기 때문에 교육적 효과를 갖게 된다. 안내서는 고대의 미술품들을 "어떻게 볼 것인지, 또 어떻게 해석할 것인지를 교육"함으로써 관람객들에게 일정한 "취향"을 형성하기 때문이다(109). 이것이 위험한 이유는 문화 권력자들의 주장을 편견까지도 그대로 관람객에게 전달할 수 있다는 사실 때문이다. 예컨대 안내서 담론 속에서 고대 그리스의 "하얀 대리석 조각"은 "순수와 백색purity and whiteness을 인종적으로 결합시켜 특정한 용도로 전환"(110)되고 있다. 다시 말해, 그리스 조각과 "순수한" 여성의 신체를 인종과 백색의 담론 속에 결합하고 훈육하고 있는 것이다. 그리스 조각을 순수와 백색으로 보는 박물관의 담론은 그렇지 않은 타자적 예술 즉, 이집트 예술과 대비시킴으로써 제국주의적인 편견을 교육하는 매체가 된다.

> 이집트 예술의 특징들은 야만적이고 끔찍한 [여성의] 섹슈얼리티를 형상화하고 있는 것으로 간주됨으로써 '동양'에 고유한 속성으로 제시된다. 따라서 그것은 그리스의 '유산'을 물려받고 있는 '서양'의 속성과는 다른 이질적인 것으로 생각되었다. (111)

19세기 영국사회는 그리스 예술이 영국과 고대 그리스를 이어주는 매개물이 될 수 있다고 생각하였다. 그래서 1826년에 나온 어느 안내서가 "영국이 고대 그리스로 재탄생할 수 있다"(111)고 설파하는 대목은 하등 놀랍지 않다. 이 문제의 책자는 '이상적인' 인간의 삶이 한때 실제로 구현된 적이 있다고 전제하고 이상적인 고전주의적 양식이 "영국사회에서도 이루어질 수 있고 또 이루어져야 한다"고 주장한다. 안내서에 따르면, "가장 위대한 예술적 성취"인 그리스 예술은 "영국을 재현하고 있는 예술"이며, "고전 조각에서 표현된 미덕은 곧 영국의 시민들에게서 그대로 복제되고 있다."

하지만 문제의 이 안내서의 필자는 고대 그리스가 당대의 영국에서 재탄생하고 있다는 주장을 위해 '고전적' 영국은 '야만적' 동양과 다르다고 전제함으로써 헬레니즘을 유럽중심적으로 전유하고 만다. 헬레니즘을 유럽중심주의와 영국적 가치와 결속시키는 문제는 비단 미술에 국한되는 문제가 아니며 오히려 문학교육을 통해 더 강화되었다. 로버트 영에 따르면, "[그리스 로마] 고전은 제국주의 시대의 이데올로기를 가르치는 수단으로 이용되었다. 따라서 동인도에 배속될 인원들과 식민지 관리들이 옥스퍼드에서 '양서' 즉, 고전을 읽도록 요구받은 것은 결코 우연은 아니다"(33).

고대 그리스를 유럽중심주의, 나아가 영국의 제국주의적 욕망과 결부시켜 논의하는 태도는 오늘날에도 일부 영국인 사이에서 계속 관찰되고 있다. 영국의 대중적 보수주의자 신 갭은 '엘긴의 대리석'을 그리스에 반환하자는 최근의 여론에 반대하면서, 아테네는 1920년대 이후의 아시아계 인구의 유입으로 "그들의 식민지"가 되어 버렸기 때문에 지금의 그리스는 "다양한 인종의 혼합체"에 의해 점령된 땅이며 "현재 그리스에 거주하고 있는 사람들은 문화적인 맥락에서 볼 때, 그리스인이 아니다"라는 극단적인 주장을 편다.

모든 면에서 볼 때, 현대 그리스인은 아크로폴리스를 건설한 사람들과 아무런 관계가 없다고 보아야한다. 그것은 스톤헨지를 건설한 사람들과 우리들이 상관이 없는 것과 같은 이치다. 그러나 국가로서가 아니라 정신으로서 존재하는 또 하나의 그리스는 여전히 존재한다. 이성과 빛과 아름다움이 있는 곳이라면, 그리스는 존재한다. 진리가 무엇인지, 그리고 그것이 어떻게 인식되는지를 고민하는 곳이라면 어디든 그리스는 존재한다. 그리스가 없었다면 셰익스피어도 밀턴도, 뉴턴도 라이프니츠도, 바흐도 모차르트도, 데카르트도 로크도, 데이비드 흄도 아담 스미스도 없었을 것이다. 우리 즉, 서유럽과 영어권 국가의 교양인 계급이야말로 진정한 그리스의 계승자이다. 무엇보다도 의심할 여지없이, 영국은 새로운 그리스의 아테네로서 존재해왔던 것이다. 엘긴의 대리석은 현재 런던에 있다. …… 이것들을 우리가 간직하는 것이 우리의 의무이다.11)

현대 그리스를 고대 그리스와 문화적으로 단절된 이질적인 국가로 보는 갭의 주장은 "엘긴의 대리석을 달라고 쉼 없이 징징대는" 현대 그리스인들을 "자해한 상처를 보여주며 동정심을 유발하는 거리의 거지들처럼, 교활하고 질 나쁜 민족"12)이라고 잘라 말하는 그의 민족적, 인종적 편견에 기초해 있다. 갭이 보는 그리스의 그리스성은 다양한 인종이나 아시아계의 유입이 없는 '순수한 백인'만의 국가일 때 성취될 수 있는 것이기 때문이다. 그가 말하는 자신의 "열정적 헬레니즘"은 실제 존재한 고대 그리스 자체에 대한 애정이

---

11) "Should the Elgin Marbles be Returned to Athens?" Free Life Commentary 89. http://www.seangabb. co.uk/flcomm/flc089.htm.

12) "The Inaugural Meeting of the Property and Freedom Society : An Incident Record," *Free Life Commentary* 148, http://www.seangabb.co.uk/flcomm/flc148.htm.

아니다. 그것은 그리스의 동양적 기원을 모르거나 무시하는 유럽의 역사가 만들어낸 허구의 그리스에 대한 집착일 뿐이다. 갭의 그리스 애호주의는 '정신'과 '이성과 빛과 아름다움'과 '진리'를 서구인만이 가지고 있는 미덕이고 동양은 그것들에 대한 결여라고 주장하는 오리엔탈리즘에 근거하고 있다. 갭의 편견은 근대 이후의 영국, 나아가 서유럽의 헬레니즘이 얼마나 이러한 유럽중심주의와 자민족중심주의에 오염되어 있었는지를 반증한다.13)

5. 유럽중심주의와 자민족중심주의의 한계, 그것을 넘어서기

영국사회에 그리스의 철학과 문학, 그리고 예술에 대한 관심과 애착이 일기 시작한 것은 특히 19세기에 접어들면서부터였다. 그것이 스튜어트와 레베트의 책처럼 순수한 지적 호기심에서 시작된 것이든, 박물관의 안내서를 통해 관객을 교육시키기 위한 수단이든, 혹은 식민지 지배의 방식에 대한 고민에서 나온 제국주의적 문화정치학의 일환이든 헬레니즘은 영국의 문학과 문화 속에 일정한 흔적을 남겼고 그것의 영향은 지금도 계속되고 있다. 특히 아널드가 그리스 고전작품의 현대적 가치를 이야기한 것은 그것이 한 국민의 정신을 소통시키는 교양의 매개체인 영국의 문학을 부흥시키고 나아가 궁극적으로 시민을 자기중심적인 세계에서 해방시켜 국가적 통합을 이룰 수 있다고 보았기 때문이었다.

---

13) 아르테미스 레온티스(Artemis Leontis)는 그리스를 여행한 근대의 유럽인들이 그리스를 자기네 "조국의 연장(extension of home)"으로 간주한 많은 사례를 지적한다. "그리스의 실제 공간"은 "그 가치가 지나치게 과장된 고대역사로 포위된 채 …… 유럽 도시에 대응하는 공간"으로 기능하게 되었다는 것이다. 이는 Leontis 10쪽을 참고할 것.

그러나 고대 그리스의 정신이 고전 시대의 문화유산인 고전 텍스트를 통해 이어져오고 있고 또 그 정신이 현대 그리스가 아니라 영국으로 이어지고 있다는 생각은 곧 고전 나아가 고대에 대한 지식이 특정한 시대와 장소의 정치학에 봉사할 수 있는 가능성을 시사한다. 19세기의 유럽의 제국들은 고전에 부여한 엄청난 의미와 함께 문학의 사회적 기능에 대한 신뢰를 바탕으로 국내와 국외의 정책에 활용하게 되었다. 스트레이의 말대로, "고전은 유럽문화에서 상징자원으로서 중요한 역할을 수행했다"(1). 고전 혹은 고대 그리스와 로마의 지적 생산물과 그것에 관한 지식을 소유하는 것은 바로 사회적 계급을 구별짓는 간접적인 문화적 자산이 되었던 것이다. 요컨대 고전에 대한 지식은 가치의 권위적 모범으로 간주됨으로써 사회적, 계급적 경계를 확립하고 유지하는 기능을 했던 것이다. 고대 그리스의 예술은 영국인에게 인문적인 가치를 일깨우고 그들의 지적, 문화적 수준을 고양시키는 매체가 되기도 했지만, 그레월이 지적했듯이 영국 국내와 국외의 여성과 하층민, 그리고 식민지 피지배자들을 교육하고 억압하는 수단이 되기도 했던 것이다.

문제는 고대 그리스에 대한 집착에서 드러나는 유럽중심적이고 자민족중심적인 태도는 결국 영국의 헬레니즘이 동양에 대한 편견 나아가 그리스에 대한 편견과 교집합의 관계에 있다는 점이다. 심지어 19세기 영국의 진보적인 지식인들조차도 이런 혐의로부터 자유롭지 못하다는 것은 잘 알려진 사실이다. 이상화시킨 고대 그리스의 추상적 공간을 영국 속에 물신화시켜 재현하려는 순간 헬레니즘은 영국의 국내외에서 왜곡된 문화권력으로 작동될 위험을 안고 있었던 것이다. 그것은 국민국가와 제국을 지향한 근대의 정치적 체제들이 만들어낸 문화적 담론과 공간들의 공통된 특징이기도 하다.

오리엔탈리즘은 아직 끝나지 않았다. 그것은 유럽중심주의나 인종주의로 쉽게 그 모습을 드러내고 있다. 그러나 문제는 오리엔탈리즘과 인종주의가 비단 서구의 것만이 아니라 어느새 한국 사회에서도 우리의 내면 속에 깊이 자리하고 있는 종양과 같은 것이 되었다는 점이다. 서양이 자신의 욕망과 입장에서 동양을 바라보는 편향된 시각을 '오리엔탈리즘'이라 부른다면, 동양이 서양에 대해 가지는 편향된 시각은 '옥시덴탈리즘Occidentalism'이라고 부를 수 있다. 영국의 역사에서 보듯이, 하나의 민족은 자신의 명예를 위해 역사를 창조하기도 하고 다른 민족의 역사를 편취하기도 한다. 우리의 역사는 이러한 면이 없는지 살피는 것도 의미 있는 작업이 될 것이다.

나아가 서양 고전의 동양 사회 속 유통은 오리엔탈리즘과 유럽중심주의를 확산시키는 도구로 기능한 측면이 있다. '그레이트 북스Great Books'라는 이름으로 한국에서 번역되어 유통된 서양의 고전 가운데 유럽중심주의의 확산에 관계된 고전에는 어떤 것이 있는가 생각해보는 것도 우리를 돌아보는 좋은 계기가 된다. 마찬가지로 우리가 우리의 고전을 발굴하고 정리하여 유통시킬 때 온전히 편견 없는 자세를 가지고 있는지도 살펴볼 필요가 있다. 제국이 자신들의 고전으로 식민지인의 의식을 서구화하려고 했던 것처럼 우리의 지난 20세기 후반의 고전들은 국가 권력에 의해 일부 의도적으로 유통된 것들도 있다는 것은 의심의 여지가 없기 때문이다. 문화의 교섭은 서로의 얼굴을 비추는 거울처럼 작동하고 있는 것이다.

참고문헌

마틴 버낼(오흥식 역),『블랙 아테나』, 소나무, 2006.
에드워드 사이드(성일곤 편역),『도전 받는 오리엔탈리즘』, 김영사, 2001.
_____(김성곤, 정정호 역),『문화와 제국주의』, 창, 1995.
_____(박홍규 역),『오리엔탈리즘』, 교보문고, 2007.

Arnold, Matthew. *Culture and Anarchy and Other Writings*, ed. Stefan Collini, Cambridge :
　　Cambridge UP, 1993.

Bell, Duncan. *The Idea of Greater Britain : Empire and the Future of World Order*, 1869-1900,
　　Princeton : Princeton UP, 2007.

Byron, George Gordon. "Childe Harold's Pilgrimage," *Lord Byron : The Major Works*, Oxford :
　　Oxford UP, 1986.

Gabb, Sean. "Should the Elgin Marbles be Returned to Athens?" Free Life Commentary 89 (2003).
　　http://www.seangabb.co.uk/flcomm/flc089.htm.

_____. "The Inaugural Meeting of the Property and Freedom Society : An Incident Record," Free
　　Life Commentary 148, 2006, http://www.seangabb.co.uk/flcomm/flc148.htm.

Goody, Jack. *The Theft of History*, Cambridge : Cambridge UP, 2006.

Grewal, Inderpal. *Home and Harem : Nation, Gender, Empire and the Cultures of Travel*, Durham :
　　Duke UP, 1996.

Hastings, Chris. "Revealed how rowdy schoolboys knocked a leg off one of the Elgin Marbles,"
　　http://www.telegraph.co.uk/news/uknews/1490023/Revealed-how-rowdy-schoolboys-knocked-
　　a-leg-off-one-of-the-Elgin-Marbles.html.

Heit, Helmut. "Western Identity, Barbarians and the Inheritance of Greek Universalism," *The
　　European Legacy* 10.7, 2005, pp. 725-39.

Houghton, Walter E. *The Victorian Frame of Mind, 1830-1870*, New Haven : Yale UP, 1963.

Jenkyns, Richard. *The Victorians and Ancient Greece*, Cambridge : Harvard UP, 1980.

Keats, John. "Ode on a Grecian Urn." *The Norton Anthology of English Literature*, ed. M. H. Abrams. et. al. 4th ed. Vol. 2, New York : W. W. Norton, 1979, pp. 825-27.

_____. "On Seeing the Elgin Marbles." *The Norton Anthology of English Literature*, ed. M. H. Abrams. et. al. 4th ed. Vol. 2, New York : W. W. Norton, 1979, p. 801.

Lambropoulos, Vassilis. *The Rise of Eurocentrism : Anatomy of Interpretation*, Princeton : Princeton UP, 1993.

Leontis, Artemis. *Topographies of Hellenism : Mapping the Homeland*, Ithaca & London : Cornell UP, 1995.

Mill, John Stuart. "On Liberty." *The Norton Anthology of English Literature*. ed. M. H. Abrams. et. al. 4th ed. Vol. 2, New York : W. W. Norton, 1979, pp. 1062-1073.

_____. "Civilization," http://www.laits.utexas.edu/poltheory/jsmill/diss-disc/civilization/civilization.s06.html.

Patterson, Thomas C. *Inventing Western Civilization*, New York : Monthly Review Press, 1997.

Potts, Alex. *Flesh and Ideal : Winckelmann and the Origins of Art History*, New Haven : Yale UP, 2000.

Shelley, Percy Bysshe. "Preface to Hellas," *The Complete Works of Percy Bysshe Shelley*, http://www.gutenberg.org/dirs/etext03/shlyc10.txt.

Stray, Christopher. *Classics Transformed : Schools, Universities, and Society in England*, 1830-1960, Oxford : Oxford UP, 2004.

Winterer, Caroline. *The Culture of Classicism : Ancient Greece and Rome in American Intellectual Life*, 1780-1910, Baltimore : The Johns Hopkins UP, 2002.

Young, Robert C. *Postcolonialism : An Historical Introduction*, Oxford : Blackwell, 2001.

제3부

소통과 연대의
인문학적 사유

테러 시대의 철학과 유럽의 갱신[1] •••

Ⅰ. 전체 개요

이 글은 9·11 이후 하버마스, 데리다와 나눈 대담, 그리고 두 사람의 공동선언문을 분석한다. 대담과 선언문에서 확인할 수 있듯이, 두 사람 모두 테러리즘을 비판하는 동시에 9·11 이후 미국이 국제법과 국제 연합의 테두리를 벗어나 일방적으로 대對 테러 전쟁을 수행하는 것에 비판적이다. 그들은 9·11에 대한 대응 과정에서, 그리고 9·11 이후의 세계 질서 기획에서 미국이 보여주는 것과는 다른 방식이 필요하며, 유럽이 그 역할을 감당할 수 있음을 역설한다.

두 철학자는 각자 자신의 논리와 스타일로, 왜 유럽이 새로운 세계 질서 기획에서 미국과 다른 대안을 제공할 수 있는지를 유럽의 고유한 성격을 제시함으로써 설득하려 한다. 이것은 곧 유럽의 정

---

[1] 이 글의 목적은 9·11 이후, 이 사건에 대한 하버마스와 데리다의 입장을 확인할 수 있는 자료, 『테러시대의 철학 : 하버마스, 데리다와의 대화』, 「데리다, 하버마스의 공동선언문 ― 우리의 혁신, 전쟁 이후 유럽의 재탄생」을 독자들이 직접 읽을 수 있도록 안내자의 역할을 하는 것이다. 이를 위해 한편으로는 내용의 핵심을 드러내고, 풀어내는 데 초점을 맞추면서, 다른 한편으로는 독자들이 직접 두 사상가의 스타일에 접하도록, 다시 말해 그들의 육성을 가급적 그대로 들을 수 있도록 했다. 그렇게 함으로써 (대륙 철학의 전통에 속한) 철학자들의 스타일을 경유하여 그들이 사유했던 사태에 들어가도록 하고, 그 사태가 그들의 스타일에 의해 어떻게 드러나는지 확인하도록 했다.

체성에 대한 서술이기도 하다. 따라서 우리로서는 두 유럽 사상가들이 유럽 역사의 독특함을 어디에서 찾는지, 혹은 자신들의 터전인 유럽의 정체성을 어떻게 이해하는지 비판적으로 주목하며 이들의 주장을 살펴보아야 할 것이다.

하버마스의 스타일에 비해, 데리다의 스타일은 접근하기가 쉽지 않은 면이 있다. 그 어려움의 상당 부분은 사유의 급진성, 근원성에서 온다. 테러리즘을 두고 전개된 이 대담에서, 데리다는 자신이 그간 발전시킨 사유들을 엮고 교차시킨다. 그것은 이 대담을 이해하기 위해서는 데리다 사상의 전반적 요체를 사전에 어느 정도 이해하는 것이 필요하다는 것을 의미한다. 그런데 이러한 상황을 다른 각도에서 보면, 이 대담이 이해하기 어려운 데리다의 사유 방식, 특정 개념들이 구체적 현실 문제에 어떻게 적용되는지를 보여줌으로써 그것들을 보다 잘 이해할 수 있는 기회를 제공한다는 것이다. 특히 '해체'의 개념이 그렇다.

이 대담에 등장하는 핵심 주제들로는, '테러리즘', '관용', '세계시민주의', '유럽(의 정체성과 역할)' 등을 꼽을 수 있다. 이러한 주제들을 두고 하버마스와 데리다의 입장들은 때로는 어긋나기도 하고, 때로는 교차하거나 겹치기도 한다. 이런 점들에 유의하며 이 대담을 읽는다면, 현대사회에 대한 깊이 있는 인식과 통찰을 얻을 수 있을 것이다.

Ⅱ. 하버마스

1. 9·11은 세계사의 흐름을 중단시키는 사건인가?

세계무역센터가 다양한 상징적 의미를 함축한 채 붕괴한 사건이 제1차 세계대전 같은 역사의 중단을 함축하는 사건인지, 아니면 사람들이 일찍부터 인지하고 있었던 우리 문명의 취약성을 극적으로 드러낸 사건인지는 현재로서는 불분명하다. 어떤 사건이 프랑스 혁명처럼 의심의 여지가 없을 만큼 중요한 것이 아니라면, "오직 영향사effective history만이 회고적인 방식을 통해서 그 사건의 중대성을 판단할 수 있을 것"(62)[2]이다.

2. 9·11 (이후) 테러리즘의 새로운 양상

9·11의 새로운 점은 우선, 공격 표적의 상징성에서 찾을 수 있다. 그들이 파괴했던 것은 단순히 맨해튼의 최고층 건물이 아니라, "널리 알려진 미국의 국가적 상징물에 속하는 하나의 형상"(64)이었다. 다음으로, 이 공격은 또한 매체를 통해 생중계되었다. 이 중계 과정을 통해 미국의 한 지역에서 일어난 사건은 동시에 전지구적 사건이 되었다.

이 새로운 테러리스트들은 익숙한 지역에서 권력 획득을 목표로 전투를 벌이는 파르티잔과 달리, "파괴와 불안을 야기하는 책략 그 이상의 어떤 프로그램을 추구하지"(66) 않았다. 또한 그들은 이 테러

---

2) 이 숫자는, 지오반나 보라도리, 『테러시대의 철학 : 하버마스, 데리다와의 대화』, 손철성 외 옮김, 문학과지성사, 2004(이하 『테러시대의 철학』으로 표시)의 해당 쪽수를 표시한다.

행위의 동기가 종교적인 것임을 드러냈다. 이런 까닭에 이 새로운 테러리즘의 적이 누구인지, 그 위험은 어떤 것인지를 평가하기가 어렵다.

3. 종교적 근본주의, 유럽 내 종교의 존재 양상

근본주의는 "진실된 신념의 수호자나 대표자가 다원주의 사회의 인식론적 정황을 무시하면서, (중략) 자신들의 교설이 보편적인 구속력을 갖고 있다고 주장하면서 이 교설의 정치적 수용을 강요할 경우"(70) 발생한다. 그러나 근대 이후 하나의 신념이 스스로 배타적 진리성을 주장하는 것은 소박한 태도이다.

근대 사회에서 종교적 신념은 "다른 종교들에 의해서도 공유되고 또한 과학적으로 형성된 세속적 지식에 의해서도 제한을 받는 보편적 담론의 내부에 배타적이지 않은 자신의 자리를 마련"(70)해야 했다. 유럽은 이러한 과정을 통과했다.3) 그 결과 유럽에서 "종교는 다른 종교나 세속적 지식과 같은 타자의 눈을 통해 자신을 볼 수 있게 되었[다]."4)(71)

근본주의는 '현저한 인식론적 불일치에 대한 억압'의 관점으로 설명될 수 있다. 근대 이전 종교적 세계관은 하나의 인식론이기도 했다. 즉 세계의 원리와 구조에 대한 종교적 설명은 세계에 대한 하나의 타당한 설명이었다. 그러나 근대 이후 이러한 순진함은 더 이

---

3) 그것이 가능했던 배경은 유럽에서 진행된 "신앙의 분열과 사회의 세속화"(『테러시대의 철학』, 70쪽)였다.

4) 하버마스는 이것을 종교가 성취한 자기 반성이라고 부른다. 이런 바탕 위에서 정교분리나, 종교적 관용이 이루어질 수 있었다. 『테러시대의 철학』, 70~71쪽 참조.

상 유지되지 못하고, 과학적 지식과 종교적 다원주의가 인식론적 조건을 형성하게 되었다. 이런 상황임에도 불구하고 종교적 세계관이 스스로를 세계에 대한 유일하게 타당한 설명으로서 자신을 관철하려고 할 때, 억압이 발생한다.

4. 근대화 과정과 종교적 근본주의

근대화는 서구에서나 비非서구에서나 전통적인 삶의 방식을 무너뜨렸다. 이것은 근대화가 폭력—반드시 물리적인 것은 아닌—을 동반했다는 것을 의미한다. 그러나 비서구에서 근대화는 서구에 비해 더욱 폭력적 방식으로 진행되었다. 그것은 대부분의 경우, 비서구 근대화가 서구 식민주의를 통해, 혹은 식민주의에 의해 진행되었기 때문이다. 이 과정에서 세계는 근대화를 통해 이익을 얻는 국가들과 그렇지 못한 국가들로 양분되었다. 후자에 속하는 아랍 국가들에게 전자를 대표하는 미국은 동경의 모델인 동시에, 모욕감을 느끼게 하는 존재였다.

유럽에서 근대화는 "생산적인 파괴의 과정"으로 인식되었다. 즉, 근대화는 과거로부터 이어져 온 생활 방식의 고통스러운 해체를 요구하지만, 그것은 동시에 번영과 풍요를 약속하는 것으로서 이해되었다. 그러나 아랍 세계에서는 이러한 보상이 이루어질 것이라고 기대하기 힘든 상황이었고, 힘의 현실적 열세 속에서 서구에 대한 방어적 저항은 주로 정신적 원천들에 의거하여 이루어졌다.

오늘날 이슬람 근본주의는 정치적 주장을 위한 외피의 성격을 띠기도 한다. '성전聖戰'에 참여한 사람들 중 일부는 민족주의적인 권

위주의적 정권들에 실망하여 종교적 원리에 빠져들었다.[5]

5. 무기력한 반항인 9·11 테러

9·11 테러 같은 전지구적 테러는 무정부주의적 특성을 지니고
있다. 이것은 도저히 이길 수 없는 적을 상대로 하는 "무기력한 반
항"에서 나타나는 특성이다. 이러한 테러의 유일한 효과는 "정부와
주민에게 충격과 경고를 주는 것"(75)[6]이다.

6. 테러 행위와 범죄, 폭력의 차이, 혹은 동일성

도덕적 관점에서 테러 행위는 여타 범죄, 폭력과 차이가 없다. 그
것은 자신의 목적을 이루기 위해 타인의 생명을 취하거나 타인에게
고통을 주는 행위이다. 그러나 역사적 관점에서 볼 때, 테러는 여타
형사 범죄와는 다르다. 그 차이는 테러가 **"공적인 관심을 받을 만하
고**[7] 질투로 인한 살인의 사례와 다른 분석을 요구한다는 점"(75)[번역
일부 수정]에서 확인된다.

정치적 테러와 일상적 범죄의 차이점은 정권의 교체기에 확연하
게 드러난다. 이 시기에는 테러리스트들이 권력을 장악하여, 존경을
받는 국가의 대표자들이 되는 경우가 있다. 그들에게는 적어도 후
에 자신들의 행위를, "정의롭지 못한 상황을 타파하기"(76) 위한 것

---

5) 대체로 이슬람 국가들에서 권력층들은 종교적 근본주의자, 원리주의자를 억압한다. 그것은 그
들의 주장이 권력을 향유하는 층에 밀려 경제적으로, 정치적으로 나락에 떨어진 민중들에게
호소력을 발휘하고, 이것은 권력층에게 위협이 되기 때문이다.
6) 이러한 특성은 체첸의 독립 투쟁에서 볼 수 있는 준(準)군사적 형태의 게릴라전과 비교하면
두드러진다.
7) 다른 언급이 없을 때, 강조는 저자의 것이 아니라 필자의 것이다.

이었다고 정당화할 여지가 존재하지만, 9·11 테러에 대해서는 나중에라도 그런 행위로 평가할 수 있을법한 맥락을 떠올리기 어렵다.

7. 동질적인 문화 내 의사소통과 이질적인 문화 간 의사소통

우리는 일상에서 의사소통을 하면서 (행위를 조정하며) 생활하고 있다. 이것이 우리의 삶의 방식이기 때문에, "의사소통의 왜곡, 오해와 불충분한 이해, 위선과 기만"(77)[번역 일부 수정]이 삶에 개입될 때, 갈등이 발생한다. 의사소통의 왜곡이 교정, 개선되지 않고 악순환되면, 상호 불신의 악순환으로 이어지고, 결국 폭력의 악순환이 시작된다. 따라서 폭력이 발생한 경우, 무엇이 잘못되었고, 무엇이 개정되어야 하는지 알 수 있다. 문제는 이러한 통찰이 "동일한 사회"를 넘어 국제적 관계나 상이한 문화들 간의 관계에 곧 바로 적용될 수 없다는 것이다.

8. 해석학적 이해 모델과 동화주의적 이해 모델

동화同化적인 이해 모델an assimilation model of understanding에 따르면 "철저한 해석이란 [타자의 합리성 표준들을] 자신의 고유한 합리성 표준들에 동화시키거나 완전히 낯선 세계관의 합리성에 자신을 맞추는, 따라서 일종의 복종 같은 것을 의미한다."(81)[번역 일부 수정] 번역의 상황과 원칙적으로 다르지 않은 상이한 문화 사이의 대화 상황에서, 해석은 양측이 사전에 지니고 있는 선입견들 사이의 간격을 메워주는 것이 되어야 한다. 구체적 대화 과정에서, 이러한 사전 이해는 곧 그 일면성이 드러나고, 이러한 상황을 극복하기 위해 해석학적 노력을 기울이게 된다. 이것은 각 문화 주체가 각각 자신의 원래 관점들을 확장시키고, 궁극적으로는 그 관점들을 결합시키려는 노력이다. 이것을 가다머는 '지평들의 융합'이라고 불렀다. 이것을 달리 말하면, '상호적 관점 취하기'라고 명명할 수 있다. 융합을 통해 새로이 형성된 공통 지평 속에서 이루어진 해석은 자민족 중심주의로부터 나온 것도 아니고, 자신의 입장을 상대편 입장에 맞춰converted 산출된 것도 아닌, 상호 주관적인 것이다.[8]

9. 세계시민주의의 타당성

칼 슈미트 식의 생각에 따르면, 국제법상의 교전 당사자 간 관계들을 세계시민주의적으로 사법화하려는 것a cosmopolitan juridification은 "특정한 이해관계를 보편주의라는 가면으로 은폐시키는 결과를 낳는다."(83) 그럼에도 불구하고, 칸트가 고전적 국제법 대신 기획했던 세계시민 국가와 같은 것을 구축하는 것 외에 다른 대안은 없다.[9]

현실 국제기구의 한계를 극복하고, 세계시민주의적 질서를 구상하는데 있어서, 북미 앵글로색슨 국가들이 국제 관계의 현실에서 영감을 얻는데 비해, "유럽 대륙의 국가들은 규범적 정당성을 선호하면서 국제법이 점진적으로 세계시민주의적 질서로 전환되기를"(85) 바라는 편이다.[10]

---

8) 하버마스는 이러한 대칭적 조건 속에서 이루어지는 상호 이해만이 폭력의 악순환을 폭력 없이 종식시킬 수 있다고 생각한다. 해석학적 이해 모델에 대한 보다 상세한 내용은 김정현, 「자문화중심주의와 해석학적 타자 이해 : 가다머의 해석학에 기초한 테일러의 논의를 중심으로」, 『해석학연구』, 34집, 한국해석학회, 2014 참조.
9) 하버마스는 이 대안이 쉽게 현실에서 구현될 수 있으리라 생각하지는 않는다. 『테러시대의 철학』, 83~86쪽 참조.

10. 관용과 헌법

지난 수 세기 동안 유럽에서 관용은, 낭트 칙령에서 보듯이 "가부장적 정신 속에서" 실행되었다. 다시 말해 관행을 벗어난 행동에 대해 "지배자나 다수파의 문화가 자기들 마음대로 기꺼이 '관용한다'라고 일방적으로 선언하는"(86) 식이었다. 이 경우 관용은 소수파가 '관용의 한계선'을 넘어서지 않는다는 조건하에서 다수파에 의해 허락된다. 이와 같은 권위주의적인 '허용의 관점'에서 이해되는 관용에 대한 비판은 타당성이 있다. 관용의 한계선을 기존 권위가 자의적으로 설정하는 까닭이다. 이처럼 관용이 일정한 한계 안에서만 실행되고, 그것을 넘어서면 중단된다는 점은 "관용 자체가 불관용이라는 핵심적 문제를 안고 있다는 인상"(87)을 낳는다.

관용에 역설적인 성격이 있는 것은 사실이나, 그렇다고 관용 개념을 해체할 필요는 없다. 헌법에 기초한 민주적 공동체는 전통적인 '관용' 개념에 담긴 가부장적 의미가 현실화될 수 있는 근거를 부정하기 때문이다. 다시 말해 민주적 공동체에서는 원칙적으로, 특정한 권위가 관용의 경계선을 일방적으로 긋는 것이 금지되어 있다. 다른 사람들의 신념, 가치관에 대해 어디까지 관용할 것인가를 규정하는 것은 헌법(의 원리)이다.

민주적인 공동체에서 헌법이 중요한 것은, 헌법의 해석에 대한 문제들이 발생할 때, 그것을 다루기 위한 규정들까지 헌법이 포함하고 있기 때문이다. '시민불복종'을 관용하는 공동체의 헌법은 그

---

10) 이에 대해서는 이 글의 Ⅳ장 공동선언문 분석 참조.

입헌적 보호를 기존 질서를 넘어서는 행동에까지 적용할 뿐 아니라, "그 공동체의 규범적 내용을 규정하면서 결속력을 다져주었던 모든 관행과 제도를 넘어서는 행동"(88)에까지 확대하여 적용한다. 이 경우, 헌법은 "자기 자신의 경계선을 넘어서는 상황을 보호할 정도까지 **자기 성찰적으로 확대**"(88)된 것이다.[11]

Ⅲ. 데리다

1. '9·11'이라는 명명(命名) 방식[12]

사람들은 특정 사건을 9·11로 명명하면서도, 자신이 무엇을 명명하는지 정확히 알지 못한다. 사정이 이러함에도 불구하고 사람들은 9·11을 반복해서 말한다. 이것은 "마치 단번에 두 번의 푸닥거리를 하려는 것"(160)으로 보인다. 한편으로는 그 이름으로 지시하고자 하는 그것이 야기하는 "두려움이나 공포를 주술적으로 몰아내기 위해서, (중략) 다른 한편으로는 문제의 그 사물[사태, 일]을 적절한 방식으로 명명하고 규정하지 못하는 우리의 무능력을 (중략) 부인하기 위해."(160)

9·11이 우리에게 '대사major event이라는 인상'을 준다는 사실에 주목할 필요가 있다. 이 '인상'이 정당한 것이든 아니든, "이 '인상'

---

11) 관용의 원리를 담고 있는 헌법이 관용의 경계를 넘어설 수 있는 것은 "자유주의적 질서의 법률적, 도덕적 토대가 지니고 있는 보편주의적 본성 덕택"(『테러시대의 철학』, 89쪽)이라고 말한다. 이에 대해서는 『테러시대의 철학』, 89~90쪽 참조.
12) 데리다는 9·11 테러에 대해 말하면서 먼저 날짜를 가지고 그 같은 사건을 명명하는 것이 어떤 의미를 지니는지를 분석한다.

자체가 하나의 사건"(163)이다.13) 대사건이란, 그 본의를 따져 본다면, "너무나 예견 불가능하고 돌발적이어서, 우리가 그것을 **사건으로서**[저자 강조] 알아보고 재인再認, reconnaître할 수 있게 하는 토대가 되는 개념의 지평이나 본질의 지평조차도 교란하는 것일 수밖에"(165~166) 없는 것이다. 따라서 사건은 전유와 예견이 불가능한 것이며, 순수하게 독특한 것이며 지평이 부재한 것이다.14)

사건에 대한 이러한 규정에 의거할 때, 9·11을 '전례 없는 사건'이라 부를 수 있을까? 그것은 **아주 불확실하다**. 세계적으로 9·11에 필적하거나 더 큰 규모의 살육이 있었지만, 그것이 미국이나 유럽 바깥에서 일어날 경우, 유럽이나 미국의 미디어와 여론에 현재 9·11이 일으키는 정도의 파란을 일으키지는 않는다. **유독 9·11이 대사건의 인상을 주는 이유**를 해명하기 위해서는, 냉전의 종결 이후 "'세계'의 지평을 규정하는 어떤 육중한 사실"(171)을 고려해야 한다. 그 사실이란, 세계 질서가 "미국이 지닌 힘의 굳건함과 신뢰도에, **신용**[저자 강조]에 의존하고 있다는 점"(171)이다.

이러한 초강대국을 뒤흔드는 것은 전 세계를 뒤흔드는 것이기도 하다. 이러한 공격으로 위협을 받는 것은 미국이 보장하는 질서에 의존하는 세력, 권력, '사물들' 뿐 아니라, "**보다 근본적으로는**[저자 강조] 바로 '9·11'과 같은 것을 이해하고 설명할 수 있게 해준다고 간주되는 해석 체계·공리계·논리·수사법·개념·평가와 같은 것

---

13) 일반적으로, "사건은 (일어난 혹은 도래한) '사태' 자체(the 'thing' itself)와, 이른바 '사태' 자체가 부여하고 남겨두고 만들어낸 (그 **자체 '자생적'이면서도 '조종된'**) 인상으로"(『테러시대의 철학』, 163쪽) 이루어진다.

14) '사건'에 대한 상세한 설명은 『테러시대의 철학』, 165~167쪽 참조.

들"(171)이다. 달리 말해 "압도적이고 패권적인 방식으로 세계의 공적 공간에서 승인된 담론들 모두"(172)이다.

2. 자가 면역(autoimmunity)[15]과 9·11

1) 첫 번째 자가 면역과 9·11

9·11은 "전 세계 질서의 보증자나 후견자 역할"(175)을 하는 국가를 침범한 것이다. 미국은 공격에 노출된 듯 보이지만, 그 공격은 마치 내부에서 온 것 같다. 미국에서 훈련을 받은 납치범들은 하나의 자살로 두 가지 자살을 실행한다. 곧 자신의 자살과 미국의 자살. 내부로부터의 공격, 그렇기에 무방비로 당할 수밖에 없는 공격이라는 점에서 9·11은 가장 큰 공포를 느끼게 하는 공격이다.

2) 두 번째 자가 면역과 9·11

사건이란, 일상적 시간에, 그 시간을 사는 주체에게 어떤 상처를 남긴다는 점에서, 그 내부에 정신적 외상을 초래하는 어떤 것을 지니고 있다. 만일 9·11이 대사건과 유사한 어떤 것이라면, 그것은 9·11로 인한 상처가 과거와 현재뿐 아니라 **미래와 연관되어 있기 때문**이다. 그렇기 때문에 9·11에 대해서는 적절한 애도가 불가능하다. 이러한 "외상의 효과를 완화시키거나 중화시키기 위한(외상을 부인하고 억압하고 망각하기 위한, 그것을 애도하기 위한) 이 모든 노력 역시 절망적인 시도"(183~184)이며, 자가 면역적이다. 그것은

---

15) 자가 면역이란 "살아있는 유기체가, (중략) 자기 자신의 면역 체계를 파괴함으로써, 자신의 자기-보호에 반(反)하여 자기를 보호하는 작용이다"(『테러시대의 철학』, 174쪽).

그런 노력들이 극복하겠다고 하는 괴물성을 산출하고 발명하고 키우는 것이 바로 그런 노력들이기 때문이다.

3) 세 번째 자가 면역과 9 · 11

미국이 현재 벌이고 있는 '테러와의 전쟁'은 자신이 공언하는 바, 악을 척결하는 것이 아니라, 오히려 그 "악의 원인을 단기적으로든 장기적으로든 스스로 재발시킨다."(184) 악을 제거하기 위한 전쟁은 희생자들로 하여금 다시 대항 테러를 하게 만들고, 그 희생자들은 다시 반격하는 **악순환을 형성한다**.

3. '테러와의 전쟁'이라는 표현에 담긴 혼란

'테러와의 전쟁'은 혼란스러운 표현이다. 부시는 이 군사적 조치를 '전쟁'이라 말하지만, 정작 그것이 누구를 상대로 하는 것인지는 규정하지 못했다. 전쟁이 (선전 포고를 매개로) 국가 간에 일어나는 것이라면, 빈 라덴을 간접적으로 도와준 국가들은 국가로서 그를 도운 것이 아니다. 만약 그런 간접적 지원 행위를 국가로서 한 것이라 주장한다면, 그것은 미국이나, 유럽 여러 도시들의 경우도 마찬가지라고 말해야 할 것이다.

미디어의 수사법이나 지배적인 정치권력의 영향 하에 있는 언어를 맹목적으로 신봉할 생각이 아니라면, '테러 행위,' '국제적 테러 행위' 같은 말은 신중하게 사용해야 한다. 테러를 인간 생명에 대한 범죄라는 점에서 불법으로 볼 경우, 그러한 규정에는 민간인과 군인이 구별된다는 점, 그리고 "어떤 정치적 목적성 민간인에게 테러를 가함으로써 한 나라의 정치에 영향을 미치거나 그것을 바꾸는 것"(189~190)이 함축되어 있다. 테러를 이같이 정의할 때, 그것은 '국가 테러리즘'을 배제하지 않고 있다. 사실, 세계 모든 테러리스트는 자신의 행위를 국가 테러리즘에 대한 방어적 대응이라고 주장한다.16)

4. 9·11의 전략에서 용인될 수 없는 것

알 카에다 측의 9·11 전략에서 수용할 수 없는 것은 "잔혹성이나 생명 경시, 법에 대한 경시, 여성 등등에 대한 경시, 종교적 광신주의를 위해 현대 기술자본주의 가운데 최악의 것을 이용하는 일"(207)만이 아니다. 무엇보다도 이들 행위, 그리고 그와 관련된 담론들이 "**장래로 열려 있지 않다**[저자 강조]는 점"(207~208)이다.17)

5. 새로운 유럽에 대한 기대

'테러와의 전쟁'을 성찰하면서, 가능성의 차원에서 현재의 국제기구와 다른, 독립적인 제재력을 갖춘 국제법적 기구를 그려보는 것은 분명 유토피아적이다. 그럼에도 불구하고 "이 불가능한 것이 지닌 가능성에 대한 신앙"(210)이 우리의 결정들을 지배해야 한다. **새로운 유럽**은 실질적 권위를 지닌 국제법을 확립하는데 기여할 수 있다. "유럽은 자신의 기억을 부인하지 않고, 오히려 정반대로 그

---

16) 테러리즘을 규정하는 일의 어려움을 말함으로써 데리다는 테러리즘이 수수께끼 같은 것임을 드러내고자 한다. "물론 이러한 진리는 받아들이기 어렵다. 하지만 거부하는 것은 더 위험하다"(지오반나, 보라도리, 『테러시대의 철학』, 275쪽).
17) 빈 라덴 일파가 9·11을 통해 보여준 행위와 관련 담론들이 장래를 향해 열려 있지 않다는 것은 거기에 세계의 (완전화) 가능성에 대한 어떤 약속을 들을 수 없다는 것이다. 『테러시대의 철학』, 207~209쪽 참조.

기억에서 본질적 자원을 길어냄으로써 (중략) **국제법의 장래에** 결정적으로 기여할 수"(213) 있다. 유럽이 이러한 역할을 할 수 있는 것은 유럽의 역사적 경험, 구체적으로 정치적인 것과 종교적인 것 간의 관계에서 계몽의 시대에 비로소 하게 된 경험[18] 덕분이다.

9·11 이후 대치하고 있는 서로 다른 두 신학─정치적 프로그램의 대치 상황을 극복하기 위해 요청되는 제3의 담론 및 정치학의 가능성이 "유럽에서 혹은 유럽의 특정한 근대적 전통 속에서 [중략] 생겨나길"(215~216) 바라지만, 이를 위해 전제되어야 할 것은 현재의 유럽(에 대한 인식)의 해체이다.

6. 도래할 민주정(政)(Democratie à venir/Democracy to come)

새로운 국제법, 새로운 정체政體, 새로운 주권에 대한 논의는 '도래할 민주정'에 대한 논의로 수렴된다. 이것은 언젠가는 현존할 "미래의 민주정"을 뜻하는 것이 아니다. 민주정은 불가능한 어떤 것the impossible에 대한 약속을 새기는[기입하는] 정체政體이다. 여기에는 민주정은 불가능한 어떤 것을 가리키는 정체이며, 현실적으로 항상 미완의 정체라는 점이 함축되어 있다.

'민주정'이 궁극적으로는 어떤 '정치 체제'를 가리키는 것은 아니지만, 그것을 가리키는 여러 이름, 혹은 개념 가운데 하나로 사용된다면, '민주정'은 **"스스로를 반박할 가능성, 스스로를 비판할 가능**

---

18) 데리다는 이 대담에서 이 경험의 내용에 대해 상세하게 언급하는 대신, 이 경험이 "종교적 교리와 관련하여 절대적으로 창의적인 표시들을 유럽의 정치 공간에 남겨 놓았을"(『테러 시대의 철학』, 214쪽, [번역 일부 수정]) 것이라고만 말한다. 하버마스라면, 이 창의적 표시들 가운데 '세속화'를 가장 핵심적인 것으로 제시할 것이다.

성, 스스로를 무한정 개선할 가능성을 환영하는 유일한 개념"(221)
이다.

7. 세계시민주의를 말할 때 만나게 되는 아포리아

세계 시민권을 강조하는 세계시민주의 담론의 등장과 확산은 주
권 국가의 틀 내에 갇힌 담론을 넘어선다는 점에서 축하할 만한 일
이다. 그러나 시민권은 국민 국가와 연관된 것이라는 점에서, 그것
을 핵심으로 하는 세계시민주의는 여전히 한계를 지닌다. 따라서
우리는 "(국민 국가들의) 국제성 너머로, 따라서 시민권 너머로 향
해가는 보편적 동맹이나 보편적 연대"(225)를 생각해야 한다. 그러
나 이러한 세계시민주의를 말할 때, 우리는 항상 아포리아를 만난
다. 한편으로 "특정한 종류의 국제적 폭력('테러리스트'의 폭력과 무장의 확산뿐
만 아니라, 시장이나 자본의 세계적인 집중도 포함됩니다)에 대한 보호책으로서"(225~
226) 국가가 수행하는 긍정적 역할이 있다. 그러나 다른 한편으로
폭력을 독점한다든가, 시민권자가 아닌 이들에게는 국경을 닫아버
리는 등, 국가가 초래하는 부정적 효과들이 있다. 아포리아는 이 양
자 사이에서 어떤 결정을 할 것인가 하는 것이다. 여기서 보듯, 국
가는 "치료인 동시에 독"이다.

8. 종교적 외관을 띤 폭력, 그리고 관용

9·11을 둘러싼 논의에서 관용이 운위云謂되는 것은 '종교의 회귀'
와 관련되어 있다.[19] 전통적으로 관용은 교리敎理로 인한 박해와 대
립하는 덕목이다. 그러나 오늘날 관용에 대해 말할 때, 염두에 두어

야 할 것은 과거 관용의 이상理想이 최초의 형태를 갖추게 되었을 때와 현재의 상황이 상이하다는 것이다. 따라서 관용에 대해 논의할 때는, 맥락의 변동을 감안해야 한다.[20]

미국은 테러와 벌이는 전쟁에서 종교적 이방인, 구체적으로 이슬람을 적으로 규정하지 않으려 노력한다. 이것이 이슬람에 대해 관용하지 않는 것 보다는 낫지만, 그럼에도 불구하고 관용을 둘러싼 담론에 유보적 태도를 취할 필요가 있다. 관용이라는 개념이 "종교적 뿌리를 지니고 있으며, 또한 매우 자주 권력자의 편에서 사용"(232)되기 때문이다. 주권은 오만하게 타자에게 다음과 같이 말한다. "네가 살아가게 내버려 두마, 넌 참을 수 없는 정도는 아니야, 내 집에 네 자리를 마련해 두마, 그러나 이게 내 집이라는 건 잊지마 (중략) 관용은 바로 이와 같은 **주권의 선한 얼굴**"(232)이다.

9. 관용과 환대, 세계시민주의[21]

주권(자), 주인의 입장에서 베푸는 관용은 타자를 아주 제한적으로만 자기의 경계 내로 들인다는 조건적 환대이며, "자신의 주권에 집착하는 환대"(233)이다.[22] 관용이 조건적 환대라면, 환대다운 환대, 무조건적 환대란 "기대되지도 초대되지도 않은 모든 자에게, 절대적으로 낯선 방문자로서 도착한 모든 자에게, [중략] 사전에 미리

---

19) 현재의 맥락에서 보자면, "종교는 '빈 라덴' 측이나 '부시' 측 모두에서 주요한 준거"(『테러시대의 철학』, 227쪽)이다.
20) 『테러시대의 철학』, 230쪽 참조.
21) 이 주제에 대해서는 데리다, 『환대에 대하여』, 남수인 옮김, 동문선, 2004 참조.
22) "개인이나 가족, 도시, 국가들이 일반적으로 실천하는 환대"(『테러시대의 철학』, 234쪽)가 바로 이런 것이다.

개방되어"(234) 있는 환대이다. 물론 무조건적 환대의 삶을 실제로 사는 것은 불가능하다. 어떤 국가도 순수 환대를 법률화할 수 없을 것이다. 이처럼 무조건적 환대는 그 자체 법적인 것도, 정치적인 것도 아니다. 그러나 그것은 법과 정치의 조건이다.[23] 타자를 향해 (정치적, 법적, 윤리적) 책임을 실제로 지는 일은 무조건적 환대와 조건적 환대 사이에서 이루어지는 타협transaction 속에서 일어난다. 이 타협은 하나의 사건처럼 "매번 유일하고 독특하게" 발생한다.

고전적 의미의 세계시민주의는 국가적인 주권 형식, 즉 세계 국가 같은 것을 가정한다. 그러나 세계시민주의의 한계를 넘어서는 '도래할 민주정'을 생각한다면, 더 이상 국가가 "정치적인 것의 최종 어휘"가 되어서는 안 된다. 국가는 해체되어야 하지만, 특정 시점에 폐지되는 식이 아닌, "아직 예견할 수 없는 기나긴 일련의 격변과 변모들을 거쳐, 주권에 대한 미증유의 분할과 제한을 거쳐 진행될 것"(239)이다. 국가 형식의 핵심으로서 주권의 해체는 이미 시작되었지만, 종결되지는 않을 것이다. 자율 및 자유, 권력이나 힘의 가치를 간단히 부인할 수도 없고, 그렇게 해서도 안 되기 때문이다.[24]

관건은 "(순수 도덕, 주체가 지니는 주권, 해방의 이상, 자유 등등의 토대인) 무조건적 **자-율**auto-nomie[저자 강조]과 (중략) 무조건적 환대 (중략)에 요구되는 **타-율**hetero-nomie[저자 강조]을 어떻게 서로 조화

---

23) 여기서 다루지는 않았지만, 이하『테러시대의 철학』, 235~236쪽)에서 짧게 전개된 환대와 윤리의 관계에 대한 서술도 하나의 독창적 주제로서 우리에게 생각할 거리를 준다.
24) 새로운 세계시민주의와 국가의 관계에 대해서는 『테러시대의 철학』, 2385~239쪽 참조.

시킬 수 있을까"(239) 하는 것이다. 이것은 결국, 결단decision의 문제이며, 결단은 정해진 프로그램이나 확실한 지식 없이 "자율에 대한 명령과 타율에 대한 명령 사이에서 매번 환원 불가능하게 독특한 방식으로 이루어지는 타협"(239)이다.

10. 9·11과 유럽25)

9·11 이후의 지정학적 시나리오는 신학적 동력으로 움직이는 두 정치적 존재자, 곧 미국과, 미국이 적으로 규정한 측으로 구성된다. 이런 상황은 "가장 세속화된 정치적 중재자, 즉 유럽에게 새로운 가능성을 열어준다."(254) 유럽에 이러한 위상을 부여하는 것은 유럽중심주의가 아니다. 데리다는 유럽중심주의도, 반유럽중심주의도 아닌 제3의 길을 제시하려 한다. 그것은 현존 유럽 공동체와는 상관이 없으며, "아직 미완으로 남아 있는 유럽의 약속에 대한 기억과 연루되어 있다. 그것은 바로 만인을 위한 민주정과 해방의 약속이다."(254)

데리다는 새로운 유럽, 혹은 유럽의 새로운 정체성을 이렇게 묘사한다.

우리 스스로가 유럽의 이념, 유럽의 차이를 지켜내는 수호자가 되어야 한다. 그러나 이때의 유럽이란 자신의 정체성 혹은 자기 동일성 안으로 스스로를 폐쇄하지 않는 유럽, 또한 자신이 아닌 바를 향해, 다른 곳/방향 혹은 타자의 곳/방향을 향해 나아가는 데 본보

25) 이 부분은 『테러시대의 철학』에서 지오반나 보라도리가 데리다에 대해 쓴 글에 기반을 두고 있다.

기가 되는 유럽이어야 한다.[26]

이 다른 곳은 유럽이 나아가야 할 방향이다. "이것은 또한 새로운 형태의 주권을 향한 방향이기도 하며, 만일 세계시민주의가 9·11 이후 세계에서 어떤 정치적 현실이 되어야 한다면 긴급하게 요구되는 방향이기도 하다."(306)

Ⅳ. 데리다, 하버마스의 공동선언문－우리의 혁신, 전쟁 이후 유럽의 재탄생(Unsere Erneuerung Nach dem Krieg : Die Wiedergeburt Europas von Jacques Derrida und Jürgen Habermas)

1. 공동선언문의 배경

2001년 9·11로 촉발된 테러와의 전쟁의 결정판이라고 할 이라크 전을 앞두고 있던 2003년 1월 31일, 영국과 스페인의 주도로 EU 소속 8개국영국, 스페인, 이탈리아, 포르투갈, 헝가리, 폴란드, 덴마크, 체코은 언론에 대대적으로 미국의 대외정책에 대한 지지를 표명했다.[27] 이 일이 있은 후 2월 15일 런던, 로마, 마드리드, 바르셀로나, 베를린 그리고 파리에서 정치 지도자들의 행위에 반발하면서 대대적인 반전 시위가 일어났다. 하버마스와 데리다는 미국이 주도하는 대對 이라크 전

---

26) J. Derrida, *The Other Heading : Reflections on Today's Europe*, p. 29(『테러시대의 철학』, 305쪽에서 재인용). 이와 관련하여, 김상환, 「탈근대의 동양과 서양 : 현대 철학사에 대한 헤겔식 농담」, 『철학과 현실』 64호, 철학문화연구소, 2005 참조.

27) 이라크 전은 2003년 3월 20일 개시되었다.

에 대한 유럽 8개국 지도자들의 지지, 그리고 그에 대항하는 대중들의 평화 시위의 의미를 분석하고, 유럽 통합이 어떤 비전에 의해 이루어져야 하는가를 모색한 공동선언문을 2003년 5월 30일자 언론 —독일에서는 Frankfurt Allgemeiner Zeitung, 프랑스에서는 Libération —에 게재한다.

2. 공동선언문[28] 분석의 의미

이 선언문을 분석하는 의미 가운데 하나는 철학자들이 현실을 분석하고 개입하는 방식을 살펴보는 데 있다. 예를 들어, 우리는 '정체성' 개념에 대한 그들의 이해가 '유럽의 정체성'에 대한 인식과 기획에 어떻게 반영되어 있는지 확인할 수 있다.

그런데 뒤에서 살펴보겠지만, 유럽의 정체성이란 것이 성립 가능한 것인지, 가능하다면, 어떤 제한 속에서 성립될 수 있는지 등의 문제 역시 여기서 중요하게 다뤄진다. 주지하다시피, 유럽은 공통점과 아울러 역사적 경로의 차이로 인한 이질성 역시 상당한 지역이다. 유럽 각국이 처한 정치적, 경제적 현실은 서로 다르며, 이점은 국제적 이슈에 대해 유럽 공동체에 속한 국가와 그렇지 않은 국가 사이, 그리고 유럽 공동체 내부에서도 소위 '핵심 유럽'을 구성하는 독일, 프랑스와 여타 국가들 사이의 견해차에서 확인된다.

정치나 정책 전문가들과는 다른 의미의 전문가인 철학자들의 현실 개입이 보여주는 특징은 현실 사안에 대한 분석에서보다는

---

28) 정확하게 말하면, 이 선언문은 하버마스가 작성하고, 데리다가 동의하여 공동선언문 형태로 발표된 것이다.

그 사안과 관련된 제안에서 보다 명확하게 드러난다. 철학자들에 의해 제시되는 해결책의 특징은 그 근원성, 근본성에 있다. 이런 성격으로 인해, 흔히 철학적 제안은 '비현실적'이라는 비판을 받지만, 그들의 제안이 근원적 성격을 띠는 것은 상당 부분 현실적 문제의 뿌리로 깊이 들어가 탐색하는 데서 기인한다.

유럽과 비유럽, 혹은 좀 더 확장하여 서구와 비서구의 대립적 구도는 근대 이후 서구가 자신을 이해할 때 즐겨 사용하던 대립 구도였고, 지금도─그 양상과 정도에서 차이는 있을지언정─ 그렇다. 이 선언문이 다루는 것은 문명화된 유럽과 그렇지 못한 비유럽 사이의 관계가 아니라, 문명화된 유럽과 문명화된 미국 사이의 관계이다. 여기서 우리는 미국의 패권주의에 맞서 대안적 국제 질서를 형성하려는 유럽의 시도의 정당성이 무엇에 근거하는지 주목해야 한다. 유럽의 고유성을 통해 보다 바람직한 세계 질서의 형성에 기여하고자 한다는 이들 유럽 사상가들의 주장을 비유럽, 비서구 지역에 거주하는 우리가 어떻게 평가할 것인가는 이 분석이 끝나는 곳에서 시작되어야 할 우리의 과제이다.

3. 공동선언문 분석

1) 하버마스는 2003년 2월 15일, 유럽의 주요 도시들에서 동시 다발적으로 일어난 시위를 "미래의 역사책에 유럽 공론장의 탄생을 알리는 신호로 기록될"(66)[29] 사건이라고 규정한다. 유럽 공론장이

---

29) 이하 숫자는, 위르겐 하버마스, 『분열된 서구』, 장은주·하주영 역, 나남, 2009(이하 『분열된 서구』로 표시)의 해당 쪽수이다.

란, 유럽 혹은 세계의 문제를 논의하기 위해 특정 국가의 경계를 넘어, 유럽인 전체가 참여하여 논의하는 장을 의미한다.

2) 이라크 전쟁의 발발로 인해 촉발된, 국제적 정치 질서를 둘러싼 논쟁을 통해 명확하게 드러난 대립들이 있다. 이 대립은 "초강대국의 역할과 미래의 세계질서 그리고 국제법과 유엔의 상관성"(61)을 둘러싸고, 일차적으로 유럽의 대륙 국가들과 미국, 영국이 대표하는 앵글로색슨계 국가들 사이에 존재한다. 다음으로, 전쟁에 반대하는 독일, 프랑스와 동유럽의 유럽연합 국가들 사이에 존재한다. 후자의 대립은 유럽 연합의 강화를 원하는 국가들과 (각국의 주권을 유지한 채) 느슨한 연합을 원하는 국가들 사이의 대립이기도 하다.

3) 유럽 연합의 확대를 위해서는 지금까지 집중해온 목표, 즉 경제적 통합을 달성하는데 그쳐서는 안 된다. 현 단계에서 필요한 것은 공동의 정책에 대한 동의이며, 이를 확보하기 위해서는 "공동의 의지를 요청하는 적극적인 정치"(63)가 필요하다.[30]

4) 외교 정책의 결정에 대한 공동의 승인은 공동의 소속감을 전제한다. 유럽 각국의 국민들이 자신들의 민족적 정체성을 고집할 경우, 그것은 강력한 유럽 공동체 형성에 장애가 될 것이다. 그러나 그것을 버리는 것 역시 해결책이 될 수는 없다. 그렇다면 남은 길은

---

30) 이러한 정치가 가능하기 위한 조건들은 무엇인가? 공동선언문은 이에 대한 하버마스의 답이라고 할 수도 있다.

고유한 정체성을 유지하면서 다른 정체성을 받아들이는 것이다. "유럽의 주민들은 자신들의 민족적 정체성을 말하자면 '겹쳐 쌓아서'aufstocken[31] 유럽적 차원으로 확대할 수 있어야 한다."(63) 다시 말해 한 국가 내에서 이루어지는 시민적 연대는 유럽의 다른 나라 시민들을 포함하는 데까지 확대되어야 한다. 여기서 유럽 내 각 국가의 개별적 정체성이 아닌 '유럽의 정체성'이라는 주제가 부상한다. 이 정체성의 핵심에는 "공동의 정치적 운명에 대한 의식과 공동의 미래에 대한 설득력 있는 전망"(63)이 존재해야 한다.

5) 공동 운명에 대한 의식을 갖기 위해서는 공동의 "역사적 경험, 전통 그리고 성과들"(64)이 있어야 한다. 유럽은 그런 것을 가지고 있는가? 공동의 전망은 어떤가? 미래의 유럽에 대한 전망은 그냥 하늘에서 떨어지는 것이 아니다. 그것은 유럽의 현 상황에 대한 인식 속에서 생긴다.

6) 유럽은 이미 20세기 후반에 두 가지 중요한 세계사적 문제, 곧 주권 국가의 경계를 넘어서는 문제와 계층 간 대립의 문제에 대한 답을 제출하였다. 유럽 연합은 '국민 국가를 넘어선 정부'라는 점에서 충분하다고 할 수는 없지만, 이미 하나의 성취이다.[32] 유럽의 사회복지체제 역시 하나의 성취이다. 이런 유럽이 **"국제법에 기초를**

---

31) 'aufstocken'은 '증축'의 의미가 있다.
32) 달리 말하면, "유럽 연합의 틀 속에서 국가 주권을 자율적으로 제한한 것"(『분열된 서구』, 66쪽).

둔 세계시민적 질서를 옹호하고 전진시키려는 또 다른 도전 또한 잘 대처하지 못할 이유가 있겠는가?"(65)

7) 이 도전에 대처하기 위해 극복해야 할 것들이 있다. 유럽이 성취한 것 — "기독교와 자본주의, 자연과학과 기술, 로마법과 나폴레옹 법전, 부르주아의 도시적 생활양식, 민주주의와 인권, 국가와 사회의 세속화"[33](65) — 은 이미 유럽을 넘어 세계적 성격을 획득했다. 과거 유럽이 이룬 이러한 역사적 성취가 현재 제출된 세계사적 과제에 유럽이 대응하기 위해 요청되는 (새로운, 혹은 갱신된) 유럽의 정체성을 벼릴 힘을 아직도 지니고 있는가? 또한 "뚜렷한 자기의식을 갖춘 국가들 사이의 끊임없는 경쟁에 휩싸여 있는 지역"(65)인 유럽의 통합은 가능할 것인가?

8) 하버마스는 어느 정도 세계적인 것이 된 유럽의 과거 성취가 아니라, 유럽의 고유한 역사적 경험에 주목한다. 수세기에 걸쳐 유럽은 도시와 농촌, 교회 권력과 세속 권력, 종교와 과학, 정치적 지배자들과 그에 대한 적대 세력 간의 갈등을 경험했다. 그런 경험을 통해 유럽은 차이들이 소통될 수 있는 방법을 고민하며, 제도를 통해 대립을 해결하려고 했고, 그 과정에서 유럽의 고유한 성격이 형성되었다. 그것은 "차이에 대한 인정, 곧 타자의 차이를 있는 그대로 상호 인정하는 것"(66)이다.

---

33) 이것을 유럽의 성취라고 할 때에는 제한들이 덧붙여져야 할 것이다.

9) 이러한 유럽의 고유한 성격은 다음과 같은 것으로 보다 세분화, 구체화된다.[34]

- 유럽 사회의 세속화. 유럽의 시민들은 항상 정치와 종교의 상호 침범을 의구심을 가지고 바라본다. 이 점은 이슬람 사회, 미국 사회와 비교할 때, 잘 드러난다.
- 시장의 효율성보다 국가의 능력에 상대적으로 신뢰를 보인다.
- 기술적 진보를 낙관적으로만 바라보지는 않는다.[35]
- 사회의 안전보장 및 연대를 위해 필요한 규제를 긍정적으로 수용한다.
- 폭력에 대해서 덜 관용적이다.
- 다자적이고 법적으로 규제된 국제질서를 선호한다.

10) 이러한 성격 때문에, 유럽인들은 초강대국의 일방적이고 패권주의적 정치를 국제 질서에 대한 도전으로 여기며, 후세인의 몰락을 환영하면서도, 미국의 이라크 침공을 부정적으로 본다.

11) 유럽의 정체성이 비록 공동의 역사적 경험에 기초한다고 하더라도, 이러한 경험으로부터 정체성이 형성되기 위해서는 "의식적 전유"eine bewußte Aneignung가 필요하다. 다시 말해 역사적 경험을 **의식적으로 자신의 것으로 만드는 것**이 필요하다. 그런 점에서 당연

---

34) 『분열된 서구』, 66쪽 참조.
35) 하버마스는 이를 유럽인들은 "'계몽의 변증법'에 대해 예리한 감각을 갖추고 있다"라고 표현한다. '계몽의 변증법'은 호르크하이머의 책 제목이기도 하다.

히, 갱신된 유럽의 정체성은 공론의 장에서 탄생할 것이며, 애초부터 "구성된 것"etwas Konstruiertes이라는 성격을 지닐 것이다. 과거의 공동 경험에서 무엇을 계승하고, 무엇을 버릴 것인지를 결정하기 위해서는 논의가 필요하며, 이 논의의 장이 바로 공론장이다. 유럽의 정체성이 공론장 속에서 형성될 것이라는 점에서, 그것은 만들어진 것, 구성된 것이다.[36]

12) 구성된 것이 곧 임의적인 것을 의미하는 것은 아니다. "자의Willkür에 의해서 구성된 것만이 임의적인 것이라는 오명"(67)을 얻는다. 유럽의 정체성을 보다 선명하게 드러내줄, 혹은 유럽의 정체성을 구성할 몇몇 '후보' — 역사적 경험들 — 는 다음과 같은 것들이다.[37]

─ 비정치적 위상을 지닌 종교, 혹은 신앙의 개인화. 근대 유럽에서, 종교와 관련하여 국가의 중립성은 상이한 형태로 법제화되었지만, 시민사회에서 종교는 대체로 비정치적인 것으로 수용되었다. 유럽에서 "중대한 정치적 결정을 종교적인 임무와 연결시키는 대통령"(68)을 떠올리기는 어렵다.

---

36) 다수의 정치 전통들은 자신의 권위의 토대가 자연적인 것이라 주장하지만, 사실 그것들은 구성된 것이다. 이런 점을 보여주는 대표적 연구서 가운데 하나는 그 제목이 『만들어진 전통』(The Invention of Tradition)이다.
37) 앞에서 서술된 유럽의 성격과 부분적으로 겹친다. 다만 여기서는, 언급되는 성격들이 형성된 역사적 경과가 부가된다는 차이가 있긴 하다.

—정치에 대한 긍정적 평가와 시장에 대한 유보적 평가. 프랑스 혁명의 영향으로 유럽에서 국가는 "자유를 보장하는 매체이자 조직적 권력으로서"(68) 긍정적 평가를 받는다. 이와 달리, 자본주의로 인한 첨예한 계급 갈등을 경험함으로써 시장에 대해서 마냥 긍정적인 평가를 내리지는 않는다. 유럽인들은 시장의 실패를 국가가 교정해주기를 기대한다.

—자본주의적 근대화의 사회병리적 결과가 이데올로기 경쟁으로 표출. 프랑스 혁명에 그 기원을 두는 정당 체제는 다른 지역으로 모방, 이식되었지만, "자본주의적 근대화의 사회병리적 결과"(68)를 이데올로기 경쟁으로 표출시켜, 정치적 평가가 가능하도록 제도화한 곳은 유럽뿐이다. 근대화로 인한 사회의 진보는, 동시에 전통적인 삶의 양식을 해체한다. 이러한 해체로 말미암는 손실을 진보가 가져다준다는 이익이 상쇄시키는가? 이 문제를 두고 이데올로기적 입장보수주의, 자유주의, 사회주의에 따라 해석이 충돌하며, 이러한 충돌이 정당 체제라는 제도 안으로 수용되어 조정된다는 것이 유럽의 특징이다.

—'더 많은 사회 정의를 위한 투쟁의 에토스' 형성. 긴 세월 동안 지속된 그 영향으로 인해, 계급 분화는 유럽인들에게, 오직 집단행동을 통해서만 대응할 수 있는 문제로 인식되었다. 그 결과, 연대와 보편적 복지에 대한 강한 지향성이 형성되었고, '더 많은 사회 정의를 위한 투쟁의 에토스'가 "심각한 사회 불평등

도 감수하려는 성과적 정의에 기초한 개인주의적 에토스를 압도했다."(69)

- 인격과 신체의 온전성Integrität에 대한 강조. 전체주의적 정권과 홀로코스트 비판을 통해 형성된 지금의 유럽은 "정치의 도덕적 기초에 대한 기억"(69)을 되살렸고, 이것은 "인격과 신체에 온전성의 침해에 대한 높은 감수성"(69) 형성으로 이어졌다.[38]

- 유럽 연합의 성공 경험. 과거 유럽 국가들은 유혈 투쟁에 연루되었지만, 이후 상호 적대적 관계를 청산하고 협력을 위해 초국가적 형태의 조직을 발전시켰다. 이러한 성공의 경험은 "국가적 무력 사용이 순화되기 위해서는 세계적 수준에서도 주권적 행위 영역에 대한 상호 제한이 필요하다는 확신"(70)을 강화했다.

- 유럽중심주의에 대한 성찰. 제국주의적 지배와 식민주의의 종식은 한 때 제국이었던 유럽 강대국들의 몰락을 의미하지만, 다른 한편으로 그 국가들에 "스스로에 대한 성찰적 거리를 취할 기회"(70)도 제공했다. 이것은 그들에게 근대화 과정의 폭력에 대해 어떻게 책임질 것인지, 패배자의 입장에서 생각하고 실천할 기회를 제공했다. 이런 경험은 유럽중심주의 극복에 기

---

38) 사형제 폐지는 유럽 연합의 가입 조건이다.

여할 것이다.

4. 공동선언문에 대한 평가

하버마스와 데리다의 공동 선언이후 문제 제기들이 뒤따랐다. 이 비판들은 대체로 두 가지 기조基調를 띠는데, 하나는 독일과 프랑스로 대표되는 서유럽 중심으로 진행되는 논의 방식에 문제를 제기하고, 다른 하나는 미국을 배제한 채 유럽 통합을 전망하는데 대해 우려를 표시한다.

노벨 문학상 수상자인 귄터 그라스는 논의의 서유럽 중심성을 경계한다. 프랑스와 독일이 유럽의 핵심이 될 때, 유럽의 다른 지역 특히 동유럽과 중부유럽 등은 소외될 수 있기 때문이다. 그는 미래의 유럽을 구상할 때, 동유럽과 중부유럽에 더 관심을 기울여야 한다고 주장한다.[39] 물론 그 역시 폴란드의 태도에 대해서는 비판적이다. 미국이 동유럽을 해방시킬 것이라는, 폴란드를 비롯한 동유럽의 생각은 하나의 미신이다.

역사학자 한스 울리히 벨러는 유럽 공동체 가입 기준과 반미 기조에 대해 문제를 제기한다. 유럽의 경계를 확정하는 문제를 두고 토론할 필요가 있으며, 유럽의 정체성을 확립하기 위해서는 미국과의 대립이 아니라, 결속이 필요하다고 역설한다.

전체적으로, 하버마스와 데리다 등 유럽 지식인들의 공동 주장에, "유럽의 블록화를 통한 세계질서 내의 헤게모니 창출이라는 의

---

39) 강진숙, 「'핵심유럽'에 대한 전망과 그 비판들」, 『당대비평』 23, 생각의 나무, 2003, 275쪽(이하 「'핵심유럽'」으로 표시) 참조.

도"40)가 존재하는 것은 사실이지만, 그럼에도 불구하고, 이들의 주장은 미국 중심으로 기획되고, 전개되는 세계질서를 정당화하는 담론을 견제함으로써 현재의 패권 구도에 균열을 낼 수 있을 것이다.41)

미국 중심의 세계 질서 수립과 현상 유지에 대한 유럽철학자의 대응에 대한 분석을 마무리하면서, 비 서구에 속한 우리로서는 유럽 철학자에 의한, 유럽중심주의에 대한 성찰을 어느 정도 거리를 두고 볼 필요가 있다. 비 서구에 대한 유럽의 입장과 태도 역시 유럽의 자문화중심주의 극복 노력을 평가할 주요 항목이기 때문이다. 하버마스는 이렇게 말한 적이 있다. "서양이 아니라면 누가 자신의 전통으로부터 비전을 지닌 통찰과 에너지와 용기를 길어낼 수 있겠는가?"42)

---

40) 「'핵심유럽'」, 278쪽.
41) 「'핵심유럽'」, 278쪽 참조.
42) 위르겐 하버마스(이진우 옮김), 『현대성의 철학적 담론』, 문예출판사, 2002, 423쪽.

참고문헌

강진숙, 「'핵심유럽'에 대한 전망과 그 비판들」, 『당대비평』 23, 생각의 나무, 2003, 268~278쪽.

김상환, 「탈근대의 동양과 서양 : 현대 철학사에 대한 헤겔식 농담」, 『철학과 현실』 64호, 철학문화연구소, 2005, 34~66쪽.

김정현, 「자문화중심주의와 해석학적 타자 이해 : 가다머의 해석학에 기초한 테일러의 논의를 중심으로」, 『해석학연구』, 34집, 한국해석학회, 2014, 103~132쪽.

김 진, 「데리다의 환대의 철학과 정치신학」, 『철학연구』 제95집, 철학연구회, 2011, 59~93쪽.

더글러스 러미스, '이라크 전쟁 10돌, 테러리스트 정부', 경향신문(인터넷 판, 입력 : 2013-03-11 21:15:49)

위르겐 하버마스(장은주·하주영 역), 『분열된 서구』, 나남, 2009.

위르겐 하버마스(이진우 옮김), 『현대성의 철학적 담론』, 문예출판사, 2002.

자크 데리다(남수인 옮김), 『환대에 대하여』, 동문선, 2004.

지오반나 보라도리(손철성 외 옮김), 『테러시대의 철학 : 하버마스, 데리다와의 대화』, 문학과 지성사, 2004.

Giovanna Borradori, *Philosophy in a time of terror : dialogues with Jürgen Habermas and Jacques Derrida*, The Univ. of Chicago Press, 2003.

Jacques Derrida und Jürgen Habermas, "Unsere Erneuerung-Nach dem Krieg : Die Wiedergeburt Europas", F.A.Z., 31.05.2003.

유럽의 통합정치와 이주민의 언어문제 •••

Ⅰ. 유럽의 다문화주의의 문제 : 출신 문화, 출신 언어

1. 다문화주의의 의미와 한계

다문화는 현재 우리 사회에서 매우 중요한 키워드가 되었다. 표준국어대사전에는 아직 다문화나 다문화주의라는 용어를 등재하지 않았지만, 오늘날 다문화는 우리 사회에서 매우 다양한 양상으로 표출되는 사회 현상이다. 다문화는 1980년 이후, 이주를 통한 소수 집단이 등장하고, 이들의 출신국이 다양해진 상황에서 '여러 나라의 문화 혹은 생활 양식'이라는 뜻으로 쓰이고 있다. 따라서 우리 사회에서의 다문화는 이주민의 출신 국가를 기준으로 여러 국가의 문화가 공존한다는 의미로 쓰이면서 국가나 민족 중심의 다양한 문화를 의미하는 용어로 받아들여지고 있다.

다문화는 이러한 현상 외에도 넓은 의미에서 소수 문화의 다양성을 말하기도 한다. 예컨대, 소수의 여성 문화, 혹은 다수의 지배 집단에 대한 소수의 피지배 집단의 문화, 성 소수자 집단, 등 여러 유형의 이질적인 문화를 의미하기도 하며, 다문화주의는 이러한 다양한 주변과 소수 문화를 수용하는 태도를 이르는 말이다. 이러한 태도는 각 집단 간의 차이를 인정하며, 이러한 차이를 이유로 차별하는 행위를 배격하는 것이다.

그러나 다양한 문화가 존재하는 사회와 다문화주의Multiculturalism는 분명히 구별해야 한다. 다양한 문화가 존재하는 사회는 항상 존재해왔으며, 오늘날의 모든 민족국가가 인정하든 하지 않든 간에 그 사회를 구성하는 집단과 인구의 다양성으로 말미암아 다문화 사회라고 할 수 있다. 실제로 현대의 세계적 대도시는 문화적 다양성이라는 볼거리를 제공하고 있다. 안느 롤렝Anne Raulin, 2000은 이를 두고 '종족은 일상'이라고 한 바 있다. 그러나 다문화주의를 말한다는 것은 바로 이러한 사실을 확인하는 데 그치는 것은 아니다. 다문화주의는 문화적 다원성을 공식적으로 그리고 정치적으로 인식하기를 주장하고 모든 문화적 집단에 대해 공평한 대우를 주장하는 것이다. 따라서 다문화주의는 문화적 차이의 표현을 단지 개인적 차원으로서 억압하는 문화적 동화주의와 완전히 대립된다.[1]

다문화주의와 반대되는 개념인 동화주의는 소수 문화의 일방적 변화를 강요하는 문화적 관점으로서 소수 문화를 주류 문화에 일방적으로 흡수시키려는 생각이나 이를 지지하는 정책 등을 아우르는 개념이다. 이에 반해, 다문화주의적 정치는 그 존엄성을 인정해주는

---

1) 드니 쿠슈(이은령 역) 『사회과학에서의 문화 개념』, 한울, 2009, 173쪽.

국가를 구성하는 다양한 문화 집단 간의 공평한 대우를 증진하고자 하는 목표를 갖는다. 우선 첫 단계에서 다양한 집단의 문화적, 정치적 표현의 정당성을 지지한다. 그 다음 단계에서는 직·간접적으로 부정적인 차별 행위를 고치거나 보상받기 위해 노력하는 모든 집단에 평등권을 주기 위해서 '우대' 또는 '차별철폐affirmative action'라는 프로그램을 정착시킨다. 이 프로그램들은 개인보다 소수 집단에 더 초점을 맞추고 있으며 주로 취업과 교육의 방면에 관여하고 있다.[2]

정치철학적 관점에서 다문화주의는 문화 및 종교적 다양성에 대응하는 적절한 방법이 무엇인지를 고찰하는 것이라고 할 수 있다. 집단의 차이에 대한 단순한 관용은 정치적인 측면에서 보았을 때 소수 집단의 구성원을 동등한 시민으로 인정하는 것과는 다소 거리가 있기 때문에 윌 킴리카Will Kymlicka, 1996와 같은 철학자는 "구별된 집단 권리"를 통해 집단의 차이에 대한 인정과 긍정적 합의가 필요하다고 주장하였다. 킴리카에 따르면, 공동의 시민권리와 국민통합의 문제점은 흑인, 여성, 토착민, 인종 및 종교적 소수자, 남성 또는 여성 동성애자들이 이러한 공동의 시민권리를 소유하고 있음에도 여전히 소외와 사회적 냉대를 느낀다는 것이다. 이러한 집단의 구성원들은 이들의 사회 경제적 신분 때문이 아니라 이들의 사회 문화적 정체성—즉 이들의 차이에 의해서도 사회적 소외감을 느낀다는 것이다. 즉, 경제의 위계 외에 존재하는 신분의 위계 구조 탓에, 영국은 아일랜드인보다는 영국인이, 구교도보다는 신교도가, 그리

---

2) 박현숙, 「윌 킴리카의 자유주의적 다문화주의」, 『Homo Migrans』7, 이민인종연구회, 2013.2, 13쪽.

고 유태인이나 이슬람교도보다는 기독교가 더 낫다고 말하며, 흑인, 갈색인, 또는 황인보다는 백인이, 여성보다는 남성이, 동성애자보다는 이성애자가, 장애인보다는 정상인이 더 나은 대접을 받는다는 것이다. 그렇기 때문에 표현, 해석, 의사소통의 사회적 양식에 뿌리내린 문화적 부정의cultural injustices를 찾아내서 비천하게 여겨진 집단의 손상된 정체성과 문화적 산물들을 상향적으로 재평가하며, 문화적 다양성에 긍정적인 의미를 부여하는 '인정의 정치'가 필요하다는 것이다.3) 그는 또한 다문화주의 시민권Multicultural Citizenship에서 공통적 시민권 개념이 실패한 원인과 자유주의적 정의론이 한계에 봉착한 이유를 지적하면서 전 세계적으로 일어나는 민족 갈등의 해결책으로 자유주의적 다문화주의를 제시한 바 있다.

2. 출신 문화, 출신 언어

1) 출신 문화

실제로 출신을 언급할 때 어떤 출신을 말하는가? 출신 국가인지, 출신 지역인지 또는 종족인지 사회계급인지 모호하다. 이주민 문화에 대한 해설에서 이주민 집단의 '출신문화'란 대부분 그들 출신국과 혼동된다. 이러한 혼동은 한 국가 내에서도 존재하는 문화의 이질적 측면을 완전히 무시하는 것이기 때문에 또 다른 문제를 제기하게 된다. 예컨대 '알제리 문화'는 매우 불명확한 개념이므로 엄격하게 분석할 수 없다. 이주민에 대해 논의하면서 출신문화를 들먹

---

3) 앞의 책, 173쪽.

인다는 것은 일반적으로 모국에서 추방된, 혹은 떠나온 이주민이 만들어내는 문화적 교류를 폄하할 뿐만 아니라 출신 사회가 겪는 문화적 변화를 용인하지 않는 태도이기 때문이다.[4]

사실상 이주민의 출신 문화는 그 자체로는 아무것도 설명할 수 없다. 분석적 관점에서 고려할 수 있는 유일한 것은 이주민이 그러한 출신 문화와 갖는 관계이다. 그러나 이러한 관계조차도 이주민 집단에 따라 또는 그들이 역사적으로 경험한 민족 간의 관계에 따라 변한다. 예컨대, 이주의 역사와는 별도로 특히 식민 통치 관계에 있었던 경우에는 출신 국가와 이민을 받아들이는 나라의 문화 사이에 존재하거나 존재했던 관계의 성격에 따라 결정된다.[5] 따라서 출신 문화라는 용어를 사용해야 한다면 이주민이 이주하기 직전에 소속된 집단의 문화를 가리키는 엄격한 의미로만 사용해야 할 것이다. 왜냐하면, 출신 문화 개념을 사용함으로써 동일한 사회 출신의 이주민이 가진 다양성을 바르게 인식하지 못할 위험이 있기 때문이다. 그들은 모두 사회적으로 동일한 위상을 갖지 않기 때문에 자신들의 '출신 문화'와 모두 동일한 관계를 맺을 수는 없다.

2) 출신 언어

문화적 다양성을 경영하는 방법으로서의 다문화주의는 문화 보존을 옹호함으로써 문화적 고정화를 초래한다는 비난의 대상이 되기도 한다. 문화 보존은 문화를 다소 안정적인 실체로 보는 태도로서

---

4) 위의 책 175쪽.
5) 위의 책 177쪽.

이주민에게 종종 그들의 출신 문화와 혼동을 일으키며 그럼으로써 문화 집단을 인위적으로 유지하기에 이른다고 비판이 그것이다. 또한, 사회를 민족, 종족 공동체의 결합으로 인식하고 암암리에 개인이 이런저런 공동체 출신으로 소속감을 느끼도록 조장하면서 사회적 관계를 종족화의 문제로 결부시켰다는 점에서 강한 비판을 받았다. 어떤 학자는 매우 신랄하게, 다문화주의는 공동체를 통한 분리주의로 결과적으로 국가적 단일성을 약화시켜 사회적 분열의 위험을 안고 있다고 평가했다. 그들은 다문화주의가 사회적 융합을 조장하기는커녕 일정 기간에 사회의 해체를 초래할 것이라고 주장했다.[6]

이렇게 다양한 논의와 비판의 대상이 되는 다문화주의에는 언어의 문제가 있다. 테일러Richard Taylor는 언어와 문화가 개개인이 공동체적 삶을 살아가고 세상을 조망하는 데에 빼놓을 수 없는 필수 불가결한 존재론적 구성 요소라고 한다. 모든 공동체는 언어, 그리고 그와 관련된 특징적 조합으로 구성되어 있으며, 그 공동체적 정신의 구체화는 문화라는 형식으로 나타난다는 것이다.[7]

이주민의 문화와 언어는 정주국에서 출신 문화와 출신 언어라는 용어로 규정된다. 출신 언어는[8] 출신 문화의 구성요소이며, 가족을 통해 학습된 언어적 표현들, 특히 어머니와 자식 간의 관계에서 습

---

6) 위의 책 174쪽.
7) 송재룡, 「다문화 시대의 사회윤리 : 다문화주의와 인정의 정치학, 그리고 그 너머 : 찰스 테일러를 중심으로」, 『사회이론』35, 한국사회이론학회, 2009, 79-106쪽.
8) 흔히 「모어 mother tongue」라고도 부르지만 엄밀한 의미에서 출신언어와 모어는 동일한 개념이 아니다.

득되는 언어다. 그런데 이러한 출신언어는 정주국의 언어가 표현하는 고유한 세계관과 충돌되는 언어, 차이를 만드는 언어로 인식되어 자신의 출신 공동체의 언어를 사용하는 것이 종종 정주국에 동화되기를 거부하는 태도로 비친다는 데에서 문제가 발생한다.

1970년대 프랑스에서는 '이주민 문화'라는 표현이 큰 반향을 불러일으켰고 정주국에서 이주민에게 필요한 통합 조건이 무엇인지에 대해 의문을 제기하게 되었다. 특히, '출신 지역' 또는 '태어나 국적을 취득한 국가의 문화'로 축소되고 동화된 문화를 고유문화라고 한다면, 문화적 차이가 낳은 결과는 무엇인지에 대한 연구가 이루어졌다Sayad, 1978. 여기서 '출신 문화'라는 개념은 개별 문화에 대한 잘못된 개념을 전제하기 때문에 문제가 있다. 사실 문화는 여행 가방처럼 사람이 이동할 때 같이 옮겨 다닐 수 없다. 만약 문화를 쉽게 옮길 수 있는 것이라고 본다면 그것은 문화를 고정된 대상으로 간주하는 함정에 빠지는 일이기 때문이다. 실제로 이동이주하는 것은 개인이고 개인이 이주하여 적응하고 진화하는 것이다. 그들은 다른 문화에 소속된 타인을 만나고, 문화가 다른 개인들 사이의 접촉으로 새로운 문화적 진보가 도래하기도 한다. 그런데 출신 문화라는 개념에 집착하는 것은 이러한 문화적 접촉과 영향을 최소화하는 것이다. 결국, 출신 문화라는 개념은 '문화는 안정된 체계이며 새로운 맥락에 쉽게 전이될 수 있다'는 전제를 바탕으로 하는 것으로 볼 수 있다.9)

---

9) 드니 쿠슈(이은령 역), 『사회과학에서의 문화 개념』, 한울, 2009, 172쪽.

다문화주의에 대한 찬반 논의는 문화와 언어, 그리고 인간의 사고에 대한 시각의 차이를 보여주고 있다. 다문화주의는 이러한 언어에 반영된 문화적 개별성과 차이를 인정해야 한다는 것이고, 사회통합을 주장하는 이들은 정주국의 언어를 우위에 두고 이 언어를 숙련하여 정주국의 문화와 사회적 가치에 통합되어야 함을 강조한다. 이들에게 정주국의 언어구사능력은 이주 1세대뿐만 아니라 2세대에게 정주국의 사회, 경제적 성공에 직접적인 영향을 미치며, 학교교육의 성공을 결정하는 가장 중요한 요인으로 간주되기 때문이다.

이주민은 자신이 태어나 자란 출신국의 언어와 이주를 통해 정착하게 되는 정주국의 언어 사이에서 정체성 선택을 하게 된다. 이러한 경우 정주국의 언어와 출신언어의 사회적 기능은 분리되는 것이 일반적이다. 예컨대 출신언어는 가정에서만 사용하고, 정주국의 언어는 학교나 공공장소, 그리고 직업적 영역에서 사용하는 경향을 보인다. 이러한 상황에서 이주민 2세들이 학교 밖에서는 출신언어만을 사용하기 때문에 정주국의 언어 학습에 방해되는 요소로 인식되기 쉽다. 그러나 이중언어사용에 관련된 다양한 최근의 연구를 살펴보면 출신언어의 학습 성취도와 숙련도가 정주국 언어의 숙련도와 비례한다는 결과를 보여주고 있다. 따라서 언어 학습적인 측면에서 보았을 때, 출신언어와 정주국의 언어는 더 이상 서로 배타적인 경쟁 관계가 아니라 상호적인 효과를 발생시킬 수 있다. 그러나 문화적 정체성과 정주국의 사회 통합적 입장에서는 두 언어의 관계를 단정할 수만은 없다. 다문화주의의 사회 속에서는 출신 언어를 사용하는 것이, 그 해당 언어의 문화적 정체성을 강화하는 역할을 할 수도 있기 때문이다. 따라서 이주민을 받아들이는 처지에서는 이주민의 출신 언어와 문화를 어떻게 경영할 것인가의 문제가 매우 중요한 사안이 되었다.

이주민을 위한 다문화 정책의 하나로 프랑스에서는 유럽연합의 지침에 따라 "출신언어와 문화 교육Enseignement de langue et de culture d'origine : ELCO"이라는 프로그램을 개발해서 시행하고 있다. 이 프로그램에는 알제리, 크로아티아, 스페인, 이탈리아, 모로코, 포르투갈, 세르비아, 튀니지, 그리고 터키 등 총 9개의 국가가 공동으로 참여하고 있다. 프랑스 내에서 이주민의 비율이 가장 높은 출신 국가를 협력 대상으로 참여시키면서 이주의 문제는 결국 정주국의 사회적 문제일 뿐만 아니라 이주민의 출신국도 직접 연관된 문제라는 인식을 바탕으로 한다. ELCO 프로그램에서 협력관계에 있는 국가들은 그들의 국민이 이주한 국가에 언어전문가, 교사를 지원하여 정주국에서 출신언어를 효율적으로 학습할 수 있는 환경 만들기에 협조한다. 현재 점점 그 활용도가 축소되고는 있지만 ELCO는 유럽연합이 내세운 통합적 언어정책 속에서 부분적으로 완충적 기능하고 있다. 유럽연합이 내세운 통합적 언어정책은 일견, 출신언어와 정주국의 언어라는 이분법적 인식에 근거하여 출신언어가 사회적 통합에 걸림돌이 된다는 기존의 동화주의를 극복한 것으로 보이지만 사실상 정주국으로의 사회통합이라는 과업을 달성하기 위해 출신언어 교육을 장려하는 모습을 보이고 있다.

II. 유럽의 통합정치와 언어10)

유럽이라는 정치적, 지역적 경계를 횡단하는 이주가 남겨놓은 문화적 다양성은 현재의 유럽사회가 마주하고 있는 가장 중요하고 어려운 현안 중 하나다. 이에 따라 유럽연합Union Européen ; European Union에서는 이주민 동화와 각 회원국 내의 사회적 통합을 위해 다양한 문화, 사회적 정책을 개발했고 과거의 정책에서 수정이 필요한 부분을 개선하는 작업을 하고 있다.

유럽 연합의 사회적 통합정책 중 비교적 최근의 정책모델로서 언어통합정책L'intégration linguistique ; Linguistic Integration을 들 수 있겠다. 언어통합정책은 특히 다문화주의의 실패를 선언했던 프랑스를 중심으로 고안된 정책으로서, "통합"이라는 용어를 쓰고 있지만 사실상 "다인종국가에서 국민 만들기 과정에서 소외되었던 소수자들이 국민 만들기 과정 속에 사회의 주류와 다른 그들만의 독특한 문화적, 종교적, 인종적, 언어적 민족적 정체성을 포함시키려는 시도의 일환으로서 다문화주의"박현숙, 2013 : 12라는 킴리카적 다문화주의와 유사한 양상을 띠고 있다.

1. 유럽시민권과 통합정치

유럽시민권은 1984년 유럽연합조약에서 처음으로 제안되었던 것으로서 이 조약에서는 유럽연합 회원국의 시민은 그 자체로서 연합

---

10) 이 장은 다음의 글을 부분적으로 발췌, 수정한 것이다.
　　이은령, 「유럽연합의 언어통합정책과 다중언어주의―주변의 언어, 이주민 언어의 상호문화적 인정을 위한 개선 방안 연구」, 『불어불문학연구』 97, 2014, 3. 485-521쪽.

의 시민이며, 연합의 시민권은 회원국의 시민권에 의해 부여되고 따라서 연합의 시민권은 따로 획득하거나 상실할 수 없는 것임을 명시했다. 이후 1992년 마스트리히트 조약에서 처음으로 공식적인 유럽 시민권의 개념이 확정되었고 1997년 체결된 암스테르담 조약을 통해 보충되었다조흥식, 2005 : 360~363.

이주민의 사회통합에서 언어의 문제는 유럽시민권의 개념과 밀접한 관계가 있다. 이미 유럽연합의 근간이 되었던 로마조약1958년 발효에서 유럽연합 회원국의 시민권을 가진 유럽 시민은 자신이 사용하는 언어, 즉 조약에 명시된 국가의 언어로 연합 기관과 접촉하고 회신받을 수 있는 권리가 있음을 명시되었다. 따라서 유럽시민권을 행사하는 행위는 회원국의 언어로서 보장된다고 할 수 있다. 이는 유럽시민권을 획득한 사람은 이주민이라 하더라도 자신의 출신국 언어가 아닌 시민권을 획득한 국가, 즉 이주민이 정주하는 국가의 언어로 유럽시민권을 행사함을 의미한다. 결국, 현재의 유럽시민권과 강화된 언어정책은 이러한 시민권의 권리행사를 위한 법치 체계를 구성하는 중요한 문제라고 할 수 있다. 이를 살펴보기 위해 아래의 [표 1]을 참고하면서 유럽연합의 시민권 개념과 언어정책이 어떠한 방식으로 결합되어 왔는지 개괄해보기로 한다.

로마조약을 근간으로 하는 유럽연합조약(1)은 1984년에 체결되었다. 여기서 공식적으로 유럽연합의 시민권 개념을 제안하였고 1992년 마스트리히트 조약(3)에서는 유럽연합조약(1)에서 제안된 유럽시민권을 인정하게 되었다. 1985년 유럽연합 내, 인적, 물적 자원의 자유이동을 보장하는 쉥겐조약(2)에 의해 유럽 내 이동과 이주가 본격

화됨에 따라 유럽연합은 유럽 내 언어의 다양성에 보다 관심을 두
게 되었고, 1992년 「지방어와 소수어의 보호와 교육을 위한 유럽헌
장Charte européenne pour les langues régionales ou minoritaires(4)과 1996년의 「바
르셀로나 언어권리 선언(5)을 통해 개인적 언어권리와 집단적 언어
권리를 공식적으로 규정했다.

1992년 「지방어와 소수어의 보호와 교육을 위한 유럽헌장」에서는
소수언어가 민주주의와 문화적 다양성 원칙에 근거하여 보호되어야
함을 천명했다는 점에서 의의가 있지만, 회원국의 공식 언어를 희
생시켜가면서 보호되거나 증진되어서는 안 된다는 조건 또한 명시
되었다. 이것은 언어의 다양성이 국가라는 가치보다 우월하지 않다
는 것과 언어적 다양성이 사회통합의 방해요소가 되어서는 안 된다
는 것을 의미한다. 또한, 회원국의 공식 언어혹은 국어가 이주민 공동
체의 언어보다 우월한 위상을 가진다고 명시하면서 이주민의 언어
에 대한 통제의 근간을 만들었다. 예컨대 '이주민 공동체의 언어는
가치가 있지만, 이주민은 그가 사는 국가에서 지배적인 언어를 습
득해야 한다'는[11] 조항이 그러한 것으로서 현재 유럽연합의 언어정
책에서 그 기반은 변하지 않고 있음을 보여준다.

모든 언어의 평등을 강조하면서 소수어, 지방어 등의 용어 자체
가 차별적임을 인식하고 이를 쓰지 않도록 결정했던 「바르셀로나
언어권리 선언」이하, 언어권리선언은 1996년 바르셀로나에서 열린 언어
권리 세계학술대회에서 선포되었다. 언어권리선언은 정책은 아니지

---

11) Conseil de l'Europe (2008c)

만, 유럽연합 언어통합정책의 상호문화적 기반으로 활용된다는 점에서 매우 중요하다. 이 선언에서는 개인적, 집단적 차원의 언어권리3.1, 3.2조와12) 이주민의 언어권리4조를 규정하고 있다.13) 특히 4조에서는 「통합intégration」과 「동화assimilation」의 의미를 규정하면서 정주국으로의 통합은 권리이자 의무로 규정하지만, 정주국으로의 동화, 즉 문화적 「혼종acculturation」은 어떤 상황에서도 강요되어서는 안 되는 것으로서 개인의 결정에 따른 결과로 본다.

　유럽연합은 1997년 암스테르담 조약(6)으로 정치, 사회, 경제적 기능이 보완된 기구로서 명실공히 출범하게 된다. 특히 암스테르담 조약에서는 성별, 인종, 종교, 신념, 장애, 나이 또는 성적 성향에 기초하는 모든 차별을 제거하기 위한 정책 개발을 강조하였으나, 언어가 차별의 기재로 명시되지는 않았다. 또한, 암스테르담 조약은 최초로 이주민에 대한 사회통합 관련 조항을 언급했다는 평가를 받고 있지만, 실질적으로 이주민의 통합을 증진하기 위한 법적인 근간은 2007년 리스본 조약(11)에 이르러서야 이루어졌다. 리스본 조약은 사회통합정책 기반 마련과 함께 언어소수자의 언어권리를 인정했다는 점에서 유럽연합의 언어정책에 중요한 전환기가 되었다고

---

12) 개인적 언어권리를 세부적으로 나열하면 다음과 같다; ①언어 공동체의 구성원으로 인정받을 수 있는 권리, ②개인적 공간과 공적 공간에서 자신의 언어를 사용할 권리, ③자신 고유의 이름을 사용할 권리, ④출신지의 언어공동체의 구성원과 연대와 관계의 권리, ⑤자신 고유의 문화를 유지하고 발전시킬 수 있는 권리. 집단적 언어권리로는 ①집단의 언어와 문화 교육권 ②문화적 서비스를 가용할 권리 ③언론에서 집단의 언어와 문화가 공정하게 노출될 권리 ④집단 구성원은 공권이나 사회경제적 관계에서 자신들의 언어로 답변받을 수 있는 권리가 인정되었다.

13) Déclaration universelle des droits linguistiques. Comité d'accompagnement de la Déclaration universelle des droits linguistiques, 1998. (http://www.linguistic- declaration.org/versions/frances.pdf)

할 수 있다. 이후 2009년 덴마크의 스톡홀롬에서 열렸던 유럽이사회에서는 회원국의 통합정책은 모든 분야 간에 긴밀하게 이루어져야 한다는 통합적 접근방법에 따를 필요성을 제기했다.

이렇게 이주민에 대한 통합정책은 약 10년에 걸쳐 서서히 법제화되었으나, 그 사이 유럽평의회를 중심으로 하는 유럽의 언어정책에는 많은 변화가 있었다. 우선, 2001년에 유럽평의회가 「언어 학습과 유럽의 시민권Apprentissage des Langues et Citoyenneté Européenne」이라는 과제의 결과로 제출한 「유럽언어공통기준Cadre Européen Commun de Référence pour les Langues ; CECRL」(7)이 발효되었는데, 이는 유럽뿐만 아니라 국제적으로도 유럽 언어의 학습과 교육, 그리고 평가의 지표로 활용되고 있다. 「유럽언어공통기준」이후 CECRL은 이주민의 언어통합 정책에서도 핵심적인 역할을 하고 있는데, 이는 이주민의 시민권 획득을 위한 평가나 이주민의 통합을 위한 정주국의 언어 교육에서 유럽연합의 회원국이 참조할 수 있는 기준이 되었기 때문이다.

2002 바르셀로나에서 개최된 유럽이사회(8)에서는 사회통합적 관점에서 언어의 문제를 다루었는데, 유럽 언어의 문화적 유산 보호와 모어 존중을 강조하였다. 특히 모어 존중과 사회 통합을 결부시켜 유럽시민의 기본권을 확립했으나 사실상은 유럽시민의 다중언어 교육을 위한 세부 목표인 <1+2> 언어교육을 부각하는 효과가 컸다. <1+2> 언어교육은 모어와 두 가지 외국어 교육을 의무화하여 유럽시민의 다중언어능력을 함양하는 언어교육정책으로 다언어 사회인 유럽에서 가장 이상적인 시민은 모어 외 두 가지 이상의 외국어를 구사하는 다중언어 화자라는 언어정책 모델의 근간을 형성한

것이다.

　이러한 유럽시민의 모델은 2005년 바르샤바 회담(9)에서 가시화되었는데, 상품과 사람의 이동이 자유롭게 된 유럽사회의 소통 문제를 상호문화적 대화라는 기반 위에서 이주민의 사회통합 문제 또한 유럽 통합이라는 거시적 차원에서 다룰 수 있는 언어정책으로 제안하게 된다. 바르샤바 회담에서는 '상호문화적 대화의 증진, 관용의 고무, 정주국으로 이주민 공동체의 통합 보장'을 주요 골자로 하는 선언에 따라 이주의 문제를 효율적으로 경영하는 방법과 시민권 획득의 문제가 실천 계획에 포함되었다.[14] 특히 이주민 공동체의 통합 문제는 2006년 유럽이사회(10)의 결정 사항에도 반영되었는데[15] 이주민 공동체의 통합에서 이주민의 언어능력이 「유럽언어공통참조기준」에 따라 평가되어야 함을 결정하고 나아가 이주민이 유럽의 지식사회에 효율적으로 참여하기 위해 바르셀로나 유럽이사회(8)의 결정이었던 <1+2> 언어능력을 숙련할 수 있도록 회원국에 요청했다. 따라서 이 시기부터 유럽연합은 이주민이 유럽 시민으로 유럽 사회에 공헌할 수 있는 전제 조건은 정주국의 언어 숙련과 다중언어 능력임을 확립해 나가게 된다.

　한편 1997년 암스테르담 조약 이후 차별의 근거에 포함되지 않았던 '언어'의 문제가 2007년 유럽기본권 헌장(12) 21조에 포함됨으로써 유럽연합 조약에 명시된 언어권리를 재차 확인했다. 그러나 2008년 프랑스 비쉬에서 열린 「통합을 위한 유럽협정Pacte Européen pour

---

14) 조홍식(2005 : 359) 참조.
15) Official Journal of the European Union C172/1 (2006년 7월 25일)

l'intégration」(13)에서는 정주국의 언어와 가치 습득을 의무화하는 조항을 결정했는데 이것이 이주민의 출신 언어에 대한 존중과 어떻게 조화롭게 이루어질지는 지속적인 관찰이 필요하다.

〔표 1〕유럽연합의 주요 조약과 언어정책 관련 권고 및 결정 사항

연번	연도	조약-헌장-선언	내용
(1)	1984	유럽연합조약	유럽시민권 제안
(2)	1985	쉥겐조약	사람과 상품의 자유이동 보장(1995발효)
(3)	1992	마스트리히트조약	유럽연합조약. 유럽시민권 인정 (1993발효)
(4)	1992	지방어와 소수어를 위한 유럽헌장	소수언어보호, 상호문화와 다언어주의 가치 강조
(5)	1996	바르셀로나 언어권리 선언	개인적 언어권리 및 집단적 언어권리 규정
(6)	1997	암스테르담 조약	사회통합분야 정책 (1999 발효)
(7)	2001	유럽평의회	유럽언어공통기준(CECRL) 발효
(8)	2002	바르셀로나 유럽이사회	모어 기본권 보장, 1+2 언어교육
(9)	2005	바르샤바 회담(각료이사회/유럽평의회)	상호문화적 대화 증진, 이주민 공동체의 통합 보장
(10)	2006	유럽이사회	유럽언어공통기준(CECRL)에 따른 평가시스템 구축
(11)	2007	리스본 조약	이주민의 통합 정책 기반 언어소수자의 언어권리 인정(2009년 발효)
(12)	2007	유럽기본권 헌장	언어적 다양성 존중(22조) 언어에 의한 차별 금지(21조)
(13)	2008	통합을 위한 유럽협정	정주국의 언어는 "통합에 이르는 패스포트"라는 개념으로 정주국 언어와 가치 교육 권고
(14)	2011	유럽평의회와 유럽이사회 공동 선언	유럽언어의 날

2. 언어통합의 의미

언어통합이란 엄격한 의미에서 소수 공동체의 문화를 인정하는 다문화주의 정책과는 달리 동화주의적 입장에서 이주민이 정주국의 언어와 문화에 통합해야 한다는 골자를 지닌 이주민 정책이다. 유

럽연합에서 언어통합 정책은 이주민의 통합을 장려하기 위한 법적 바탕을 이루는 리스본 조약2007년 채택, 2009년 발효 이후 유럽평의회를 중심으로 본격적으로 정책화 되었다. 이러한 이주민의 통합정책에서 사회통합의 그 어느 부분보다 강조되는 것이 바로 언어의 문제이다. 언어통합정책은 유럽연합과 핵심적인 정책적 공조가 이루어지는 유럽평의회에서 개발한 정책으로 그 기본 바탕은 이주민의 사회통합을 위해서 정주국의 언어를 습득하고 숙련하여 정주국의 사회에 통합되어야 한다는 정주국 중심의 정책이다. 이러한 정주국 중심의 정책은 사실상 정주국의 언어를 이주민의 출신언어보다 우위에 놓는 이데올로기의 산물로 볼 수 있는데, 이것은 근대라는 시기를 통해 형성된 국민 국가의 전형적인 언어정책을 바탕으로 한다.

1) 정주국의 언어

국민국가의 언어정책은 사실상 영토 내의 특정 언어를 선택하여 국가가 국민과의 소통의 언어로 만드는 정치적 행위이다. 따라서 공식언어의 위상을 갖지 않은 언어는 소소의 공동체나 가족 단위의 언어로 전락하고 마는데, 결국은 공식언어를 위해 소외의 대상으로 전락하게 된다. 예컨대 프랑스의 경우가 그러한데, 현재의 프랑스어는 파리 지역에서 쓰이던 언어였던 것으로 오래전부터 프랑스의 국어는 아니었다. 그러나 다양한 민중들이 다양한 지역어로, 지식인과 종교인들은 라틴어를 통해 국가와 소통하던 상황에서 국가의 통치력을 높이기 위해 1539년 프랑소와 1세가 빌레르 코트레라는 칙령을 내리게 된다. 이에 따르면 모든 법적, 행정 문서에는 라틴어 대신 왕이 쓰는 프랑스어를 써야 한다는 것으로서 최초의 국가적 언어 정책이라고 볼 수 있다.

이후 프랑스 대혁명을 거치면서 프랑스의 혁명 지도자들은 정치적인 이유로 하나의 언어에 대한 꿈을 품기 시작한다. 혁명 당시에 한낱 지방어에 불과하던 일드 프랑스 지역의 언어랑그 도일의 한 종류가 국가적 통치기반을 확립하기 위한 국어로 탈바꿈하는 사건은 혁명을 배경으로 하고 있었음에도 불구하고 혁명과 같은 결과가 즉시 일어나지는 못했다. 공교육을 통해 지속적으로 프랑스어를 강조하고 끊임없는 지역어에 대한 탄압의 역사가 반복되는 과정을 통해 결국 1992년, 제5공화국의 헌법이 수정되면서 프랑스의 유일한 공식 언어로 헌법에 명시되게 된다. 헌법에 그 위상이 명시된 프랑스어는 프랑스 공화국의 언어로서 프랑스 시민의 온전한 권리를 획득할 수 있는 도구가 되었다.

공식 언어는 국가의 통치기반에 중요한 요소로서 사회통합의 대상인 이주민의 언어정책에도 뿌리 깊게 박혀 있다. 현재 프랑스와 같이 대부분의 유럽연합 회원국은 유럽연합의 언어정책 가이드라인을 따르고 있다. 특히 사회통합을 위해 유럽연합이 제시하는 이주민의 언어정책은 언어를 통합의 전제조건으로 보는 언어통합정책이다.

2) 언어통합정책

유럽연합의 언어통합정책의 기본 골자는 유럽연합집행부의 통합을 위한 공통기본원칙에 근거하며 특히 "정주국의 언어, 역사, 제도에 대한 기본 지식은 통합에 필수적이며 이주민들이 관련 지식을 얻을 수 있도록 하는 것은 이주민들이 통합하는 데 성공을 보장"한다는 공통기본원칙 4조와 "통합의 부재는 긴장과 사호적 갈등을 만들어 낸다"는 유럽의회 권고사항 1500₂₀₀₁의 7조는 언어통합정책의 핵심 개념이다. 이러한 유럽연합의 통합에 대한 인식은 유럽연합과 긴밀한 공조하에 언어정책을 개발하는 유럽평의회를 통해 구체화되었다. 이것의 전제조건은 다음과 같다.

유럽평의회의 언어통합 전제조건은 첫째, 언어 간 우월성이 존재한다는 언어적 이데올로기를 바탕으로 타자의 언어에 대한 존엄성을 인정하지 않고 가치절하 하는 「언어적 불관용intolérance linguistique」의 배격이다. 둘째, 언어적 다양성이 소외나 차별의 요인이 되어서는 안 된다는 인식에 따라, 정주국의 언어를 구사하는 것이 거주나 시민권의 획득을 위한 선행조건이 아니라고 천명하고 있다. 이러한 전제를 바탕으로 유럽연합은 언어통합을 이주민의 출신언어와 정주국의 언어가 만나, 상호수용하는 과정으로 규정하고 있다. 그러나 이것은 근본적으로 유럽연합 전체를 하나의 영토로 보는 것이 아니라 연합의 회원국을 기준으로 하는데, 해당 국가로 유입되는 이주민은 정주국의 언어에 동화해야 한다는 국민 국가적 언어정책과 다름없다.

국민국가적 언어정책은 유럽 내에서도 특히 프랑스의 언어정책에서 두드러지는데, 이렇게 정주국의 언어를 구사할 수 있는 능력과 시민권을 결부시킨 것은 1997년 유럽평의회에서 개최한 "언어 습득과 유럽의 시민권"에 대한 회의에서 본격적으로 논의되기 시작한 것으로서 특히 2005년 유럽 연합 내 이주와 이민의 문제를 다룬 바르샤바회담은 언어능력 평가와 정주국의 언어 습득 및 교육이 시민권의 획득에 결정적인 요인으로 작동하게 되는 계기가 되었다. 더욱이 이러한 언어통합의 현실은 회원국의 국내 언어정책에 따라 다소 다르게 적용되는데 시민권 획득에서 언어교육이 의무적인 경우와 선택적인 경우가 국가마다 다르게 나타나고 있다는 점은 주목할 만하다. 예컨대 유럽평의회 회원국에서 성인 이주민의 언어통합에 관한 조사결과에 따르면16) 유럽 내 18개국에서 언어숙련은 영주권과 시민권 취득의 전제조건이며 이 중 8개국은 언어의 수준을 명시하고 있다. 이와 함께 6/13개국이 언어교육을 의무화하고 있으며 7/13개국이 정주국 사회에 대한 지식 교육을 언어교육 내에 포함해서 실행하고 있다. 언어통합이 제도화된 나라는 프랑스, 네덜란드, 벨기에 플라망, 오스트리아, 독일, 덴마크, 영국이며 이들 국가는 모두 이민자의 거주 비율이 높은 국가이다.

3) 유럽평의회의 언어통합모델

유럽평의회의 「언어정책분과Unité des Politiques linguistiques」 산하에서 진행되고 있는 프로젝트인 「성인 이주민의 언어통합Intégration Linguistique des Migrants Adultes : ILMA」에서는 현재 유럽 내 이주민 언어정책의 기반을 제공하는 핵심적인 역할을 하고 있다. 유럽평의회는 유럽연합과는 다른 기관이지만, 유럽연합 회원국을 포함한 유럽의 47개국이 가입된 기관으로서 현재의 유럽연합과 같이 국가 간 통합을 목적으

---

16) 이 조사는 유럽평의회 회권국 중 44개국 대상으로 했으며 26개국이 응답했다. 응답국 중 16개국이 유럽연합의 회원국이다. 이 글의 III.2.3)장 [표 2]를 통해 더 상세히 다루기로 한다.

로 설립된 협력기구다. 유럽연합은 유럽평의회가 내건 인권과 민주주의 수호라는 가치와 정체성을 공유하며 인권과 사회적 문제에 관한 이들의 정책을 긴밀하게 반영하고 있는데 특히, 유럽연합과 통합의 이상을 공유하고 있는 이 유럽평의회의 언어정책분과에서 개발한 언어정책은 현재 유럽연합의 언어와 교육정책의 향방을 이끌고 있다는 점에서 주목해야 할 대상이다.

이미 2001년부터 유럽평의회 언어정책분과에서 제시한 **CECRL**과 「유럽언어포트폴리오Portfolio Européen des Langues」는[17] 유럽연합의 언어교육 현장에서 언어 학습과 교수, 그리고 평가의 기준으로써 활용되고 있으며, 유럽연합 밖에서도 외국어로서의 유럽어 교육을 위해서 따라야 할 지표가 되었다. 또한, 2000년대 후반부터 유럽평의회의 언어분과, 특히 **ILMA**의 언어정책은 유럽연합의 이주민 사회통합정책의 전 분야에서 중추적인 역할을 하고 있다. 유럽연합 내의 이주민 관련 언어정책의 현실을 이해하는 데에 사실상 핵심적인 부분이라고 할 것이다.

2008년부터 **ILMA**에서는 "성인 이주민의 통합정책에서 언어들Les langues dans les politiques d'integration des migrants adultes"을 펴내어 성인 이주민 언어정책의 기반 개념을 제시했다. **ILMA**는 이 가이드라인이 유

---

17) 유럽언어포트폴리오란 언어 학습자의 독립성을 보조하기 위해 유럽평의회의 언어분과에서 개발된 도구로서 언어 패스포트, 언어 학습 기록서, 자료집으로 구성된다. 언어 패스포트는 각 개인이 구사할 수 있는 언어 프로파일이 기록되며, 언어 학습기록서에는 언어 사용 범위, 능력평가, 학습전략, 언어 학습의 상호문화적 경험과 능력 등이 기록된다. 자료집에는 개인의 언어능력과 상호문화적 경험을 반영한 사례로 구성된다. 따라서 유럽언어포트폴리오는 유럽 시민이 유럽 내에서 이동하여 교육받거나 취업을 할 때, 공통적으로 참조할 수 있는 개인적 언어능력 지표가 된다.

럽언어의 문제에 대한 해답을 제시하는 데 그 목적이 있음을 천명했으나, 사실상 유럽 내의 언어의 문제를 진단하고 해결책을 제시하는 보고서라기보다는 언어를 기반으로 한 통합정책의 개념적 기반을 구축한 정책개발자료로 보아여 할 것이다. 여기서는 이주민의 수용과 통합의 문제가 유럽 연합의 사회, 경제정책 등 모든 영역법적 위상, 취업, 복지을 가로지르는 것임을 전제한다. 결국, 언어의 문제가 단순한 이주민의 문제만이 아닌 교육, 문화, 정치, 사회, 경제 등의 다양한 분야에 걸쳐 있는 문제이므로 통합적으로 접근하고 있다.

Ⅲ. 이주민의 언어 권리

1. 언어권리선언

1) 언어권리란 무엇인가?

1996년 바르셀로나에서 열린 언어권리 세계학술대회에서 "바르셀로나 세계언어권리선언"이 선포된 바 있다. 언어권리선언은 정책은 아니지만 유럽연합의 경우 통합적책의 기반으로 활용되고 있으며 소수 언어의 권리와 보호를 위해서도 생각해볼 필요가 있다. 언어권리란 개인과 집단이 소통을 위해 자신의 언어를 선택할 수 있는 권리로서 인간의 고유한 권리이다. 따라서 인간이라면, 그가 주권을 가진 영토에 있는지, 혹은 그렇지 않은 지와는 관계없이 언어를 선택할 수 있는 권리로서 인권에 포함되는 요소다. 이러한 맥락에서 바르셀로나 세계언어권리선언은 인간의 보편적 권리인 언어권리를 보다 구체적으로, 다시 말해 개인적 언어권리와 집단적 언어권리로 규정했다는 사실에서 그 의미를 찾을 수 있다. 그러나 이보다 더욱 주목할 만한 점은, 주권이 없는 민족들의 언어 보호를 목표로 했다는 것이고 이와 더불어 주변화된 존재인 이주민의 언어권리를 규정하고 있다는 것이다.

개인적 언어권리는 우선 언어공동체의 구성원으로 인정받을 수 있는 권리와 개인적 공간과 공적 공간에서 자신의 언어를 사용할 수 있는 권리, 그리고 어느 사회에 있든지 자신 고유의 이름을 사용할 수 있는 권리, 출신지 언어공동체의 구성원과 연대할 수 있는 관계의 권리, 그리고 마지막으로 자신 고유의 문화를 유지하고 발전시킬 수 있는 권리로 규정된다. 집단적 언어권리에서는 집단의 언어와 문화를 교육하고 교육받을 수 있는 권리, 문화적 서비스를 가용할 수 있는 권리, 그리고 언어론에서 집단의 언어와 문화가 공정하게 노출될 권리 및 공권이사 사회경제적 관계에서 자신들의 언어로 답변받을 수 있는 권리 등이 인정되었다. 여기서 특히 이주민의 언어권리4조는 통합과 동화의 의미를 구분하면서 이주민이 정주국으로의 통합은 권리이자 의무이고, 동화나 문화적 혼종은 어떤 상황에서도 강요되어서는 안 되는 것으로 오로지 개인이 자유의사에 따른 행동 결과이어야 함을 주장하고 있다.

2) 다언어주의

다문화 사회에서 배제할 수 없는 언어적 현상인 다언어주의가 지금 당장은 아니지만 가까운 미래에 한국의 현실이 될 수도 있다는 전제하에 다언어주의를 정책적으로 실현하고 있는 지역의 상황과 문제점을 검토하여 이후 한국의 다문화 가정 및 한국어 정책에 대한 고민이 필요하다.

다언어주의는 문화정책으로서 다문화주의와 결합하기 이전부터 이미 언어철학에서 형성되기 시작했다. 언어와 인간의 사상을 철저히 나누어 언어를 단순한 의사소통의 도구로만 인식하는 태도와 맞서 훔볼트W. von Humboldt나 쉴레이에르마쉐D.E. Schleiermacher는 이미 19세기부터 언어에 대한 도구주의적 시각을 거부하고 언어를 역사적 실체로 이해했다. 이러한 훔볼트의 관점에 따르면 "언어는 상속되는 것이며, 모두가 그것의 변형에 이바지하게 된다."[18) 이러한 훔볼트의 언어론은 언어가 담론의 차원에서 인식되어야 함을 일찍이 보여주었고, 20세기 문화이론은 언어의 사회적 측면, 즉 문화적 정체성과 결부하여 인식해왔다. 따라서 나와 나의 문화뿐만 아니라 타인의 존재와 문화를 인정하고 존중하자는 인정의 정치학을 기반으로 하는 다문화주의적 정치에는 타인의 언어에 대한 존중을 기반으로 하고 있다는 사실은 재언이 불필요하다. 그러나 이러한 시각은 오히려 단일언어주의 정책을 뒷받침하는 인식론적 기재로도 작동할 수 있고, 언어에 모든 역사, 문화, 민족의 정체성이라는 문화적 짐을 지게 함으로써, '국가' 또는 '민족'이라는 라는 이데올로기를 강화시키는 밑거름이 되기도 한다.

우리에게 "다언어주의"라는 용어는 아직 생소하며, 오히려 다언

---

18) Denis Thouard(2000 : 12)를 인용한 De La Combe et Wismann(2008 : 70) 재인용.

어가 함께 사용되는 사회가 가능한 것인가, 혹은 한 사회에서 다양한 언어를 쓰게 된다면 의사소통이 어떻게 이루어질까에 대해 자문하기에 바쁘다. 이러한 문제를 국내 상황이 아닌 국제적 무대로 넓혀 본다면, 다언어주의는 멀리 있는 언어적 이상향이 아니라, 글로비쉬Global English ; Globish의 단일언어적 국제화에 대한 대안적 전지구화의 언어정치로 이미 자리잡아 가고 있음을 확인할 수 있다. 특히 다언어주의 정책은 미국 주도의 전지구화에 대항하는 유럽적 전지구화의 정치라고 볼 수 있겠으나, 정작 일원론에 대항하는 초기의 다언어주의는 현재 다중언어주의와 혼합되면서 그 의미가 퇴색되어 가고 있다.

프랑스의 사회언어학자 깔베Louis-Jean Calvet는 개인적 차원과 사회적 차원에서의 이중다중언어 상황을 개념적으로 구분하고자 했다. 그에 따르면, "이중어병용 Bilinguisme"은 한 개인이 두 개의 언어를 병용하는 상태를 일컫는 것이고, 두 개의 언어가 동시에 사회적으로 인정을 받고 사용되는 상황은 "diglossie"로 지칭하면서 이를 구분한다. 그러나, 실제로 개인적 차원의 이중언어사용과 사회적 차원의 이중언어상황은 현실에서는 엄격하게 구분하기 어렵고 두 상황이 상호 공존하는 정도를 갖고 이중언어사회 비교하고 있다. 따라서 다언어주의는 사실상 개인적 차원에서 여러 개의 언어를 병용함을 의미하는 것이 아니라, 어떤 사회에서 두 개 이상의 언어가 평등하게 쓰이는 상황을 말하는 것이다. 깔베는 이를 사회적 이중언어주의라고 지칭하고 있다. 특히 그는 언어발생설에 대한 재고를 통해 이 세계는 태생적으로 하나의 언어에서 여러 언어로 파생된 것이 아니라 인간이 소통의 필요가 생겼던 그 순간부터 바로 다언어 세계였다는 것을 상정하고 있으며, 다언어주의는 인류학적으로, 그리고 사회언어학적으로 지지가 되어야 할 대상임을 주장하고 있다. 부와이에Boyer는 여기서 더 나아가, 언어적 외형으로 보았을 때 다언어주의가 일반적인 경우이고, 강제화된 단일언어주의가 예외적인 경우라고 규정하고 있다2010 : 13.

2. 정주국의 언어와 이주민의 언어

언어를 사회통합의 실현 도구로 보는 이들의 이주민 통합정책에서 주요 구성요소와 기본 개념은 무엇인지 먼저 살펴볼 필요가 있다. 성인 이주민의 언어통합정책은 유럽연합의 가치로서의 다중언어교육, 이주민의 정주국 언어 훈련, 상호문화적 대화를 바탕으로 하는 교육, 시민권 획득과 직접 결부된 언어와 문화적 능력의 함양을 목표로 한다. 따라서 언어통합정책의 실행에서 가장 중요하게 고려되는 것을 차례로 살펴보면 1) 이주민의 언어적 다양성 2) 상호문화적 환대, 3) 공정하고 투명한 언어평가체계와 방법, 4) 다중언어교육이다. 다음의 각 장에서 이들 항목을 차례로 살펴보도록 한다.

1) 이주민의 언어적 다양성

이주민은 이주의 성격에 따라 매우 다양하며 이들의 언어적 상황, 필요성도 다양할 수밖에 없다. 이주민의 언어는 크게 '이주 상황'과 '언어 자산'이라는 두 가지 틀에서 다양성을 고찰해 볼 수 있다. 우선 이주민은 정치적 망명, 일시적 노동 이주, 무직의 이주민 배우자,

혹은 이주 노동자의 미성년, 성년 가족 등 다양한 사회적 위상을 갖는데, 이러한 이주민의 개인적, 집단적 다양성 때문에 「언어적 필요 besoins linguistiques」도 다르다. 또한, 이주민은 정주국에서 당면하는 사회적 상황에 따라 언어의 사용영역이 다를 수 있다. CECRL에서는 언어 사용영역을 교육 영역, 직업 영역, 공공 영역, 그리고 개인 영역으로 나누고 있는데19) 이주민이 정주국에서 당면한 상황에 따라 정주국 언어의 사용영역과 언어적 필요가 다르므로 언어교육 또한 다르게 적용되어야 함을 명시하고 있다.

둘째, 이주민의 언어는 출신국 언어의 사용역과 그 수준에 따라 다양성을 보이는데 이미 정주국의 언어를 잘 구사할 수 있는 경우가 있는가 하면, 반대로 정주국 언어를 전혀 구사하지 못하는 경우도 있다. 특히 이주민이 기존에 획득한 학업자산이나 직업교육의 수준, 혹은 정주국의 언어 외에도 구사할 수 있는 「언어 목록répertoire linguistique」에 따라 이주민의 언어적 상황은 다르다고 할 수 있다. 이렇게 유럽평의회의 언어통합정책에서 이주민이 출신국에서 가졌던 사회적 위상이나 학력 자본을 언어통합정책을 실행하는 데 중요한 요소로 간주하고 각 이주민의 특성에 따라 언어교육 훈련과 목표도 다르게 설정되어야 함을 강조하고 있다. 셋째, 이주민의 언어는 출신국 언어와 정주국 언어 사이의 언어학적 유사성에 따라서도 다양성을 보인다. 예컨대 형태나 언어 문화적 친밀성의 정도에 따라 다양성을 보인다. 이는 이주민의 출신지역에 따른 요소를 반영하고

---

19) Conseil de l'Europe (2001 : 15)

있다고 볼 수 있겠다.

위와 같은 이주민의 언어적 다양성은 정주국의 언어 교육과 학습 기간에 직접적인 영향을 미치는데 이는 이주 상황과 이주민의 사회적 위상, 직업군에 따라 학습시간도 결정되기 때문이다. 아울러 이주할 당시 이주민의 나이도 교육에 적응되는 과정을 결정하는 요소로 간주된다. 예컨대, 이주민의 자녀 중 취학 연령에 해당하는 경우에는 프랑스 학교에서 언어교육을 직접 받아 통제가 비교적 쉬운 대상이지만, 이미 출신국에서 공교육의 대상에서 벗어난 성인 자녀나 무직의 배우자인 경우는 정주국에서도 의무교육의 대상이 되지 않기 때문에 언어통합정책에서 취약집단으로 간주되며 학업자산이 약한 사람들도 역시 이러한 언어교육의 효율성 측면에서 취약집단이 된다. 결국, 언어적 다양성 중 특히 학업자산이 낮은 이주민은 잠재적으로 언어통합정책의 문제점으로 간주된다고 해석할 수 있다. 유럽평의회는 이러한 언어적 문제들다양성은 총체적으로, 그리고 기술적으로 접근할 필요성을 강조하지만[20] 사실상 이를 해결할 구체적이고 기술적인 도구를 구체적으로 제시하지는 못하고 있다.

2) 상호문화적 대화와 언어적 환대의 의미

이주민의 언어통합정책은 유럽의 다양성을 살리기 위해 '상호문화적 대화'를 적극적으로 포용하고 있다. 상호문화적 대화란 날로 증가되는 유럽 내 인종, 종교, 언어, 및 문화적 다양성 문제를 경영

---

20) Conseil de l'Europe (2008a : 13)

하기 위해 2005년 유럽각료회의에서 제안되었다. 이는 특히 유럽 사회에 존재하는 다양성의 문제가 단순히 지역이나 집단 간의 갈등 문제로만 환원할 수 없는, 유럽 시민의 다양하면서도 유기적인 사회적 층위의 문제와 결부된 것이고 또한 억압적 동질화로 해결될 수 있는 사안이 아니기 때문에 각 구성원과 공동체의 다양성을 존중하면서 통합을 이루어 낼 수 있는 해결책으로 도입된 문화정책이다. 유럽평의회에 따르면, 상호문화적 대화란 쌍방 간 평등에 입각하여 '각기 다른 문화에 속한 개인과 집단 사이의 열려있고 존중하는 관점의 교환'을 말하는 것으로서 이를 통해 '세계에 대한 각자의 고유한 인식을 더욱더 잘 이해할 수 있다'는 것이다.

그러나 언어통합정책에서는 특히 이주민이 가진 다양성이 유럽의 문화적 자산으로 인식하면서도 잠재적인 갈등 요소로 간주하므로 효율적으로 통제, 관리해야 할 대상이 된다. 다양성만을 인정했을 때 국가나 연합의 통합을 효율적으로 다룰 수 없다는 것과 문화적 상대성의 문제를 인식하는 한편 국가 중심의 동화주의 정책의 폐해 또한 경험한 유럽은 문화정책과 교육 및 다방면에서 상호문화주의를 정책적으로 실현하고자 한다. 언어적 관점에서도 다양성의 문제를 경영하는 데 상호문화적 대화의 기본 개념인 '환대'와 '관용'이 강조된다. 특히 이주민과의 상호문화적 대화를 이루기 위해 실현되어야 할 환대는 바로 '이주민의 언어에 대한 환대'임을 지적하고 있다.

언어적 환대는 정주국 사회가 이주민의 언어에 '적응'하는 행위로서 이주민이 정주국의 언어를 배우는 것과 마찬가지로, 정주국 사회의 기존 구성원은 이주민의 언어에 적응해야 한다는 것이다.

여기서 적응이라 함은 이주민이 가져온 새로운 언어에 대한 호기심을 갖고 이에 대해 환대의 태도를 갖는 것이다. 결국 이러한 환대의 태도는 새로운 언어에 대한 관용을 말하는 것이며, 새로운 언어에 대한 폄하, 즉 언어적 불관용을 방지할 수 있다고 본다.[21] 언어적 환대의 구체적 실현은 타자, 즉 이주민이 가져온 새로운, 그리고 미지의 언어에 관심을 두는 것이며, 새로운 언어에 대한 지식이 아무리 적다고 하더라도 이를 표출함으로써 이루어진다. 또한, 정주국의 언어로만 의사소통하는 것에 대한 유감 표현이나 이주민이 정주국의 언어를 구사할 때 나타나는 특정 사용 방식이나 발음 등에 관심 보이기, 정주국의 언어를 구사할 때 어려움을 느끼는 화자에게 도움을 주는 행위 등이 환대의 구체적 표현이라고 볼 수 있다.

이러한 맥락에서 언어적 환대와 관용이 충분히 표출될 수 있는 구체적인 교수 전략도 언어통합정책에 포함되어 있다. 교수자는 이주민의 출신언어에 대한 기반 지식을 확보해야 하며, 이주민 학습자의 이름을 정확하게 발음하고 학습자의 출신국 언어의 특성, 언어 문화적 규범을 서술할 수 있어야 한다.[22] 또한, 이주민에게 맞는 유럽언어포트폴리오를 활용하여 이주민 간에도 상호 출신국 언어에 관심을 두도록 유도하는 것도 상호문화적 대화를 실현하는 언어통합정책에 포함된다. 이렇게 이주민의 다양성을 경영하는 방법은, 다양성을 인정하되, 그 다양성에 대한 상호 관심, 환대와 관용을 증진

---

21) Conseil de l'Europe (2008a : 32)
22) 이주민의 언어통합정책에서는 교수자의 역량 강화를 위해서 교수자들의 연수를 매우 중요한 요소로 지적하고 있으나, 이것이 국가 차원에서 이루어져야 하는지는 언급되지 않고 있다.

하고 실천하는 데 있다.

3) 이주민 출신 언어교육

유럽의 언어적 다양성에는 공용어의 위상을 가진 언어들과 지역 소수어, 그리고 이주민이 들여온 언어인 이주민의 출신국 언어도 포함된다. 언어적 다양성은 그 자체로 유럽의 문화적 정체성을 이루지만, 실제로 이주민의 언어적 다양성은 통합을 지향하는 유럽에서는 갈등요소로도 인식되고 있다. 다양성을 유럽사회의 긍정적 요소로 아니면 부정적 요소로 인식하든지 간에 다양성, 특히 언어적 다양성은 효율적인 운영이 필요한 것임은 분명하다.

이주민의 언어 중 특히 유럽 밖에서 온 언어들은 그 자체로 주변화되고 차별의 기호가 되기 쉽다. 유럽평의회는 이런 언어의 주변화를 경고하면서 이주민 출신국의 언어 보존을 정책적으로 장려하고 있다. 그 구체적 사례가 이주민 2세대에게 이주민의 모어를 교육하고 전수하자는 유럽평의회의 결의안19조 12항으로 볼 수 있다. 우선 유럽평의회에서는 이주민의 언어가 주변화되는 문제는 주로 이주민 2세에서 나타나는 것으로 인식하고 있으나, 이들이 학교 교육 내에 있을 때에는 비교적 제어가 가능하다고 인식하고[23] 부모의 출신언어와 정주국의 언어에서 모두 문해 능력을 획득할 수 있도록 하는 데 중점을 둔다.[24] 그러나 학교 교육의 통제 밖에 있는 성인 이주민

---

23) Conseil de l'Europe (2008a : 31)
24) 공교육에서 이주민 2세의 언어교육의 문제는 독립적인 연구로 다루어질 필요가 있다. 본 논의에서는 포함하지 않겠다.

이나 이주민 2세의 경우에는 출신지 언어가 교육의 대상이 아니라 이주민 언어에 대한 인식에 중점을 둔다. 그 이유는 이주민의 언어가 정주국의 동화정책 때문에혹은 스스로 원해서 상징적 혹은 기능적 위상이 변화하게 되며[25] 정착의 단계나 기간에 따라 이주민의 언어적 필요성이 다르게 나타날 수 있기 때문이다.

유럽평의회의 언어통합정책에서 추진하는 이주민을 위한 다중언어주의는 정주국의 언어와 출신언어의 균형 잡힌 이중어 사용에 중심을 두고 교육하는 것이다.[26] 이것은 성인 이주민에게는 정주국의 언어 능력을 발전시키도록 하며, 이주민 2세대에게는 부모 세대의 언어를 주변적 언어가 아닌 언어자산으로 인식하도록 이끄는 효과가 있다. 실제로 이주민은 자녀세대가 정주국 언어를 완벽하게 구사할 수 있게 하려고 정작 자신의 모어나 출신 문화를 억압할 수가 있다. 그러나 이주민이 스스로 자신의 언어를 주변화하는 것을 방지하기 위해 유럽평의회의 다중언어교육에서는 부모세대의 모어가 오히려 2세대에게는 학업 성취조건이 될 수 있다는 가능성을 들어 두 세대 모두에게 지속적인 이중언어사용을 장려하고 있다.

---

25) 2012년 9월 27일 유로악티브(EurActive.fr)에 실린 기사 "이주민은 정주국의 언어를 배워야 하는가?"(Androulla Vassiliou : Les immigrés doivent apprendre la langue de leur pays d'accueil)에서 이주민의 언어는 소수공동체의 정체성과 상징적 기능, 나아가 정치적 기능을 수행하고 있음을 주장한다. 이 기사에서는 벨기에 지방자치단체선거에 출마한 민주인권센터의 후보가 터어키어 신문인 Yani Vatan의 벨기에 판에서 터어키어로만 선거 포스터를 내걸었던 사건이 소개되었다. 특정 신문에서만 배포되었던 선거홍보라고 하더라도 이들의 단일언어주의는 해당 정당의 규범에 위배된다는 비판받았다. 이 정당은 다른 언어를 사용하는 것은 프랑스어나 네덜란드어로된 의사소통내용의 전부, 혹은 부분을 번역하는 보충적 위상으로서만 받아들일 수 있다고 하였다. 이는 유럽의 다언어주의가 지닌 또 다른 문제점을 표출하고 있다는 점에서 본 연구에 시사하는 바가 크다.

26) Conseil de l'Europe (2008a : 33)

이주민을 위한 다중언어정책의 성공 여부는 이주민 출신국 언어에 대한 상호문화적 존중의 실현 여부에 달려있다. 이주민의 출신국 언어 혹은 모어는 정주국에서 인정받아야 하는 하위 언어가 아니라 그 자체로서 가치를 인정받아야 한다. 그러나 이주민의 언어교육에서 이중언어 사용을 장려하다보면 정주국의 언어에 대한 능력 양성을 강조하게 되어 이주민의 출신 언어와 정주국의 언어 사이의 균형이 이루어지기 어렵고 이주민의 모어는 회원국의 언어 정책에 따라서 그 위상이 다르게 나타날 수 있다. 이러한 현실에도 불구하고, 유럽 연합은 다중언어주의의 틀 안에서 모어에 대한 기본권 보장과 존중을 통해 사회적 통합이 가능하다고 본다. 그러나 각 언어의 존중과 기능적 평등은 사회적 인식과 표상에서 드러나면서 그 실효성이 나타나는데, 여전히 이주민의 언어가 주로 '외국인의 원형'으로 취급당하여 차별의 기재가 되고 있다.[27] 예컨대 프랑스의 청소년 범죄 원인분석과 예방을 위한 베니스티 보고서에서 이주민 2세의 범죄 예방을 위해 이주민은 가정에서조차도 정주국의 언어를 써야 한다고 주장된 바 있는데[28] 이렇게 국가 차원의 억압적 동화정책이 여전히 제안되고 있는 것은 상호문화적 언어정책이 유럽 사회 전반에서 사회적 인식을 변화시키지는 못했음을 드러낸다고 할 것이다.

이주민의 언어적 다양성을 유지하고 다중언어능력을 양성하는 전

---

27) Goglolin(2002 : 10) 참조
28) Jacques Alain Benisti (2010), "Mission parlementaire sur la prévention de la délinquance des mineurs et des jeunes majeurs", Assemblée Nationale 참조

략으로 이주민의 모어 혹은 출신국 언어를 자녀 세대로 전수하는 것이 적극 장려되고 있다. 가족 단위를 이용한 조부모-부모-자녀 감성적 접근 방법으로 조부모 세대의 언어를 손자 세대로 전수하는 것으로서 지속적인 감독이 필요하다고 본다. 가족 단위 외에도 이주민 공동체나 주거 지역을 중심으로 하는 지역 공동체를 활용한 언어 전수도 전략적으로 추진되는 추세이다. 유럽평의회에서는 이주민의 언어가 지역어와 같은 소수언어의 위상을 갖고 있으므로, 이주민 자녀 세대가 이를 기꺼이 전수받도록 하기 위해서는 다양한 접근 방법을 동원할 필요가 있다고 인식하고 있다. 그러나 이주민의 출신 언어 전수에는 유럽 내 다양성 보존과 다중언어 능력의 함양이라는 거시적 목표 외에도 이주민 2세가 부모의 출신국으로 다시 돌아가게 되었을 때, 그 사회로의 편입이 용이하게 만드는 경제적 목표도 잠재해 있다는 점도 주목해야 할 것이다.

4) 이주민을 위한 언어통합정책의 문제점

지금까지 살펴본 유럽평의회의 언어통합정책은 다음과 같은 점에서 유럽 사회에 필요하다고 보인다.

(1) 이주민이 지닌 언어적 다양성은 현대 유럽사회의 다언어와 다문화의 모습이다.
(2) 이러한 다언어와 다문화의 문제는 통합적으로 접근할 필요가 있다.
(3) 이주민의 언어교육은 다중언어교육의 영역이다.
(4) 언어는 양질의 교육이 보장되어야 하고, 이주민의 사회적 필

요에 부응해야 한다.

(5) 학교 교육에서 상호문화적 대화와 언어적 환대를 가르쳐야
한다.

(6) 정주국 사회의 언어능력과 지식의 배양은 사회적 통합에 이
바지하기 위해서 이루어져야 한다.

특히 (5)-(6)에 기술된 내용은 이주민이 정주국의 언어를 습득하고,
정주국 사회는 이주민의 언어에 대한 환대를 학습해야 한다는 상호
문화적 대화에 기반을 둔다. 그러나 정작 상호문화적 대화는 타자
를 깊이 이해하고 배려하는 대화와 행위에서 이루어지는 것이지 상
－하향 방식의 거시적 정책으로 이루어지기는 어렵다는 문제를 안
고 있다. 또한 (6)에서처럼 정주국 사회의 언어능력과 지식은 결국
사회적 통합을 위한 것으로, 언어정책에는 귀화정책이 수반되어야
함을 전제하고 있다. 즉, 정주국의 시민권 획득이 정주국으로의 안
착 과정에서 최종단계가 아니라는 것인데, 이러한 이주 개념으로는
이주의 완료를 정의할 수 없다. 실제 언어통합이라는 사회통합의
모델에서 보면, 법적으로 시민권을 획득한 이민자라 할지라도 가족
2세 및 배우자, 친족의 언어교육과 사회귀화과정을 통해 끊임없이 이민의
과정을 지속하고 있는 셈이다. 이주를 경험하지 않은 자국 태생 시
민은 거치지 않을 언어숙련도 평가는 이주민 출신의 시민에게는 언
어 간 수직적 권력관계가 억압적 기재로 인식될 수도 있을 것이다.
따라서 정주국의 언어와 이주민의 언어 사이에 내재한 언어 간 수
직적 관계를 보완하고 진정한 상호문화적 언어교육이 가능해지려면

다음과 같은 문제가 극복되어야 한다고 본다.

첫째, 언어 미숙련을 갈등의 원인으로 보는 관점이다. 이러한 관점은 과학적, 이론적 근거가 부족하다. 정주국의 공식언어의 숙련정도와 정주국 사회에 대한 긍정적 태도는 직접적이거나 비례적인 관계가 아니므로, 정주국 언어 숙련의 인증은 정주국의 사회, 문화로의 편입을 용이하게 하며 사회적 결속이나 편입의 완성도를 승인하는 형식적이고 억압적인 도구가 될 위험이 크다. 이러한 문제에 대해서 엘루와Eloy, 2003와 부비에Bouvier, 2003는 언어와 사회적 통합과의 관계는 정주국의 국어보다는 이주민이 거주하는 지역의 지방어가 더욱 중요한 역할을 함을 보여주었고, 언어통합의 문제는 거시 정책적 차원에서 이루어지는 것이 아니라 언어 간 접촉으로 일어나는 미시적 현상이라는 견해도 설득력을 얻고 있다Calinon, 2013 : 35. 이와 더불어 통계자료를 참고하자면, 프랑스의 차별철폐와 평등신장을 위한 고등기구인 HALDE, 일명 차별철폐청의 2010년 보고서에서 신고된 차별 문건 중 29%가 언어의 문제가 아닌 출신 지역과 관련된 것으로 제시된 바 있다.

둘째, 문화의 복수성다원성에 대한 관점이다. 유럽은 다양성 지지를 원칙으로 삼고 있지만 이와 동시에 다양성을 갈등의 원인으로 지목하고 있다. 특히 정주국 문화와 이주민 공동체의 소수 문화 간 갈등을 격화시키는 원인에 언어의 차이가 포함되는 것으로 인식한다. 이렇게 문화 간의 상호 개입과 혼종 과정의 긍정적 측면의 발견하기보다는 갈등적 측면을 부각하는 것은 현재의 통합정책이 갖는 한계로 보인다.

셋째, 언어숙련의 강제성의 문제이다. 정주국의 언어를 습득하는 것을 행정적으로 의무화하거나, 벌칙제를 도입하는 것은 언어 학습을 일종의 의무사항으로 인식하게 하거나, 문화 간 갈등을 만들어 낼 수 있다. 유럽 밖으로부터의 이주민은 정주국에 도착하기도 전에 언어숙련을 통해 정주국에 대한 충성과 동기를 증명해야 하기 때문이다.

넷째, 언어교육의 주체는 과연 국가이어야 하는가의 문제이다. 네덜란드는 국가가 정주국 언어교육을 이민자와 시장에 맡긴 결과 혼란을 초래하고 있는데, 이와는 반대로 프랑스는 국가가 이민자의 언어교육을 무상으로 책임지고 통제하고 있다. 국가중심이나 시장 중심의 언어교육이 가져올 수 있는 긍정 및 부정적 결과에 대해서는 유럽연합의 차원에서 탐구가 이루어져야 할 필요성이 있으며 이주민의 언어교육을 담당하는 기관의 제도적 주변화 문제와 이에 대한 해결방법을 국가 중심의 언어교육이 찾을 수 있는지 검토해야 할 것이다.

다섯째, 언어의 도구화 문제이다. 언어는 이미 국민국가의 시작부터 정치의 도구가 되었다. 프랑스의 국내외 언어정책을 살펴보면 언어가 민족과 국가의 정체성, 문화적 가치를 담고 있어서 보호해야 할 대상이라는 전제를 바탕으로, 대외적으로 신자본주의와 전 지구화의 언어인 영어의 도구화에 맞서 프랑스어와 다양한 언어를 증진해야 한다고 주장한다. 그러나 국내에서는 정작 프랑스어를 시민권 획득의 전제이자 시민권을 행사하는 도구로 만들고 있다. 이렇게 유럽 안과 밖에서의 언어 정책들이 서로 단절되고 모순되는 양상을 보여주고 있다.

이주민을 위한 언어통합정책은 전 지구적으로 보편화된 현상인 노동 인구의 이동으로 말미암은 언어와 다양성의 문제를 유럽이라는 초국적 공간에서 효율적으로 경영하기 위해 제안된 정책이다. 이주민은 지역적 문화적 경계를 넘어와 정주하면서 그 사회의 언어를 습득하고 가치를 체화해 나간다. 이 과정에서 언어는 정주국 사회에 적응하기 위한 필수 요소임에 틀림이 없다. 그러나 유럽 밖에서부터의 이주 기회를 점점 축소되면서 이제는 언어능력 그 자체가 '약속의 땅'에서 살아갈 권리를 부여하는 요인이 되었다.

이주민이 정주국이 요구하는 언어능력 수준에 도달할 수 있도록 유럽 연합이 고안한 다양한 언어 정책적 개념과 언어교육의 전략, 도구에 대한 검토를 통해, 현재 유럽 사회가 필요로 하는 경쟁력 있는 이주민은 정주국의 언어를 포함한 균형 잡힌 다중언어 화자임을 확인할 수 있다. 이 과정에서 언어통합정책과 다중언어주의가 전제하는 유럽적 가치 사이에서 화합하기 어려운 '언어적 다양성' 및 '언어적 평등'의 문제와 국민 국가적 언어정책의 특징이 드러나는 양상에 주목하여 이주민을 위한 다중언어주의가 정주국의 언어 숙련을 기반으로 하여 균형잡힌 이중언어주의로 변화되고 있다.

이주민을 위한 유럽연합의 언어정책은 정주국 언어능력 수준과 교육을 시민권을 위한 선행 조건이 아닌 이주의 자연스러운 결과로 나타날 수 있도록 권고하고 있으며, 이주민의 언어 보존을 위한 방법과 전략을 개발하고 있다. 그러나 언어와 시민권의 관계를 점점 더 고착시키고 있는 오늘날 유럽의 현실에서, 이주민의 언어적 다양성과 언어 권리는 사회적 결속력과 통합을 위해 유보되어 있다. 자신의 모어를 쓸 수 있는 권리가 유럽연합 기본권 헌장의 22조에 명시되어 있고, 유럽의회가 모어, 소수어, 지역어, 외국어를 강제적 기반이 아닌 '학교 교육 내 도입'을 지지한다는 뜻을 밝힌 예가 있으나, 실상 이주민과 지역의 소수언어를 보호하기 위한 어떠한 협정도 유럽연합 내에서는 이루어지지 않았다는 사실은 오늘날 유럽연합의 언어 정치와 언어권리 인정의 문제를 단적으로 드러내고 있다. 또한, 이주민 언어의 다양성이 소외와 차별의 이유가 되지 않도록 제도적 변화를 이루어 내야 함에도 이주민의 언어와 언어권리에 대한 인정이 이루어지지 않고 있는 점은 장기적으로 보았을 때 이주민의 자발적 통합 의지를 약화시키고 나아가 유럽 사회의 결속력도 떨어뜨리는 결과를 가져올 수 있음을 사회언어학의 연구결과들이 경고하고 있다.

통합의 개념은 사실상 동화나 혼종, 시민권의 획득이라는 세 개념과도 모두 유사하지만, 그 어느 것과도 일치하지는 않는다. 통합은 "다양성과 차이를 부정하지 않으면서 동시에 이러한 차이를 두드러지게 하지 않는 것이며, 차이를 중시하면서도 유사성의 발견을 통한 수렴"Setta, 2007 : 176이라는 매우 어려운 과제다. 상호문화적 대화를 바탕으로 이주민의 언어와 문화에 대한 환대를 제도적 차원에서 실행하는 정책이 유럽의 효율적 통합에 디딤돌이 될 수 있을 것이다.

참고문헌

1차 자료

Conseil de l'Europe, Cadre européen commun de référence pour les langues : apprendre, enseigner, évaluer(version électronique), Paris, Les Éditions Didier, 2001.

Conseil de l'Europe, De la diversité à l'éducation plurilingue : guide pour l'élaboration des politiques linguistiques éducatives en Europe, version synthèse, Strasbourg, 2007.

Conseil de l'Europe (a), Les langues dans les politiques d'intégration des migrants adultes, Strasbourg, 2008.

Conseil de l'Europe (b), Intégration linguistique des migrants adultes - Séminaire intergouvernemental, Strasbourg, 2008.

Conseil de l'Europe (c), Livre blanc sur le dialogue interculturel, Strasbourg, 2008.

Conseil de l'Europe, Politiques d'intégration des migrants adultes : Principes et mise en oeuvre, Strasbourg, 2010.

Conseil de l'Europe, Migrants adultes : Intégration et Education-Extraits de conventions, de recommandations, de résolutions et de rapport révision, 2013.

INSEE, Immigrés et descendants d'immigrés en France-INSEE Références, 2012.

Stanford Encyclopedia of Philosophy, http://plato.stanford.edu/

2차 자료

드니 쿠슈 (이은령 역), 『사회과학에서의 문화 개념 ─ 사회학과 인류학을 중심으로』, 한울, 2009.

문지영, 「'동화주의'와 '다문화주의' 사이에서 : 프랑스의 이민자 통합정책」, 『다문화사회연구』2-1, 다문화 통합연구소, 2009, 33~66쪽.

박지현, 「프랑스 이민법을 통한 UE의 유럽시민권에 대한 역사적 진단」, 『서양사학연구』19, 2008, 119~143쪽.

박현숙, 「윌 킴리카의 자유주의적 다문화주의」, 『Homo Migrans』7, 이민인종연구회, 2013. 2, 11~22쪽.

발리바르, 에티엔(진태원 역), 『우리, 유럽의 시민들?』, 후마니타스, 2010.

송재룡, 「다문화 시대의 사회윤리 : 다문화주의와 인정의 정치학, 그리고 그 너머 : 찰스 테일러를 중심으로」, 『사회이론』35, 한국사회이론학회, 2009, 79~106쪽.

이종서, 송병준, 『유럽연합을 이해하는 20가지 키워드』, 서울, 높이깊이, 2008.

이은령, 「유럽연합의 언어통합정책과 다중언어주의-주변의 언어, 이주민 언어의 상호문화적 인정을 위한 개선 방안 연구」, 『불어불문학연구』97, 2014, 3. 485~521쪽.

조흥식, 「유럽 통합과 유럽 시민권의 형성」, 『국제지역연구』9-3, 2005, 355~380쪽.

최희재, 「『유럽공통참조기준』 고찰을 통한 프랑스어과 교육과정의 성취기준 연구」, 『한국프랑스학논집』84, 2013, 339~332쪽.

Adami, H. "De la langue à la citoyenneté—la tradition politique française", *Les Politiques Européennes de Formation Linguistique pour les Migrants*, Colloque de l'AEFTI 2008, Paris, Maison de l'Europe, 2008.

Balibar, E. *Nous, citoyens d'Europe? Les frontières, l'État, le peuple*, Paris, Éditions La Découverte, 2001.

Bourdieu, P. *Ce que parler veut dire*, Paris, Fayard, 1982.

Bouvier, J.-C. *Esapce du langage*, Aix-en- Provence, Presses de l'université de Provence, 2003.

Calinon, A.-S. "L'intégration linguistique en question", *Langue et société* 144, Paris, Maison de sciences de l'homme, 2013, pp.27~40.

De La Combe, P. J. et Wismann, H. *L'avenir des langues*, Paris, Editions du Cerf, 2004.

Eloy, Jean-Michel. *Français, picard, immigrations. Une enquête épilinguistique*, Paris, L'Harmattant, 2003.

Geisser, V. "Le Pacte européen sur l'immigration et l'asile : le triomphe d'une gestion identitaire de l'Autre", Les Politiques Européennes de Formation Linguistique pour les Migrants, Colloque de l'AEFTI 2008, Paris, Maison de l'Europe, 2008.

Gogolin, Ingrid. "Diversité linguistique et nouvelles minorités en Europe, Division des politiques linguistiques", Strasbourg, Conseil de l'Europe, 2002.

Lalumière, Catherine. "Les Politiques Européennes de Formation Linguistique pour les Migrants", *Les Politiques Européennes de Formation Linguistique pour les Migrants*, Colloque de l'AEFTI 2008, Paris, Maison de l'Europe, 2008.

Manço, Altay et Crutzen, Dany. "Langues d'origine et langues d'enseignement : un problème de gestion sociolinguistique examiné à travers l'exemple des Turc et des Marocains en Belgique", http://www.enseignement.be

Marácz, L. "Multilingualism in Europe : Policy and practice (introduction to part 1)", László Marácz, Mireille Rosello(ed.), European Studies 29, Multilingual Europe, Multilingual Europeans, Amsterdam, Editions Rodopi, 2012, pp. 21~35.

Maurer, B. *Enseignement des langues et construction européenne – Le plurilinguisme, nouvelle idéologie dominante*, Paris, Editions des archives contemporaines, 2011.

Raulin, Anne. *L'Ethnique est quotidien. Diasporas, marchés et cultures métropolitaines*, Paris, L'Harmattan, 2000.

Rosello, M. "Introduction : Multilingualism in Europe: Policy and Practice, Multilingual Europe, Multilingual Europeans. Amsterdam, Editions Rodopi, 2012, pp.13~17.

Sefta, K. "De la discrimination à l'intégration". dans Langue et l'intégration des immigrants" (sous la direction de Chiss, Jean-Louis et James, Archibald), Paris, L'Harmattant, 2007

Starkey, H. "Citoyenneté démocratique, langues, diversité et droits de l'homme", Strasbourg, Conseil de l'Europe, 2002.

찾아보기

저자 소개

김성환__ 부산대학교 인문학연구소 HK연구교수, kimsh72@pusan.ac.kr

주요 연구로 「빌려온 국가와 국민의 책무 : 1960~70년대 주변부 경제와 문화 주체」, 「1970년대 대중 서사의 전략적 변화」, 「1970년대 노동수기와 노동의 의미」, 「1970년대 논픽션과 소설의 관계 양상 연구」, 「1970년대 대중소설에 나타난 욕망 구조 연구」 등이 있다.

김정현 부산대학교 인문학연구소 HK연구교수, activejhk@hanmail.net

주요 연구로 「자문화중심주의와 해석학적 타자 이해 : 가다머의 해석학에 기초한 테일러의 논의를 중심으로」, 「언어 번역에서 문화 번역으로─폴 리쾨르 번역론 연구를 통한 상호문화성 성찰」, 「비서구와 서구의 철학적 소통을 향하여─두셀(E. Dussel)과 리쾨르(P. Ricoeur)의 경우에서」, 「상호성의 윤리와 타자 중심성의 윤리 : 리쾨르와 레비나스의 조우, 그리고 문화 간 관계에 대한 그 함축」, 『상호문화 철학의 논리와 실천』(편집 및 공역) 등이 있다.

서민정 부산대학교 인문학연구소 HK연구교수, smj@pusan.ac.kr

주요 연구로 「'글자'에 대한 인식의 변화와 문화 번역」, 「20세기 전반기 지식인의 에스페란토에 대한 관심과 언어 인식」, 「『훈민정음』'서문'의 두 가지 번역 : 15세기와 20세기」, 『경계에서 만나다』(공저), 『민족의 언어와 이데올로기』(공저), 『근대지식인의 언어인식』(공역), 『한국어를 바라보는 제국의 시선』(공역) 등이 있다.

이은령 부산대학교 인문학연구소 HK부교수, eunryounglee@pusan.ac.kr

주요 연구로 「유럽연합의 언어통합정책과 다중언어주의」, 「프랑스어 표상을 통해 본 프랑스어 증진의 담화전략」, 「이중어사전으로 본 문화번역」, 「19세기 이중어 사전」 등이 있다.

이효석 부산대학교 인문학연구소 HK교수, hsyee@pusan.ac.kr

주요 연구로 「마술적 리얼리즘의 범 주변부적 편재의 양상」, 「미국 문화전쟁의 애국주의적 기원과 영어에 대한 인식의 문제」, 「아널드의 교양 개념의 문화정치학적 함의와 '열린' 교양의 가능성」, 「세이머스 히니의 탈지역적 역사의식 : 문화소통의 한 양상」, 「헬레니즘, 유럽중심주의, 영국성─19세기 영국사회와 고대 그리스의 전유」, 『헨리 제임스의 영미문화 비판』(저서), 『팽창하는 세계』(역서), 『행복한 걷기』(역서), 『포스트모더니즘 백과사전』(공역), 『하이재킹 아메리카』(공역) 등이 있다.

하상복 부산대학교 인문학연구소 HK교수, hasangbok@pusan.ac.kr

주요 연구로 「전지구화와 신자유주의의 어두운 이면 : 킨케이드의 『작은 섬』과 블랙의 〈삶과 빛〉」, 「황색 피부, 백색 가면 : 한국의 내면화된 인종주의의 역사적 고찰과 다문화주의」, 『문화 소통과 번역』(저서), 『황색 피부, 백색 가면 : 한국의 내면화된 인종주의의 역사적 고찰과 다문화주의』(역서) 등이 있다.